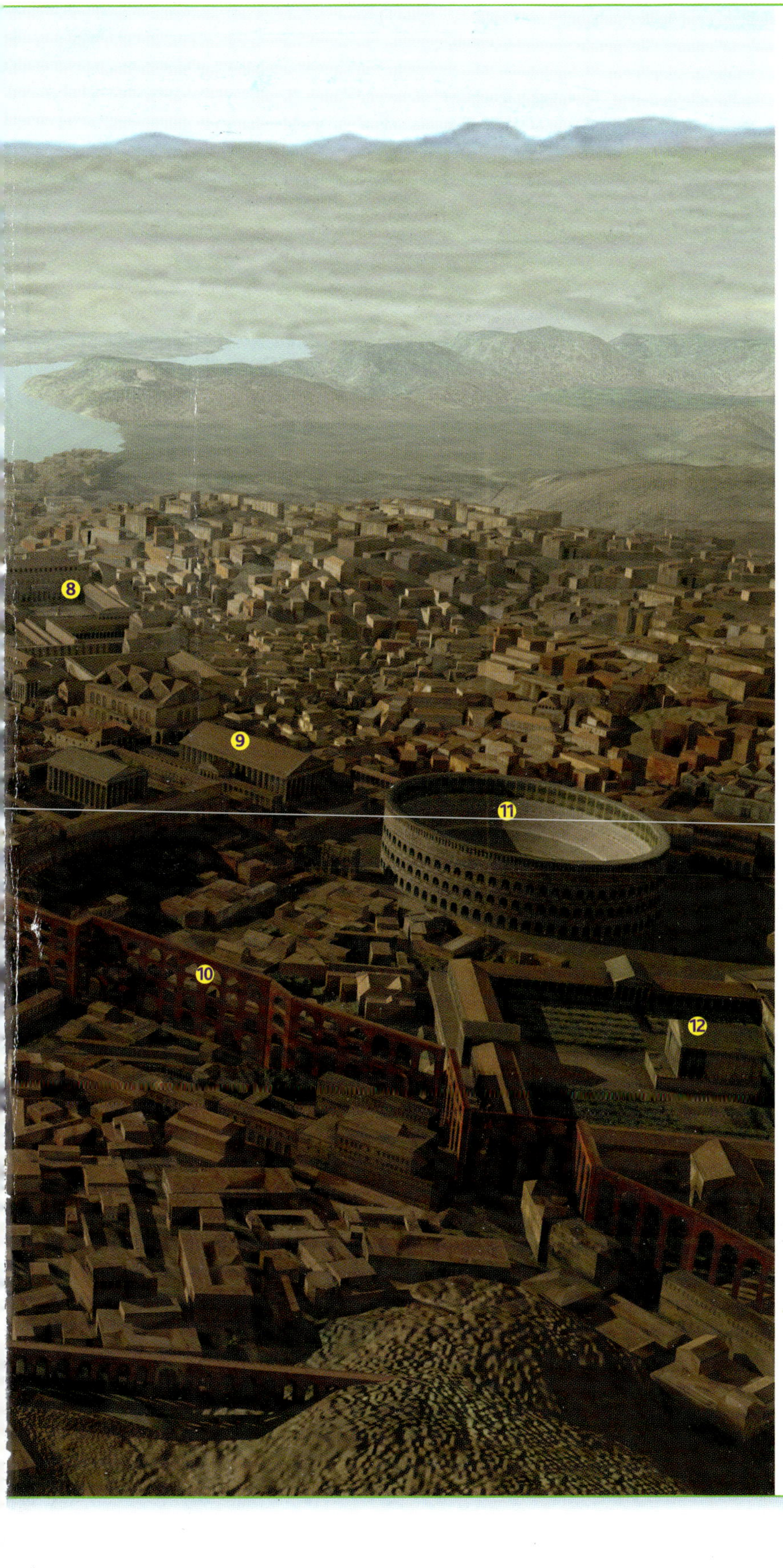

1 **Forum boarium** (Marché aux bœufs), le plus ancien forum de Rome, au bord du Tibre.

2 **Theatrum Marcelli** (Théâtre de Marcellus).

3 **Aedes Jovis Optimi Maximique** (temple de Jupiter Très bon et Très grand) qui couronne le **Mons Capitolium** (Capitole).

4 **Forum Romanum** (Forum romain), le cœur de Rome sous la République.

5 **Mons Palatium** (Palatin), couvert par les palais impériaux.

6 **Circus Maximus** (Cirque Maxime).

7 **Aqua Appia** (aqueduc d'Appius), avec la **porta Capena** (porte Capène), entrée de Rome par la **Via Appia** (Voie Appienne).

8 **Fora Imperatorum** (les forums impériaux, bâtis par César, Auguste, Vespasien, Nerva, Trajan).

9 **Aedes Veneris et Romae** (temple de Vénus et de Rome), le plus grand sanctuaire du monde romain, à l'entrée de la **Via Sacra** (Voie sacrée).

10 **Arcus Neroniani** (arcades de Néron), aqueduc qui prolonge l'**aqua Claudia** (aqueduc de Claude).

11 **Amphitheatrum Flavium** (amphithéâtre Flavien ou Colisée) et, derrière lui, le **Ludus Magnus** (la Grande École des gladiateurs).

12 **Templum Divi Claudii** (temple du divin Claude), édifié sur le Caelius et entouré d'un vaste portique.

Avant-propos

L'enseignement du latin s'inscrit dans l'étude des Langues et cultures de l'Antiquité, définie par le nouveau programme. Dans sa double dimension linguistique et culturelle, cet enseignement contribue à la construction et à l'acquisition des compétences du Socle commun au Collège.

C'est dans ses œuvres, dans ses mots et dans ses monuments, témoins de l'histoire des hommes, que se découvrent une civilisation et une culture.

Dans la continuité de notre manuel de 5e, ce nouveau manuel est donc une invitation à découvrir :

- des **auteurs** et des **textes latins**, d'un intérêt littéraire et culturel majeur, donnés avec leur traduction en vis-à-vis ;
- des **documents iconographiques** variés, mis en relation directe avec les textes ;
- des **mots-clés**, notions cardinales pour comprendre la **représentation du monde** dans la pensée romaine.

L'étude de la **langue** aborde les **points fondamentaux**, retenus pour leur fréquence, selon une approche concertée qui reprend, consolide et prolonge les acquis mis en place en 5e.

Le fait de langue, toujours mis **en relation avec le français**, est découvert dans une phase d'**observation** conçue à partir d'un texte latin simplifié ou adapté. L'observation d'une **image**, guidée par de courtes phrases en latin, prolonge l'étude du texte. Textes et images sont inscrits dans la thématique culturelle du chapitre.

La leçon synthétise **l'essentiel à retenir**, accompagné du vocabulaire à mémoriser.

Les **exercices** proposent des entraînements fonctionnels favorisant l'acquisition de mécanismes linguistiques. Ils ménagent aussi la **dimension orale** de l'apprentissage par une courte citation à lire et à retenir, ainsi que sa **dimension ludique** par des activités en forme de jeux.

Dans cette démarche progressive, fondée sur l'observation et le réinvestissement, le lien est constamment maintenu avec la grammaire et le lexique du français.

À l'intérieur de chaque chapitre, diverses activités sont proposées pour conduire vers **la lecture et la traduction autonome de textes simples**.

Enfin des **compléments et approfondissements** prolongent la découverte des éléments culturels, historiques et linguistiques. On fait appel aux nouvelles technologies pour effectuer des recherches documentaires ou élaborer des productions orales ou écrites, dans le cadre du **B2i**.

Le manuel est structuré en **six grandes parties** suivant les prescriptions du programme. Chaque partie offre une double page d'initiation à l'**histoire des arts** et un **dossier culturel** complémentaire. Elle se clôt par un **bilan** invitant à mobiliser les connaissances pour éprouver les compétences effectivement acquises.

Grâce au manuel vidéoprojetable enrichi, de nombreuses **ressources numériques** offrent la possibilité de prolongements variés.

Nous avons voulu que ce manuel témoigne concrètement de la richesse d'un patrimoine fondateur de notre culture. Nous souhaitons qu'il continue à nourrir la curiosité et l'intérêt de tous les apprentis latinistes ; nous espérons qu'il confortera ainsi leur désir de poursuivre l'étude du latin.

Les auteurs

LATIN 4e

programme 2011

Langue & culture

Marie Berthelier
Agrégée de Lettres classiques

Annie Collognat-Barès
Agrégée de Lettres classiques

Les auteurs et les éditions Magnard remercient vivement Cédric Caon (collège Henri Wallon, Varennes-Vauzelles), Valérie Carlomagno (collège Gérard Gaud, Bourg-lès-Valence) et Anne Lutrin-Le Bouédec (collège Professeur Marcel Dargent, Lyon) pour leur relecture et leurs suggestions, ainsi que tous les enseignants qui ont participé aux études menées sur ce manuel.

MAGNARD
www.magnard.fr

PROGRAMME D'APRÈS LE BULLETIN OFFICIEL N° 31 DU 27 AOÛT 2009

programme de la classe de 4ᵉ

Les thèmes

HISTOIRE ET VIE DE LA CITÉ		VIE PRIVÉE, VIE PUBLIQUE		REPRÉSENTATIONS DU MONDE	
La construction d'un empire	**Le citoyen romain, repères et valeurs**	**Espaces et cadres de vie**	**Emplois du temps**	**Des dieux et des hommes**	**Naturel et surnaturel**
Des rois aux consuls • ***Res publica*** : Les débuts de la République, les institutions • ***Imperium*** : Rome et la Méditerranée, en particulier les guerres puniques Mots-clés : *rex, consul, res publica, civis, patres, plebs ; lex, majestas, auctoritas, imperium, potestas, foedus, fides ; dux, legio, castra, oppidum*	La construction de l'identité, la découverte de l'altérité • La *virtus* sous la République : exemples moraux • L'autre et l'ailleurs : le Carthaginois, le Grec, le barbare (+ initiation au grec) Mots-clés : *mos majorum, decus, fama, sacramentum ; peregrinus, hospes, hostis, barbari, ferocitas, graeculus*	La vie sociale à Rome • Lieux de vie sociale : forum, thermes... • Classes sociales, patrons/clients, métiers • Esclaves et affranchis Mots-clés : *urbanus, forum, balneum, officium ; ars, faber, labor ; patronus, cliens, familia, servus, libertus ; amicitia, humanitas*	Jeux et loisirs publics • Théâtre • Cirque et amphithéâtre Mots-clés : *fastus, feriae, otium, negotium, munus, ludus ; fabula, persona, histrio, scaena, orchestra ; circus, arena*	Des dieux aux hommes, des hommes aux dieux • Religion romaine : rites et fêtes • Présages, prédictions, signes du divin Mots-clés : *numen, omen, sacer, religio, superstitio, pietas, fas, templum, fanum, cultus, supplicatio, libatio, pontifex, votum, hostia ; vates, haruspex, augurium, auspicium, prodigium, monstrum*	Représentations et manifestations de l'au-delà • Les Enfers • Histoires fantastiques : fantômes et apparitions Mots-clés : *Inferi, Tartarus, Manes, imago, spectrum, umbra, evocatio*
Le latin après le latin					

Ouverture vers l'histoire des arts

Images de la *dignitas* : représentations de patriciens L'armée romaine	L'héroïsme romain dans la peinture (XVᵉ-XIXᵉ siècles) L'influence de l'art grec à Rome (sculpture)	Monuments publics à Rome : forum, thermes... Représentations des métiers (bas-reliefs, peintures pompéiennes)	Monuments : théâtres, amphithéâtres, cirques (reconstitutions virtuelles) Représentations de scènes de jeux	Temples Représentations de sacrifices et de cérémonies religieuses	Représentations de l'au-delà dans la céramique grecque Motifs infernaux en peinture
Manuscrits et premiers livres imprimés					

La langue

	OBSERVER ET COMPRENDRE	MÉMORISER ET RÉINVESTIR
Cohérence du système flexionnel	– Rapports entre la déclinaison latine et les fonctions (approfondissements) – Régime des verbes et cas – Tournure passive – Pronoms et adjectifs interrogatifs	– Terminaisons des 1ʳᵉ, 2ᵉ, 3ᵉ, 4ᵉ, 5ᵉ déclinaisons – Adjectifs des deux classes et participe présent – Pronoms et adjectifs démonstratifs : *hic, iste, ille* – Pronoms relatifs – Complément d'agent – *Sum* + datif
Cohérence du système verbal	– Régularité de la morphologie : composition du verbe, pour les temps à mémoriser – Opposition entre valeurs de l'indicatif et valeurs du subjonctif – Indicatif futur antérieur, plus-que-parfait, actifs et passifs	– Impératif présent – Indicatif futur actif et passif, parfait passif – Subjonctif présent, imparfait, actifs et passifs – *Eo* et ses composés – L'ordre et la défense – L'interrogative directe
Groupe nominal	– Expansions du nom	– Proposition relative à l'indicatif – Comparatif et superlatif des adjectifs
Groupe verbal	– Proposition complétive	– Proposition complétive introduite par *ut* – Proposition infinitive
Expression des circonstances	– Rapports logiques : expression de la cause, de la conséquence, du but	– Expression de la cause et du but : groupes nominaux, indépendantes coordonnées, subordonnées à l'indicatif et au subjonctif – Circonstancielles introduites par *ut* et *cum* : bilan intermédiaire – Ablatif absolu avec les participes présent et parfait passif

Les compétences attendues au cycle central

Lire et comprendre	• comprendre le sens global d'un texte latin lu en classe, le résumer en français • réinvestir ses connaissances morphologiques (identifier les formes nominales et verbales) et syntaxiques (reconnaître les groupes de mots) • comprendre le sens littéral d'un texte • confronter une traduction au texte latin
Lire et traduire	• ébaucher une traduction orale ou écrite avec l'aide du professeur
Lire et dire	• lire à voix haute de manière expressive • mémoriser et réciter de courts extraits
Lire l'image	• identifier un support iconographique (référencer un document avec précision) • utiliser des outils élémentaires de l'analyse de l'image fixe ou mobile • mettre en relation textes et images
Commenter	• acquérir des repères : histoire littéraire, histoire des arts, genres et registres • utiliser des outils élémentaires d'analyse littéraire pour commenter un texte
Maîtriser les techniques usuelles de l'information et de la communication permettant la validation du B2i	• utiliser le traitement de texte • construire un exposé associant textes et images • rechercher sources et prolongements d'un mythe, d'un motif littéraire et/ou artistique • utiliser les ressources en ligne en vérifiant leur validité

Sommaire

Partie 1

Des rois aux consuls

Partie 2

Rome : lieux et modes de vie

mot-clé — Retrouvez la liste des **mots-clés** dans le lexique pp. 194-201.

Sommaire

Partie 3

Jeux et loisirs publics

Partie 4

Les Romains et les autres peuples

Sommaire

Partie 5

La religion romaine

Partie 6

Le monde de l'au-delà

mot-clé Retrouvez la liste des mots-clés dans le lexique pp. 194-201.

CHAPITRE 1 La naissance de la République

▸ Révolté par le comportement du roi, un homme se dresse pour le chasser de Rome et instaurer un nouveau régime.

Découvrir le texte

Il ne faut pas se fier aux apparences

Lucius Tarquin, surnommé le Superbe pour son caractère orgueilleux, règne sur Rome à la manière d'un tyran. Cependant, l'un de ses neveux attend son heure pour chasser le souverain et ses fils...

L. Junius Brutus, sorore Tarquinii Superbi genitus, cum eamdem fortunam timeret, in quam frater inciderat, qui ob divitias et prudentiam ab avunculo fuerat occisus, stultitiam finxit, unde **Brutus** dictus. Juvenibus regiis **Delphos** euntibus deridiculi gratia comes adscitus baculo sambuceo aurum infusum **deo** donum tulit. Ubi responsum est eum **Romae** summam potestatem habiturum, qui **primus** matrem oscularetur, ipse **terram** osculatus est. Deinde […] in exitium regum conjuravit. Quibus **in exilium** actis, **primus consul** creatus est.

Sextus Aurelius Victor Afer,
De viris illustribus urbis Romae.

____ ____, comme il craignait de subir le même sort qui s'était abattu sur son frère, tué par leur oncle à cause de ses richesses et de son expérience, feignit la stupidité, d'où le fait qu'on l'appela ____. Les jeunes fils du roi qui aimaient se moquer de lui l'ayant invité à les accompagner ____, il apporta en cadeau ____ de l'or coulé à l'intérieur d'une baguette de sureau. Quand l'oracle répondit qu'aurait le pouvoir suprême ____ celui qui ____ embrasserait sa mère, il embrassa spontanément ____. Ensuite, […] il forma une conjuration pour expulser les rois. Une fois ceux-ci envoyés ____, il fut ____ à être nommé.

(Attribué à) **Aurelius Victor** (env. 327-390 après J.-C.),
Des hommes illustres de la ville de Rome, 10, 1-5.

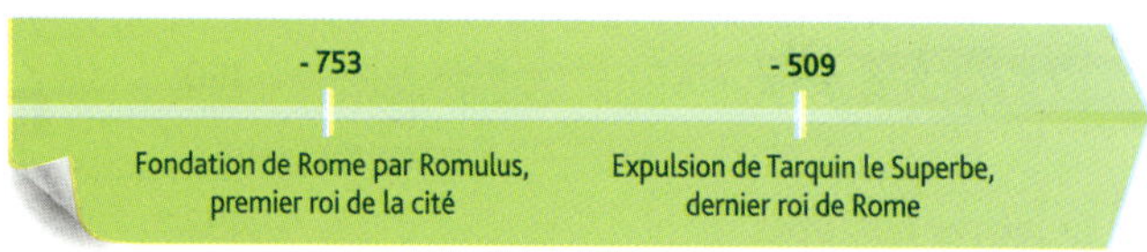

→ LIRE LE TEXTE

1. Traduisez les mots en gras en vous aidant du lexique.
2. Quand se situent les événements racontés ? Retrouvez combien de rois ont régné sur Rome (frise à la fin du manuel).
3. Comment s'appelle le dernier roi de Rome ? Donnez ses tria nomina (prénom, nom et surnom).
4. Quel est le sens du surnom de Lucius Junius ? Proposez divers adjectifs pour le traduire.
5. Comment Lucius Junius a-t-il compris l'oracle ? Cet oracle s'est-il réalisé ?

Brutus, buste en bronze, IVe-IIIe siècle avant J.-C., Rome, Palais des Conservateurs.

Découvrir l'image

Brutus, le fou qui a libéré Rome

Sebastiano Ricci (1659-1734), *Brutus embrassant la terre*, huile sur toile (245 x 301 cm), 1704, Padoue, Galerie nationale.

Les Romains honorent Brutus comme un héros. Il est le conditor Romanae libertatis (fondateur de la liberté romaine). Une nouvelle période de leur histoire commence : nous l'appelons **République**. Elle durera plus de quatre cent cinquante ans.

Gros plan sur...

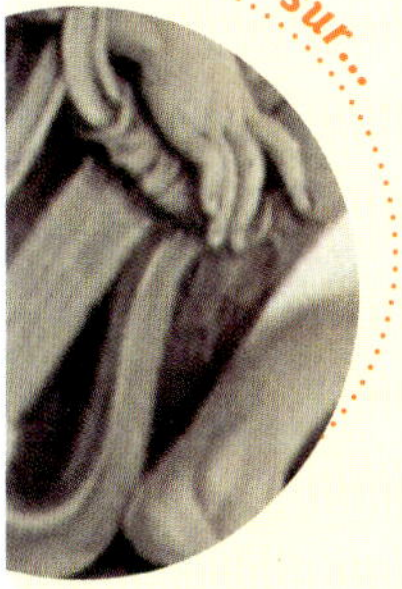

La lyre est le principal attribut du dieu Apollon, protecteur des arts, de la musique et de la poésie. Son sanctuaire de Delphes, en Grèce, était très réputé. On y venait de tous les pays pour consulter la Pythie, la prêtresse chargée d'exprimer les avis du dieu lui-même sous la forme d'oracles.

→ LIRE L'IMAGE

1 Quel moment précis de l'épisode raconté par Aurelius Victor est représenté ?

2 Quels personnages identifiez-vous ? Décrivez-les (vêtements, attitudes).

3 Décrivez le décor. Dans quel lieu se situe la scène ?

Une nouvelle forme de pouvoir

Après l'expulsion du dernier roi (**rex**), deux magistrats nommés consuls (**consules**) sont élus chaque année pour diriger les affaires de l'État (**res publica**).

De « la chose publique » à la République

Pour les Romains, la ***res publica*** *constitue le domaine du gouvernement de la cité en général.*
Aujourd'hui, la ***République*** *est une forme de gouvernement où le pouvoir n'est pas détenu par un seul homme et où le chef de l'État (le Président) n'est pas héréditaire.*

Médaille commémorant la République française, 1848.
L'image s'inspire d'une représentation idéale de la République romaine.

Bien public, bien privé

Formée d'un nom et d'un adjectif, l'expression **res**, *ei*, f. (chose, bien possédé) **publica** (publicus, a, um : public) signifie « la chose publique », c'est-à-dire ce qui concerne l'ensemble des citoyens. Elle se distingue de ce qui concerne l'individu en particulier (privatus, a, um : privé).

Du roi au consul

Comme le verbe regere (diriger, gouverner), le nom **rex**, ***regis***, m. (roi ; regina, *ae*, f. : reine) est formé sur la racine indo-européenne **reg-** (idée de commander), qu'on trouve dans la terminaison **-rix** de noms de chefs celtes (comme le Gaulois Vercingétorix).
Le nom **consul**, ***ulis***, m. (consul), se rattache au verbe consulere (réfléchir, prendre une décision) et au nom consilium, *ii*, n. (délibération, conseil). La tradition, **fama**, *ae*, f., fait de Brutus le premier consul de la République. L'État est désormais dirigé par deux consuls investis de l'**imperium**, *ii*, n., le pouvoir suprême, à la fois militaire, politique et religieux, marqué par des insignes (pp. 12-13).

mots-clés : consul, fama, imperium, res publica, rex.

Étymologie

1 Complétez ces phrases avec des mots de la famille de rex et regere.
a. En France, la période de la monarchie est appelée Ancien .... **b.** Une ... est une division du territoire. **c.** Un ... est placé sous la direction d'un colonel. **d.** Quand Louis XIV était enfant, sa mère exerçait la .... **e.** Dans un studio de télévision, la ... dirige l'organisation de l'enregistrement. **f.** Les prénoms ... et ... viennent directement des noms *roi* et *reine* en latin.

2 Cherchez ce qu'est aujourd'hui le *Conseil des ministres* et un *consul de France*.

Jouez avec les mots

3 Complétez la grille en répondant en latin aux définitions. Vous trouverez le nom d'un célèbre général français qui s'est donné le titre de Premier Consul en 1799.
1. « Père » de la République romaine. **2.** Premier magistrat de Rome. **3.** Épouse du roi. **4.** Privé. **5.** Surnom du dernier roi de Rome. **6.** Ville fondée par un fils de Mars. **7.** Frère jumeau du fondateur de la 6. **8.** Conjonction de coordination. **9.** Chose.

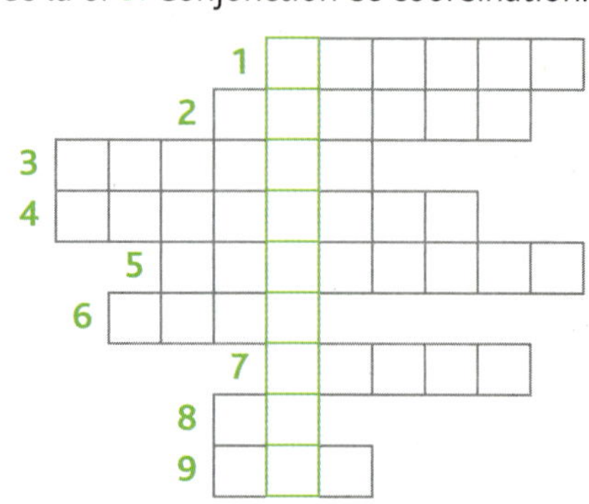

Observer

Après Romulus

1 Ut fama refert, tres reges Sabini sunt, tres Etrusci.
Comme le rapporte ......, trois ...... sont des Sabins, trois sont des Étrusques.

2 **a.** Numa Pompilius Romuli filius non est, sed bonus et pius Sabinus.
Numa Pompilius n'est pas ......, mais un Sabin bon et pieux.

b. Itaque populo Romano multa sacra instituit.
C'est pourquoi il institue ....

3 **a.** Tullus Hostilius bellum Albanis indicit. Tullius Hostilius déclare ....

b. Ancus Martius Latinorum copias superat : victoriam Romae dat.
Ancus Martius bat ......, il donne ...... à ....

4 **a.** Tarquinius Priscus vastum circum aedificat et magnos ludos facit.
Tarquin l'Ancien fait construire ...... et fait donner de grands jeux.

b. Primum censum Servius Tullius instituit. Servius Tullius institue le premier recensement.

5 Tarquinius Superbus cognomen malis factis et mala fama meret.
Tarquin le Superbe mérite son surnom à cause de ses mauvaises actions et de sa ....

D'après **Aurelius Victor**, *Des hommes illustres de la ville de Rome*, III-VIII.

Identifier les déclinaisons

Les 1re et 2e déclinaisons

1 a. À quelle déclinaison appartient chaque nom ?
fama, *ae*, f. – factum, *i*, n. – Latini, *orum*, m. – census, *us*, m. – cognomen, *inis*, n. – rex, *regis*, m. – populus, *i*, m.
b. Quel indice vous a permis de répondre ?

2 a. Retrouvez dans le lexique les noms en bleu.
b. Écrivez-les au nominatif et au génitif singulier en indiquant leur genre.

3 En vous aidant du lexique, relevez les adjectifs qualificatifs du texte et complétez la liste : bonus, a, um : bon…

Les cas et les fonctions

4 Rappelez oralement la déclinaison et le genre de chaque mot souligné dans le texte.

5 Indiquez le cas et la fonction de chaque mot souligné.

6 Complétez la traduction des phrases.
Entraînez-vous à lire les phrases à voix haute par groupes de mots, en français et en latin.

Observer la carte Situez sur le plan de Rome quatre importants aménagements urbains dus à trois rois que vous nommerez grâce à leurs initiales.

1. Pons Sublicius, quem A _ _ _ _ M _ _ _ _ _ _ aedificavit.
2. Cloaca Maxima, quam T _ _ _ _ _ _ _ _ _ P _ _ _ _ _ _ aedificavit.
3. Circus Maximus, quem T _ _ _ _ _ _ _ _ _ P _ _ _ _ _ _ aedificavit.
4. Murus, quem S _ _ _ _ _ _ T _ _ _ _ _ _ aedificavit.

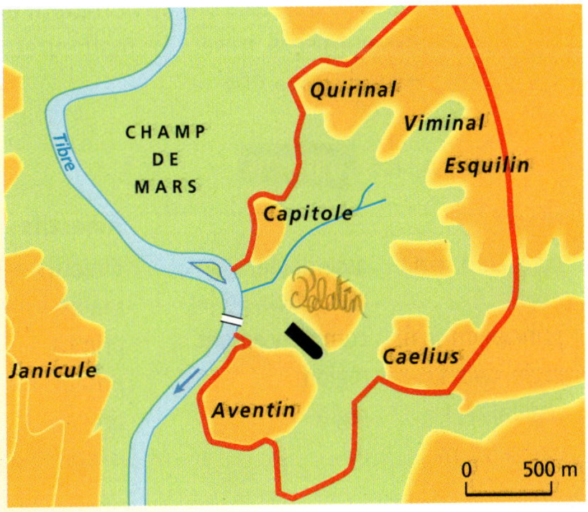

Le site de Rome.

Apprendre

1 Les cas, les fonctions, la déclinaison

Junius Brutus Tarquinii sororis filius est.
Junius Brutus (*sujet*) est le fils (*attribut du sujet*) de la sœur de Tarquin.

Brute, superbiam regis non toleras.
Brutus, tu ne supportes pas l'orgueil du roi.

Brutus Tarquinio Superbo non paret : regi imperium igni ferroque adimit.
Brutus n'obéit pas à Tarquin le Superbe (*COI*) : il enlève le pouvoir au roi (*COS*) par le feu et par l'épée.

- Le **cas** est la forme prise par le mot latin selon sa **fonction** dans la phrase.
- On distingue **six cas** correspondant aux différentes fonctions du français.

Cas	Nominatif	Vocatif	Accusatif	Génitif	Datif	Ablatif
Fonctions	Sujet du verbe, attribut du sujet	Apostrophe	COD	Complément du nom	COI, COS	Compléments circonstanciels

- La **déclinaison** est l'ensemble des six cas (au singulier et au pluriel).
- Les noms sont répartis en **cinq déclinaisons**. La terminaison du génitif singulier permet de reconnaître la déclinaison. Elle est toujours donnée par le dictionnaire.

1re déclinaison	2e déclinaison	3e déclinaison	4e déclinaison	5e déclinaison
-ae	-i	-is	-us	-ei

2 Les 1re et 2e déclinaisons, les adjectifs de la 1re classe

	1re déclinaison	2e déclinaison	
NOMS	**Noms féminins** fama, *ae*, f. (tradition, réputation)	**Noms masculins** populus, *i*, m. (peuple) puer, *pueri*, m. (enfant) ager, *agri*, m. (champ)	**Noms neutres** bellum, *i*, n. (guerre)
ADJECTIFS en -us, -a, -um	bona fama (la / une bonne réputation)	populus Romanus (le peuple romain)	longum bellum (la / une longue guerre)

- Les **adjectifs qualificatifs** en **-us, -a, -um**, dits de la **première classe**, suivent la déclinaison des noms des 1re et 2e déclinaisons.
- Ils s'accordent en genre, en nombre et en cas avec les noms auxquels ils se rapportent.
- Certains adjectifs ont un nominatif en **-r** au masculin singulier et se déclinent comme puer et ager : miser, misera, miserum : malheureux ; pulcher, pulchra, pulchrum : beau.

→ **Mémento**, p. 204.

VOCABULAIRE à retenir

Noms

consilium, *ii*, n.	assemblée, résolution, projet
principium, *ii*, n.	commencement
regio, *onis*, f.	région
regula, *ae*, f.	règle
rex, *regis*, m.	roi

Adjectifs

directus, a, um	direct
malus, a, um	mauvais
primus, a, um	premier
priscus, a, um	ancien
privatus, a, um	particulier, privé
publicus, a, um	public
rectus, a, um	droit
superbus, a, um	orgueilleux

Verbes

consulo, is, ere, sului, sultum	délibérer
rego, is, ere, rexi, rectum	diriger

S'exercer

▶ Lire et apprendre

1 **Lisez à voix haute. Apprenez les phrases en latin.**

Est igitur res publica res populi.
Donc, la république, c'est la chose du peuple.
Moribus antiquis res stat Romana virisque.
C'est grâce à la façon de vivre et aux hommes d'autrefois que l'État romain tient solidement debout.

Cicéron, *De re publica (De la République)*, I, 25 et V, 1.

▶ Décliner noms et adjectifs

2 **En vous aidant du lexique, identifiez chaque mot :** recta sententia – bonis consiliis – superbe domine – prima verba – magnarum pugnarum causa.

3 **Mettez au pluriel les GN qui sont au singulier dans l'exercice 2 et inversement, en gardant le même cas. Attention, il peut y avoir plusieurs solutions !**

▶ Reconnaître cas et fonctions

4 **Recopiez et complétez le tableau avec les noms et les adjectifs de ces phrases.**
1. Dei boni sunt : piis populis magnas victorias dant.
2. Numa, juste et bone domine, Romanis deorum et dearum curam das.
3. Multis pugnis Ancus Martius Latinorum agros capit.

Cas	Nominatif	Vocatif	Accusatif	Génitif	Datif	Ablatif
Sg.						
Pl.	dei (nom, m., sujet)					

5 **Traduisez oralement les phrases de l'exercice 4.**

6 **Complétez le texte avec le mot latin qui convient en le mettant au cas correspondant à sa fonction.**
brutus, a, um – deus, *i*, m. – donum, *i*, n. – filius, *ii*, m. (x 2) – imperium, *ii*, n. – lyra, *ae*, f. – oraculum, *i*, n. (x 2) – primus, a, um – Romanus, a, um – statua, *ae*, f. – Superbus, a, um – Tarquinius, *ii*, m. – terra, *ae*, f.
À la cour de … le …, Brutus est considéré comme un … . Un jour, le roi envoie ses deux … et Brutus consulter l'… du … Apollon. Les … du roi offrent des … à la … du dieu tenant sa …, mais la voix de l'… dit : « Que les … embrassent leur mère ! Le … qui le fera obtiendra le … suprême dans sa cité. » Alors Brutus s'agenouille et embrasse la … .

Sententias Mittere Subito (SMS)

7 **Novum nuntium habes. Responde bonamque litteram pulsa.** Vous avez un nouveau message. Répondez en tapant la bonne lettre.

Tertii Romae regis cognomen ?

A Priscus **B** Martius
C Hostilius **D** Superbus

▶ S'initier à la traduction

8 **a. Choisissez la solution correcte.**
1. Numa Pompilius, Pomponii *(filius – filii – filio)*, vir Sabinus, Romam venit. **2.** Numae *(uxor – uxorem – uxoris)*, nympha Egeria est. **3.** Cum *(nympha – nympham – nymphae)* multa sacra Numa instituit. **4.** *(Pulcher – pulchrum – pulchro)* templum Jano *(geminus – geminum – gemino)* aedificat.
b. Donnez les cas et les fonctions des mots en bleu.
c. Traduisez les phrases obtenues.

9 **a. Lisez ces phrases. Quels personnages reconnaissez-vous ?**
1. Post Numae regnum, Tullus Hostilius bellum Albanis *indicit* [déclare].
2. *Sunt* [il y a] apud Romanos trigemini fratres Horatii, tres apud Albanos Curiatii : duces Horatiis et Curiatiis *pugnare jubent* [ordonnent de se battre].
3. Curiatii duos Horatios statim *interficiunt* [tuent], sed tertius Horatius fugam *simulat* [simule] et tres Curiatios vulneratos separatim mox *interficit* [tue].
4. Horatio Romani magnam gratiam *habent* [ont].
b. Repérez le sujet de chaque verbe et son COD s'il en a un.
c. Identifiez les cas et les fonctions des noms en bleu.

10 **Traduisez les phrases de l'exercice 9.**

▶ Comprendre le sens des mots

11 **Associez chaque mot latin à un mot français dont vous donnerez : a. la classe grammaticale b. le genre (pour les noms) c. la signification.**
ludus, *i*, m. – pugna, *ae*, f. – ira, *ae*, f. – Egeria, *ae*, f.
irascible – égérie – ludique – pugnacité – ire.

Chassez l'intrus !

12 **Retrouvez les mots « intrus ».**
régie – regard – régicide – régime – régal – régiment – regain.
Comment les reconnaissez-vous ?

Culture

Les insignes du pouvoir

L'héritage étrusque

Au cours du VIe siècle avant J.-C., Rome a été profondément modelée par la culture et les coutumes des Étrusques. Ainsi la cité latine doit au roi étrusque Tarquin l'Ancien l'essentiel de ses symboles prestigieux.

Tarquin l'Ancien avait soumis les douze cités de l'Étrurie dans de nombreux combats. De là nous sont venus les douze faisceaux, les toges prétextes portées par les principaux magistrats, les chaises curules, les manteaux militaires ; de là aussi le char doré des triomphateurs, traîné par quatre chevaux, les toges peintes et les tuniques ornées de palmes ; enfin tous les ornements et les insignes qui marquent la dignité du pouvoir souverain (imperii dignitas).

Florus (env. 70-140 après J.-C.), *Abrégé de l'histoire romaine,* livre I, 5, 6.

Magistrats étrusques, plaque de terre cuite peinte (124 x 59 cm) provenant d'une tombe de Caeré, env. 550-525 avant J.-C., Paris, Musée du Louvre.

1 Combien de rois étrusques ont régné sur Rome ? Nommez-les et donnez les dates de leur règne en vous reportant à la frise (fin du manuel en intérieur de couverture).

Une chaise pliante et de belles chaussures

Chaise curule (fabrication moderne).

Facilement reconnaissable à sa forme en X, la chaise appelée curule (sella curulis) est un symbole remarquable d'autorité et de majesté, **majestas**, *atis*, f. (de major, plus grand).
Ce siège pliant, en bois recouvert de plaques d'ivoire, est en effet réservé aux plus hauts magistrats (les *curules*), mais aussi au pater familias dans sa maison.

Les Romains ont également hérité des Étrusques la mode des chaussures hautes et pointues, fermées par des lacets, signe de richesse et de prestige. Ces brodequins en cuir rouge (mullei calcei) sont portés par les sénateurs qui ont exercé une magistrature curule.
C'est pourquoi l'expression calceos mutare (changer de chaussure) signifiait devenir sénateur (p. 26).

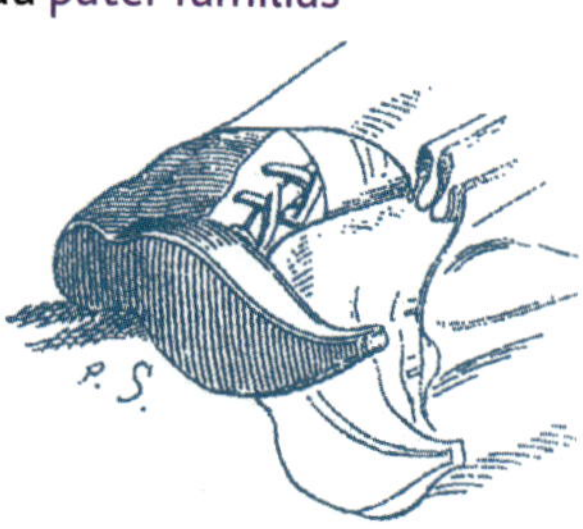

Mullei, dessin d'après une fresque étrusque d'une tombe de Caeré, *Dictionnaire des antiquités grecques et romaines*, Daremberg et Saglio.

2 Qui est désigné par l'expression pater familias ?

3 Nommez en latin le siège et les chaussures des magistrats étrusques sur la plaque de terre cuite.

Licteurs et faisceaux

Pendant toute la République, la charge de consul est la plus haute fonction politique que puisse exercer un citoyen romain (p. 30). Le cortège officiel du consul est constitué de douze licteurs (lictores), officiers publics qui portent sur l'épaule les faisceaux (fasces), des baguettes liées entre elles et contenant une hache (securis) dont le fer dépasse, symbolisant le droit de vie et de mort.

Quand Brutus chassa le tyran, ce fut le début de la liberté. On limita à un an le pouvoir des deux consuls, mais on ne retrancha rien de la puissance des rois. Toutes leurs attributions, tous leurs insignes demeurèrent aux consuls ; on évita simplement de donner des faisceaux aux deux en même temps, pour ne pas les faire paraître deux fois plus redoutables.

Tite-Live (59 avant J.-C.-17 après J.-C.), *Histoire romaine*, livre II, chapitre 1, 7-8.

1. *Jules César* (Ciarán Hinds), série *Rome*, HBO 2005.

2. *Licteur*, statuette en bronze, Iᵉʳ siècle avant J.-C., Londres, British Museum.

4 Document 1. Quel objet portent sur l'épaule les hommes qui entourent Jules César ? Nommez cet objet et ces hommes en latin et en français.

5 Comment est vêtu Jules César ? Quelle est sa fonction ?

6 Document 2. Quel objet tient le personnage ?

7 Quelles mesures empêchent le pouvoir des consuls de devenir aussi tyrannique que celui des rois ?

B2i Préparer une fiche illustrée

1. L'héritage étrusque

Formez des équipes et préparez de courtes fiches illustrées pour présenter les différents aspects de l'héritage étrusque à Rome : urbanisme, arts et culture, mode vestimentaire, loisirs, religion.

2. La toge

Préparez une fiche illustrée pour rappeler les différentes sortes de toge et la façon de les porter.

@ Pour vous aider, retrouvez des liens utiles sur : www.4e.latin.magnard.fr/liens

Pour aller plus loin À LIRE

Rome antique
de Susan McKeever,
« Les Yeux de la Découverte »,
© Gallimard Jeunesse, 2008.
Un bel album au format de poche pour découvrir le monde romain.

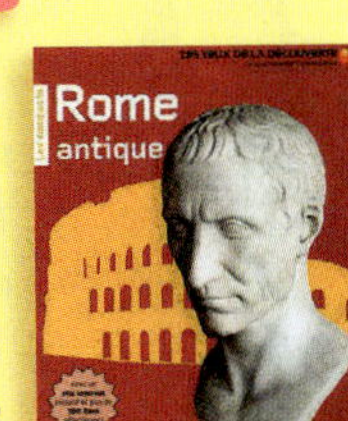

CHAPITRE 2 Les héros de la République

▸ Fiers d'avoir inventé le modèle républicain, les Romains aiment raconter comment des héros exemplaires ont défendu leur cité.

Découvrir le texte

Romanus sum civis !

À peine née, la République risque de disparaître : le roi étrusque Porsenna s'apprête à attaquer Rome. Un jeune Romain réussit à s'introduire dans le camp ennemi : croyant tuer le roi, qu'il n'a jamais vu, il poignarde son secrétaire. Aussitôt arrêté, il est conduit devant Porsenna.

« **Romanus sum**, inquit, **civis** ; **C. Mucium** vocant. Hostis hostem occidere volui, nec ad mortem minus animi est quam fuit ad caedem : et facere et pati fortia **Romanum** est. Nec unus in te ego hos animos gessi ; longus post me ordo est idem petentium decus. […] En tibi ut sentias, quam vile corpus sit iis qui **magnam gloriam vident** », dextramque accenso ad sacrificium foculo injicit. Quam cum velut alienato ab sensu torreret animo, prope attonitus miraculo **rex** cum ab sede sua prosiluisset […] : « Tu vero abi, **inquit**, in te magis quam in me hostilia ausus. Juberem macte virtute esse, si **pro mea patria** ista **virtus** staret ; nunc jure belli liberum te intactum inviolatumque hinc dimitto. »

Titus Livius, *Ab Urbe condita libri.*

« __________, dit-il ; on m'appelle __________. J'ai voulu te tuer, ennemi contre ennemi, et je n'aurai pas moins de courage pour mourir que je n'en ai eu pour tuer : agir et souffrir courageusement, c'est ça être __________. Et je ne suis pas seul à avoir cette intention à ton égard ; elle est longue la file de ceux qui attendent derrière moi, recherchant le même honneur. […] Ça, c'est pour toi, pour que tu comprennes combien le corps est peu de chose pour ceux qui __________ », et il met sa main droite sur le foyer allumé pour un sacrifice. Il la laisse brûler comme s'il était insensible à la douleur ; stupéfait par cette espèce de prodige, __________ sauta de son trône […] : « Va-t-en, __________, tu as osé t'attaquer à toi-même plus qu'à moi. Je te féliciterais pour ton courage, si ce __________ se manifestait __________ ; maintenant malgré le droit de la guerre, je te renvoie d'ici libre, sans te punir, préservé de tout mauvais traitement. »

Tite-Live (59 avant J.-C.-17 après J.-C.), *Histoire romaine,* livre II, chapitre 12, 9-14.

Mucius Scaevola mettant la main dans le feu, relief provenant d'Intercisa, IIe siècle après J.-C., Rome, Musée de la civilisation romaine.

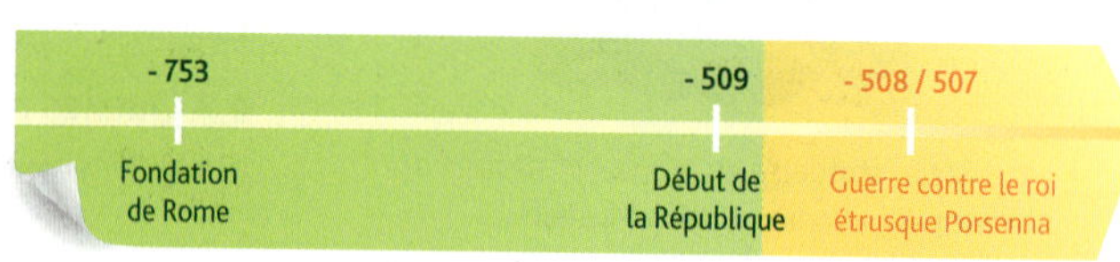

→ LIRE LE TEXTE

1. Traduisez les mots en gras en vous aidant du lexique.
2. Quel est le premier mot prononcé par le jeune homme ? De quoi est-il fier ?
3. Relevez en français puis en latin ce qui, selon lui, fait la valeur de son peuple.
4. Quelle est la réaction du roi ? Que décide-t-il ? Cela vous paraît-il surprenant ?
5. Relevez les deux formes du nom traduit par *courage* (lignes 14 et 15). Quel nom français en est issu ?

Découvrir l'image

La preuve par le feu

Pierre Paul Rubens (1577-1640) et **Antoine van Dyck** (1599-1641), *Mucius Scaevola devant Porsenna*, huile sur toile (187 x 156 cm), 1628, Budapest (Hongrie), Musée des Beaux-arts.

Gros plan sur...

*Dans les maisons comme dans les temples, le **foyer** (focus, i, m.) est le point central du culte religieux : on y entretient le feu sacré sur un **autel** (ara, ae, f.). Lors de la cérémonie du sacrifice, on y brûle les parts de viande des bêtes sacrifiées et consacrées aux dieux. Le geste de Mucius est donc aussi symbolique qu'héroïque : il montre qu'il est prêt à se sacrifier pour sa patrie.*

→ LIRE L'IMAGE

1. Quel moment précis de l'épisode raconté par Tite-Live est représenté ?
2. Quels personnages identifiez-vous ? Décrivez leurs vêtements.
3. Quels sentiments expriment l'attitude et le visage du personnage assis ?
4. Décrivez la pose du personnage central : que met-elle en valeur ?

Découvrir **les mots-clés**

L'honneur d'être citoyen

Pour les Romains, le devoir de citoyen (civis) exige de mettre sa valeur personnelle (virtus) au service de la patrie.

Virtus personnifiée, pièce de monnaie.

Le citoyen et la loi

À Rome, le droit de cité (jus civitatis ou civitas), c'est-à-dire le droit de participer aux affaires publiques (res publica), demeure un privilège. Est citoyen, **civis**, *is*, m., tout homme libre né d'un père citoyen, ayant atteint la majorité (17 ans). Les femmes, les esclaves et les étrangers sont donc exclus de la vie civique.
Un citoyen romain se reconnaît à son identité (les tria nomina) et au port de la toge. Être citoyen donne des droits (jura) et des devoirs (munera) : droit de vote (jus suffragii), de propriété, de mariage ; obligation de se faire recenser (p. 31), de servir dans l'armée (militia), de payer l'impôt (tributum).
Votée par les citoyens, la loi, **lex**, *legis*, f., est la même pour tous. Elle est écrite sur des tablettes que chacun peut venir consulter (lex est issu du verbe legere : lire). Rédigée vers 450 avant J.-C., la Loi des Douze Tables (Lex Duodecim Tabularum) constitue le premier texte législatif romain.

La valeur et le sens de l'honneur

Fier de sa citoyenneté, comme Caius Mucius (p. 14), le Romain se doit de mettre ses qualités d'homme (**vir**, *viri*, m.) au service de sa patrie ; l'ensemble de ces qualités physiques et morales constitue la **virtus**, *utis*, f. (de **vir**) : valeur, énergie, courage, honnêteté.
Le citoyen romain est préoccupé par « ce qui convient » (decet) à son honneur personnel et à celui de sa famille : c'est le sens du nom **decus**, *oris*, n. (ornement, gloire, exploit).

mots-clés : civis, decus, lex, virtus.

Étymologie

1 Quel nom latin reconnaissez-vous dans *vertueux, virtuel, virtuose* ? Expliquez chaque mot.

2 Quel sens du nom decus retrouvez-vous dans les mots *décorer* et *décor* ?

3 Ce qui est *indécent* est :
a. ce qui ne peut pas descendre.
b. ce qui reste indécis.
c. ce qui ne convient pas à une bonne conduite.

4 Comment s'appelle en latin l'œuvre d'Aurelius Victor (p. 6) ? Pourquoi ?

Jouez avec les mots

5 Trouvez le surnom (cognomen) qu'a reçu Caius Mucius.
a. Inscrivez dans les cases les mots latins correspondant aux définitions. Mucius est fier de l'être :

2		5		1

	6		3			

Brutus l'a instaurée, Mucius la défend :

	4	

			7			8

b. Inscrivez les lettres dans l'ordre des numéros.

6 Recherchez dans le lexique l'adjectif d'où est tiré ce surnom grâce à cet indice : le surnom est un diminutif formé sur les cinq premières lettres de l'adjectif. Expliquez pourquoi ce surnom a été donné à Mucius.

Observer

Clélie, une jeune fille courageuse

1 Porsenna **rex Etruscorum** est.
Porsenna est …… .

2 Cum **multis militibus** in montem Janiculum irrumpit **castra**que ponit.
Il envahit le mont Janicule …… et il installe un …… .

3 Duo viri Romani, Horatius Cocles et Mucius Scaevola, regi obsunt : vi contra vim resistunt.
Deux guerriers Romains, Horatius Cocles et Mucius Scaevola, s'opposent au roi : ils résistent par la force contre la force.

4 Rex, eorum **virtute** territus, **bellum** interrumpit et obsides reposcit.
Le roi, effrayé par leur ……, interrompt …… et réclame des otages.

5 Cloelia virgo obsidibus adest : mox magno animo, **equum** arripit et Tiberim trajicit.
Une jeune fille, Clélie, se trouve avec les otages : bientôt, ……, elle s'empare d'un …… et traverse le Tibre.

6 Rex tamen **virginis virtutem** laudat et Cloelia cum nonnullis Romanis in patriam redire **potest**.
Le roi cependant loue …… et Clélie …… revenir dans sa patrie avec quelques Romains.

7 Tum Cloelia non **viros** sed **virgines pueros**que eligit.
Alors Clélie ne choisit pas …… .

D'après **Aurelius Victor**, *Des hommes illustres de la ville de Rome*, XIII.

Identifier les déclinaisons

La 3e déclinaison

1 À l'aide du lexique, identifiez la déclinaison et le genre des noms en rose.

2 Quels indices vous ont permis de répondre ?

3 En vous aidant de la traduction, trouvez la fonction puis le cas des noms en vert. Que remarquez-vous ?

Les cas et les fonctions

4 a. À l'aide du lexique, identifiez la déclinaison et le genre de chaque nom en gras.
b. Donnez le cas et la fonction de chacun. Justifiez votre réponse.

5 En vous aidant de la traduction, trouvez la fonction et le cas des noms en bleu construits avec obsunt et adest (phrases 3 et 5).

6 Complétez la traduction des phrases.

Observer l'image Reliez chaque phrase à un élément du tableau.

a. Tunica prasina virgini est.
b. Virgo digito Romam ostendit.
c. Cloelia virginis prasinatae brachia tenet.
d. Tranquillus in Tiberis aqua equus stat.

Jacques Stella, *Clélie passant le Tibre*, env. 1645, Paris, Musée du Louvre.

1 La 3e déclinaison

- La **3e déclinaison** comprend des noms des trois genres qui se terminent tous par **-is** au génitif singulier : ignis, *is*, m. : feu ; lux, *lucis*, f. : lumière ; corpus, *oris*, n. : corps.

	Masculin et féminin				Neutre			
Cas	Singulier	Pluriel	Singulier	Pluriel	Singulier	Pluriel	Singulier	Pluriel
Nominatif	ignis	ignes	lux	luces	corpus	corpora	mare	maria
Vocatif	ignis	ignes	lux	luces	corpus	corpora	mare	maria
Accusatif	ignem	ignes	lucem	luces	corpus	corpora	mare	maria
Génitif	ignis	ignium	lucis	lucum	corporis	corporum	maris	marium
Datif	igni	ignibus	luci	lucibus	corpori	corporibus	mari	maribus
Ablatif	igne	ignibus	luce	lucibus	corpore	corporibus	mari	maribus

- Le nom **vis**, f. (au sg. : force, violence ; au pl. : forces) a une déclinaison particulière : vis (N. sg.), vim (Acc. sg.), vi (Abl. sg.), vires (N., V., Acc. pl.), virium (G. pl.), viribus (D., Abl. pl.).

Ce nom ne doit pas être confondu avec vir, *viri*, m. : l'homme (2e déclinaison).

→ **Mémento**, pp. 202-203.

2 Sum

La conjugaison de sum → **Mémento**, p. 206.

Les emplois de sum

- **Sum** signifie *j'existe, je suis*. Il est construit le plus souvent avec un **attribut du sujet** au **nominatif**.

Exemple ▸ Mucius **civis Romanus** est. Mucius est **un citoyen romain**.

- Employé avec le **datif**, il exprime la **possession**.

Exemple ▸ **Mucio** magna vis est. Une grande force est **à Mucius = Mucius** a une grande force.

Les composés de sum

- Les verbes suivants, composés de **sum** précédé d'un préfixe, se conjuguent comme **sum**.

absum	**ad**sum	**de**sum	**ob**sum	**prae**sum	**super**sum	**pro**sum	**pos**sum
						prod- + voyelle	**pot-** + voyelle
je suis absent, loin de	*je suis présent, je suis près de*	*je manque à, je fais défaut*	*je m'oppose à*	*je commande à*	*je survis à*	*je suis utile à*	*je peux*
a, ab + ablatif	+ datif						+ infinitif

VOCABULAIRE à retenir

Noms

animus, *i*, m.	courage
civilitas, *atis*, f.	qualité de citoyen, courtoisie
civitas, *atis*, f.	ensemble des citoyens, cité
dedecus, *oris*, n.	déshonneur
gloria, *ae*, f.	gloire
majestas, *atis*, f.	dignité, majesté, grandeur
vir, *i*, m.	homme, mari, héros, soldat
virgo, *inis*, f.	jeune fille
virtus, *utis*, f.	courage, mérite, vertu
vis, f.	force, violence, puissance ; pl. : forces militaires, troupes

Adjectifs

albus, a, um	blanc
saevus, a, um	cruel

Verbes

decet, decere, decuit	il convient (+ infinitif)
illustro, as, are, avi, atum	mettre en lumière
inquit	dit-il (en incise)

S'exercer

Lire et apprendre

1 Lisez à voix haute. Apprenez les phrases en latin.

Appellata est enim ex viro virtus.
C'est en effet de l'homme que vient le nom de vertu.
Verum decus in virtute positum est, quae maxime illustratur magnis in rem publicam meritis.
Le véritable ornement réside dans la vertu, qui trouve sa plus belle illustration grâce aux grands services rendus à l'État.

Cicéron, *Tusculanes*, II, 18, 43 et *Correspondance avec les amis*, X, 12, 5.

Décliner

2 À l'aide du lexique, identifiez les intrus dans la liste. Comment procédez-vous ?
dominus – murus – modus – urbibus – numerus – genus.

3 **a.** Donnez oralement les cas de ces noms :
vi, viri, vires, virum, virium, virorum, viris, viribus.
b. Classez chaque nom dans la liste qui convient.
Liste 1 : vir, *viri*, m. - **Liste 2 :** vis, f.

4 **a.** Mettez ces groupes nom + adjectif au pluriel en conservant leur cas.
clarum virum – magna vi – pulchrae virgini – bono comite – primus obses.
b. Mettez-les ensuite au génitif singulier.

Reconnaître cas et fonctions

5 **a.** Complétez chaque phrase avec le composé de sum qui convient, en fonction de son complément :
adsum – absum – desum – praesum – possum – supersum.
1. Duces militibus ... .
2. Romani novas copias parare ... .
3. Animus ducibus ... .
4. Urbs Roma saevis bellis ... .
5. Gloria non ... Romanorum copiis.
6. Romani hostibus magno animo semper ... .

b. Traduisez les phrases.

6 Relevez les quatre noms de cette citation : donnez leur cas et leur fonction.

Virtus in astra tendit, in mortem timor.
Le courage conduit aux étoiles, la peur à la mort.

Sénèque, *Hercule sur l'Œta*, vers 1971.

Sententias Mittere Subito (SMS)

7 Novum nuntium habes. Responde bonamque litteram pulsa.

Mucius Scaevola appellatur *ex eo quia** contra Porsennam amisit.

A Scutum **B** Pedem
C Dextram (manum)
D Oculum

[*pour cette raison que]

S'initier à la traduction

8 **a.** Choisissez la solution correcte dans chaque parenthèse.
1. Porsenna, rex *(Etruscis – Etruscos – Etruscorum)*, **Tarquinios** in *(urbem – urbi – urbe) restituere temptat* [tente de rétablir].
2. Horatius Cocles **copias** *(hostes – hostibus – hostium)* **solis viribus** *sustinet* [arrête].
3. Dum **cives Romani** pontem *rumpunt* [détruisent], **Horatius** in Tiberim *decidit* [tombe] et **armatus** ad *(Romanis – Romanos) tranat* [nage vers].

b. Quel est le cas et la fonction des mots en gras ?
c. Traduisez les phrases.

9 Boule de neige
a. Identifiez le verbe, le sujet, les compléments dans les phrases simples.
1. Horatii comites pontem *rumpunt* [détruisent].
2. Horatius in flumen *se dejicit* [se jette].

b. Traduisez.
1. Horatii comites pontem celeriter rumpunt et in urbem integri *concurrunt* [se rassemblent].
2. Tum Horatius in flumen frigidum se dejicit magnoque animo ad comites suos *tranat* [il nage vers].

c. Identifiez les éléments ajoutés et traduisez.

Comprendre le sens des mots

10 Recopiez le tableau et classez ces mots selon l'origine de l'élément -vir-.
triumvir – virilité – virulent – virago – virus – virulence – virilement – viral.

-vir- = homme (< vir, *viri*, m.)	
-vir- = venin, poison (< virus, *i*, n. : poison)	

Chassez l'intrus !

11 **a.** Quel mot ne vient pas du nom lex ?
législatif – légitime – légiférer – illégal – légèreté – législateur – légalité.
b. Quels mots ne viennent pas du nom civis ?
civilisation – civisme – civière – incivilité – civilement – civet – civique.

Culture

Virtutis exempla

Dès l'enfance, les Romains reçoivent une éducation où l'idéal de la virtus occupe la première place. On leur donne en exemple (exemplum) la conduite de héros dont les exploits relèvent plus du mythe (fabula) que de l'histoire.

Louis-Pierre Desaine, *Mucius Scaevola*, sculpture, 1791, Paris, Musée du Louvre.

Sans peur et sans reproche

Les premiers temps de la République sont riches en épisodes héroïques fabuleux : l'historien Tite-Live raconte la bravoure de Mucius Scaevola (p. 14) et d'Horatius Cocles, l'intrépidité de Clélie (pp. 17 et 23). Transmis de génération en génération, ces exemples ne manquent pas de susciter l'admiration et l'émulation.

Un célèbre écrivain raconte ses souvenirs de lecture du temps où il avait sept ans.

Sans cesse occupé de Rome et d'Athènes, vivant pour ainsi dire avec leurs grands hommes, je me croyais Grec ou Romain ; je devenais le personnage dont je lisais la vie : le récit des traits de constance et d'intrépidité qui m'avaient frappé me rendait les yeux étincelants et la voix forte. Un jour que je racontais à table l'aventure de Scaevola, on fut effrayé de me voir avancer et tenir la main sur un réchaud pour représenter son action.

Jean-Jacques Rousseau (1712-1778), *Les Confessions*, livre I, 1767.

1 Quelles sont les qualités de celui qui agit avec constance (constantia) ? Quel verbe latin retrouvez-vous dans ce nom ?

Laboureur et dictateur

La valeur d'un Romain ne se mesure pas qu'au combat. Que l'on soit simple citoyen ou responsable politique au sommet des honneurs, il faut toujours faire passer l'intérêt de l'État avant son intérêt personnel.
C'est cette leçon de dévouement totalement désintéressé et de modestie que donne Lucius Quinctius surnommé Cincinnatus (le Bouclé). Nommé dictateur en 458 avant J.-C., il abandonne son travail de cultivateur pour exercer cette fonction de chef suprême décrétée à titre exceptionnel en cas de crise grave. En seize jours, il bat les ennemis qui menacent Rome, écarte le risque de guerre civile, célèbre son triomphe, abdique de son pouvoir absolu et rentre chez lui pour reprendre sa charrue.

2 Quels objets tient Cincinnatus ? Que symbolisent-ils ?

3 Cherchez l'origine du nom de la ville de Cincinnati.

Cincinnatus, statue, Cincinnati (États Unis).

L'esprit de sacrifice

L'honneur du citoyen exige de se dévouer corps et âme à la patrie. Le nom devotio, *onis*, f. désigne cet engagement à la fois religieux et civique symbolisé par le vœu (votum, *i*, n.) du héros Marcus Curtius.

Paul Véronèse (1528-1588), *Marcus Curtius*, env. 1550, Vienne (Autriche), Musée des Beaux-arts.

Cette année-là [362 avant J.-C], dit-on, un tremblement de terre ouvrit un vaste gouffre au milieu du forum ; on avait beau y jeter des monceaux de terre, rien ne pouvait le combler. Sur un avertissement des dieux, on se mit à chercher ce que le peuple romain possédait de plus précieux, car c'était ce qu'il fallait sacrifier en ce lieu, au dire des devins, si on voulait préserver à jamais la République romaine. Alors Marcus Curtius, un jeune guerrier renommé, s'indigna qu'on pût hésiter : il n'y avait pas de bien romain plus grand que la vaillance et les armes (nullum magis Romanum bonum quam arma virtusque). Le silence se fit : tourné vers les temples des dieux immortels qui dominent le forum, les yeux sur le Capitole, les mains tendues tantôt vers le ciel, tantôt vers les profondeurs de la terre béante, il s'offre en sacrifice aux dieux Mânes. Puis, monté sur un cheval richement paré, il se jette tout armé dans le gouffre ; une foule d'hommes et de femmes répandent sur lui des offrandes. C'est de là que le lac Curtius tire son nom.

Tite-Live, *Histoire romaine*, livre VII, 6.

4 Le tableau décorait un plafond : quel point de vue le peintre a-t-il choisi pour rendre la scène plus impressionnante ?

5 Décrivez le héros (vêtement, attitude). Quels éléments du récit de Tite-Live retrouvez-vous ?

6 Quel nom latin est à l'origine des noms *dévouement* et *dévotion* ? Expliquez leur sens.

B2i **Utiliser un outil de référence**

1. Civis Romanus sum

Tapez « Civis Romanus sum » dans un moteur de recherche. Consultez Wikipédia et retrouvez pourquoi quatre personnages historiques, dont un célèbre président américain, ont cité cette formule.

2. Louis XIV en Marcus Curtius

Utilisez le site de l'émission *D'Art d'Art* (France 2) pour découvrir l'étonnante histoire d'une statue équestre de Louis XIV représenté en Marcus Curtius. Rédigez une courte fiche.

@ Pour vous aider, retrouvez des liens utiles sur : www.4e.latin.magnard.fr/liens

Pour aller plus loin À LIRE

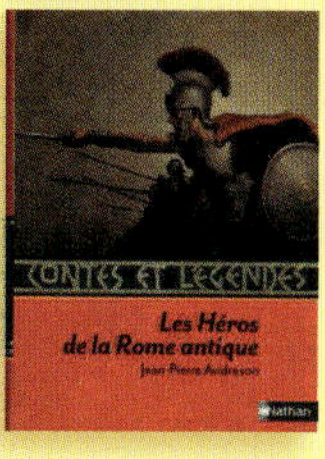

Les héros de la Rome antique de Jean-Pierre Andrevon, © Nathan Jeunesse, 2010.

Des modèles d'héroïsme

1 **Matthias Stomer** (1600-1650), huile sur toile, env. 1640, Art Gallery of New South Wales (Australie).

Jacques-Louis David **2** (1748-1825), huile sur toile (330 x 425 cm), 1784, Paris, Musée du Louvre.

RETROUVER L'HISTOIRE

1. De quel siècle date chaque œuvre ?

2. Redonnez à chaque œuvre le titre qui lui convient : *Horatius Coclès sur le pont Sublicius, Clélie et ses compagnes échappant aux Étrusques, Le Serment des Horaces, Mucius Scaevola devant Porsenna.*

3. Racontez brièvement les circonstances de l'épisode auquel chaque œuvre fait référence.

4. Un seul de ces épisodes ne se situe pas en 508 avant J.-C. : lequel ?

OBSERVER LES ŒUVRES

Document 1

5. Comment sont disposés les personnages ? Que regardent-ils ?

6. Qui est le personnage assis ? Que pensez-vous de la façon dont il est habillé ?

7. D'où provient la lumière qui éclaire la scène ? Quel effet cela produit-il ?

3 Plat en faïence (majolique), XVIe siècle, Florence, Musée du Bargello.

4 **Domenico Beccafumi** (1486-1551), huile sur bois (74 x 122 cm), env. 1535, Florence, Galerie des Offices.

Document 2

8. Que tient le personnage central dans sa main gauche ?

9. Observez bien le geste des trois personnages de gauche : quel geste font-ils ? Avec quel bras ?

10. Quelles émotions expriment l'attitude des femmes à droite ?

Document 3

11. Que font les deux personnages au centre ? Sur quoi se trouvent-ils ?

12. Décrivez le décor : que suggèrent les édifices à droite et les tentes à gauche ?

Document 4

13. Combien voyez-vous de personnages ? Décrivez-les.

14. Que représente le décor ? Comment ?

CHAPITRE 3

Les institutions de la République

▸ La République romaine est une nouvelle forme de gouvernement qui veut assurer la concorde entre tous ses citoyens.

Découvrir le texte

SPQR : *une bonne leçon*

Rome doit affronter les peuples voisins ligués contre elle. Cependant, beaucoup de citoyens qui ne bénéficient pas des privilèges des nobles se retrouvent ruinés : refusant de continuer à se battre, ils se retirent hors de la ville et menacent de fonder une cité rivale s'ils n'obtiennent pas de nouveaux droits politiques. L'ancien consul Menenius Agrippa est envoyé pour parlementer avec les révoltés.

« Olim, inquit, humani artus, cum ventrem otiosum cernerent, ab eo discordaverunt et suum illi ministerium negaverunt. Cum eo pacto et ipsi deficerent, intellexerunt ventrem acceptos cibos per omnia membra disserere et cum eo in gratiam redierunt. **Sic Senatus et populus, quasi unum corpus, discordia pereunt, concordia valent.** » Hac **fabula** populus regressus est. Creavit tamen tribunos plebis qui **libertatem suam adversum nobilitatis superbiam** defenderent.

Sextus Aurelius Victor Afer, *De viris illustribus urbis Romae.*

« Jadis, dit-il, les membres de l'homme, comme ils jugeaient que le ventre ne travaillait pas, se révoltèrent contre lui et refusèrent de le servir. Comme par cette décision ils dépérissaient aussi eux-mêmes, ils comprirent que le ventre distribuait les aliments qu'il recevait à travers tous les membres et ils se réconcilièrent avec lui. ____________ ____________ ______. » Grâce à cette ____ le peuple revint. Il créa cependant les tribuns de la plèbe pour qu'ils défendent ____________.

(Attribué à) **Aurelius Victor** (env. 327-390 après J.-C.), *Des hommes illustres de la ville de Rome*, 18, 2-6.

- 753 : Fondation de Rome
- 509 : Début de la République, Création de deux consuls
- 494 : Sécession de la plèbe, Création de deux tribuns de la plèbe

Pièce de monnaie représentant l'allégorie de la Concorde.

→ LIRE LE TEXTE

1. Traduisez les mots en gras en vous aidant du lexique.
2. Comment s'appelle en latin et en français le genre de récit fait par Menenius Agrippa ? Qui en sont les personnages ?
3. Quel nom latin décrit le comportement de la noblesse (l. 11) ? De quel adjectif le rapprochez-vous ? Qui a reçu cet adjectif comme surnom ?
4. Les révoltés « se sont retirés » (secesserunt) : on dit qu'ils ont fait « sécession ». Expliquez ce mot et cherchez ce que fut la « guerre de Sécession ».

Découvrir l'image

Un habile orateur

La commune s'allait séparer du Sénat.
Les mécontents disaient qu'il avait tout l'empire,
Le pouvoir, les trésors, l'honneur, la dignité;
Au lieu que tout le mal était de leur côté:
Les tributs, les impôts, les fatigues de guerre.
Le peuple hors des murs était déjà posté,
La plupart s'en allaient chercher une autre terre,
Quand Ménénius leur fit voir
Qu'ils étaient aux membres semblables,
Et par cet apologue, insigne entre les fables,
Les ramena dans leur devoir.

La Fontaine, « Les Membres et l'Estomac », *Fables*, livre III, fable 2 (vers 34-44),1693.

Aulus Metellus, dit « le Harangueur », notable d'origine étrusque, statue en bronze (170 cm), env. 150 avant J.-C., Florence, Musée archéologique.

Gros plan sur...

*Les citoyens romains sont fiers de porter la **toge** comme un signe de distinction honorifique. Dans les cérémonies, les magistrats de rang important se distinguent par la toga praetexta : dans son étoffe de laine blanche, une bande pourpre est tissée (texta) sur le bord (prae). Le privilège de porter une **tunique à large bande de pourpre** (tunica laticlavia) sous la toge et des chaussures montantes en cuir rouge (p. 12) est réservé aux sénateurs.*

→ LIRE L'IMAGE

1. Quel est le rang d'Aulus Metellus ? Quels indices le montrent ?
2. Décrivez son attitude. Quel geste fait-il ?
3. Quel surnom a-t-on donné à sa statue ? Pourquoi ?
4. Imaginez la scène évoquée par la fable de La Fontaine et faites le portrait de Menenius Agrippa en vous inspirant des caractéristiques de la statue.

Découvrir les mots-clés

L'organisation politique de la République romaine

L'État est fondé sur un équilibre des pouvoirs symbolisé par la célèbre devise, **Senatus PopulusQue Romanus**, dont les initiales sont devenues l'emblème même de Rome.

Dédicace de l'arc de Titus, arc de triomphe sur le Forum, Ier siècle après J.-C., Rome.

Les forces de la République

- *Le **peuple** (populus), réuni en assemblées (comitia, p. 31), vote pour élire les magistrats, ou pour approuver ou non les lois.*
- *Les **magistrats** (magistratus, p. 30), renouvelés chaque année, gèrent la res publica (p. 8).*
- *Le **Sénat** (Senatus), autorité permanente, est le véritable centre du pouvoir.*

Joueur de l'équipe de foot AS Roma.

Populus : patriciens et plébéiens

Fiers de descendre des **patres**, « pères » des premières familles installées à Rome avec Romulus, les **patriciens** (patricii) constituent une aristocratie puissante qui détient l'essentiel du pouvoir.

La masse de ceux qui n'appartiennent pas à cette noblesse, soit 90 % des citoyens, constituent la **plebs**, *plebis*, f. (plèbe). Beaucoup de plébéiens (plebeii) sont des petits propriétaires, paysans, artisans, commerçants. Ceux qui réussissent à s'enrichir deviennent aussi puissants que les patriciens. Après avoir menacé de faire sécession (p. 24), la plèbe a obtenu d'être représentée par des tribuns (tribuni plebis, p. 30).

Senatus : le Sénat

Ce « Conseil des Anciens » (**senatus** vient de senex : vieillard) exerce son **auctoritas**, *atis*, f. (autorité) dans tous les domaines. Il contrôle les élections, les textes de lois, les cultes religieux, l'armée, le gouvernement des provinces, il vote les dépenses et dirige la politique extérieure. Ses trois cents membres (les senatores) sont d'anciens magistrats recrutés par les censeurs (p. 30) et nommés à vie. Presque tous patriciens, ils sont appelés **patres conscripti** (pères conscrits), inscrits sur l'**album**, un tableau blanchi (albus, a, um : blanc) au plâtre et exposé publiquement.

mots-clés : auctoritas, patres, plebs.

Étymologie

1 À quels noms latins rattachez-vous les mots *plébisciter, autoritaire, patrimoine, sénile* ? Cherchez leur sens dans un dictionnaire.

2 D'où vient le nom *album* ? Quel est le sens de ce nom aujourd'hui ?

3 Quel verbe latin reconnaissez-vous dans conscripti ? Cherchez ce qu'était un *conscrit* dans l'armée d'autrefois.

Jouez avec les mots

4 À vos tablettes !

a. Regroupez ces tablettes de façon à obtenir six expressions : cinq composées de deux mots et une de trois mots.

POPULUS · IMPERIUM · PATRES
ROMANUS/UM · TRIBUNI · QUE
CIVITATIS · SENATUS · RES · JUS
CONSCRIPTI · PLEBIS · PUBLICA

b. Traduisez et expliquez chaque expression.

Observer

La révolte des plébéiens

1 Post longa saevaque bella, plebeii ad patricios legatos mittunt.
Après des guerres longues et cruelles, les plébéiens …… .

2 Plebeius unus verba ita facit : …… parle ainsi :

3 « Victoria Romanis est et mihi tantum sunt ruinae et aes alienum **facio**.
« ……, moi j'ai seulement des ruines [je n'ai plus que des ruines] et je fais des dettes.

4 Creditores me agro paterno et fortunis aliis **exuunt** atque nunc in servitium me **ducunt** ».
Mes créanciers me dépouillent ……, et maintenant …… .

5 Sed patricii plebeios non **audiunt**. …… .

6 Tum in Sacrum Montem plebeii secedunt.
Alors …… se retirent sur le Mont Sacré.

D'après **Tite-Live**, *Histoire romaine*, II, 23.

Reconnaître les temps primitifs et conjuguer

1 **a.** Retrouvez les temps primitifs des verbes mittunt, exuunt, ducunt (phrases 1 et 4) selon ce modèle : capio, is, ere, cepi, captum.
b. Quels éléments devez-vous identifier ? Dans quel ordre ?

2 **a.** Donnez les temps primitifs de facit (phrase 2).
b. Écrivez ce verbe au présent de l'indicatif actif, en latin et en français, à toutes les personnes.

Identifier la construction du verbe et de la phrase

3 Trouvez les sujets et les COD des verbes en gras.

4 Donnez les cas et les fonctions des mots et groupes de mots soulignés.

5 Expliquez la construction de la phrase 3.

6 À quoi servent les mots en vert ?

7 Complétez la traduction des phrases.
Entraînez-vous à lire les phrases à voix haute par groupes de mots, en français et en latin.

Observer l'image

a. Que signifient les initiales en haut de l'image ? Écrivez les mots en toutes lettres.
b. Qui reconnaissez-vous ?
1. Lupa cum Romulo Remoque.
2. Canis cum Bruto et Menenio Agrippa.
3. Lupus cum Apolline Dianaque.

Tag sur le mur d'une galerie piétonne, mai 2008, Rome, Via del Tritone.

1 La conjugaison

- Les **cinq temps primitifs** donnés dans le dictionnaire permettent de conjuguer le verbe à tous les modes et à tous les temps.

	amo, as, are,	avi,	atum
Radical Base pour ▶	❶ **ama-** ▶ le présent, l'imparfait, le futur simple	❷ **amav-** ▶ le parfait, le plus-que-parfait, le futur antérieur	❸ **amat-** ▶ le participe parfait passif

- Les verbes latins sont classés en **cinq modèles de conjugaisons** d'après leur radical.

Conjugaison	Radical terminé par	Modèle	Infinitif présent actif	pour les distinguer
1re	ā long	**ama-** (amo, as, are, avi, atum)	ama-re (aimer)	**o, as, are**
2e	ē long	**vide-** (video,es, ere, vidi, visum)	vide-re (voir)	**eo, es, ere**
3e	consonne	**leg-** (lego, is, ere, legi, lectum)	consonne + voyelle de liaison leg-**e**-re (lire)	**o, is, ere**
3e mixte	ĭ bref	**capi-** (capio, is, ere, cepi, captum)	-ĭ suivi de r → ĕ cap**e**-re (prendre)	**io, is, ere**
4e	ī long	**audi-** (audio, is, ire, audivi, auditum)	audi-re (entendre)	**io, is, ire**

- Les **terminaisons** sont les marques de la personne pour tous les temps et modes personnels à l'actif : **-o** / **-m**, **-s**, **-t**, **-mus**, **-tis**, **-nt** ; au passif : **-r**, **-ris**, **-tur**, **-mur**, **-mini**, **-ntur**.
- Pour conjuguer les verbes au **présent de l'indicatif actif** ou **passif**, on ajoute les terminaisons au radical du présent. Exemple ▶ vide**o**, vide**s**, vide**t**, vide**mus**, vide**tis**, vide**nt**.
  ▶ vide**or**, vide**ris**, vide**tur**, vide**mur**, vide**mini**, vide**ntur**.

→ **Mémento**, pp. 206-207.

2 La coordination

Conjonctions de coordination	Exemples
et / -que	Senatus **et** populus / Senatus populus**que**. Le Sénat **et** le peuple.
et... et / -que (après le dernier terme de l'énumération)	Cives **et** pueri **et** servi / Cives, pueri servi**que**. Les citoyens, les enfants **et** les esclaves.
atque / ac (devant consonne)	Parentes **atque** amici. Les parents **et** les amis. Patricii **ac** plebeii. Les patriciens **et** les plébéiens.
neque / nec (et... ne... pas)	Servus dormit **neque** dominum audit. L'esclave dort **et n'**entend **pas** son maître.
neque ... neque / nec ... nec (ni ... ni)	**Nec** dominus **nec** servus. **Ni** un maître **ni** un esclave.

VOCABULAIRE à retenir

Noms

concordia, *ae*, f.	concorde
legatus, *i*, m.	ambassadeur
libertas, *atis*, f.	liberté
magistratus, *us*, m.	magistrat
senatus, *us*, m.	sénat
senex, *senis*, m.	vieillard
tributum, *i*, n.	impôt

Adjectifs

patricius, a, um	patricien
plebeius, a, um	plébéien

Verbes

defendo, is, ere, di, sum	défendre
intellego, is, ere, lexi, lectum	comprendre
nego, as, are, avi, atum	refuser
scribo, is, ere, scripsi, scriptum	écrire
valeo, es, ere, ui, itum	avoir de la valeur, bien se porter

Mots invariables

adversum + Acc.	contre
quasi	presque, comme

Lire et apprendre

1 Lisez à voix haute. Apprenez la phrase en latin.

Quae harmonia a musicis dicitur in cantu,
ea est in civitate concordia.
Ce que les musiciens appellent harmonie
dans le chant, c'est la concorde dans la cité.

Cicéron, *De la République*, II, 42.

Retrouver les temps primitifs

2 À l'aide du lexique, trouvez le verbe « intrus » dans chaque liste et donnez ses temps primitifs.

1. valent – habet – terres – laboratis – jubetis.
2. conditis – gerimus – scribit – studetis – relinquis.
3. accipimus – vincis – facitis – capiunt – rapis.

Conjuguer

3 **a.** Isolez le radical du présent de ces verbes : incipere – manere – parare – docere – scire – vincere – cupere – laborare.
b. Comment le retrouvez-vous ?

4 Conjuguez ces verbes au présent de l'indicatif en latin et en français : posse – vincere – credere.

5 **a.** Cherchez les deux verbes lego dans le lexique et recopiez leurs temps primitifs. Que constatez-vous ?
b. Conjuguez-les au présent de l'indicatif.

Identifier la construction du verbe

6 Complétez chaque phrase avec le mot ou le groupe de mots qui convient dans la liste : plebeiis – iram – plebeiorum – facit – vivere – animos – patriciis – fabulam – patricii.

1. Magna ira … … occupat.
2. Magna ira plebeiis est : patricii plebeiorum … timent.
3. Menenius Agrippa … adest neque multa verba … : plebeiis … tantum dicit.
4. Neque … sine plebeiis, neque plebeii sine … … possunt.

7 Traduisez les phrases de l'exercice 6.

Sententias Mittere Subito (SMS)

8 Novum nuntium habes. Responde bonamque litteram pulsa.

Menenius Agrippa est … ?	**A** facundus **B** balbus **C** tacitus **D** calvus

S'initier à la traduction

9 **a.** À l'aide du lexique, trouvez les temps primitifs et le sens des verbes en orange.

1. Menenius *(civium, civibus, cives)* mentes *(fabula, fabulas, fabulae)* flectit : plebs in *(urbe, urbi, urbem)* *regreditur* [revient].
2. Menenius libertatem adversum patriciorum *(superbiam, superbiae)* defendit.
3. In *(magna, magno, magni)* paupertate tamen decedit.

b. Choisissez la solution correcte pour les mots entre parenthèses.
c. Traduisez les phrases obtenues.

10 Suivez ce guide et traduisez les phrases.

Petit guide pour traduire
- *Repérez les verbes conjugués et trouvez leur sens à l'aide du lexique.*
- *Retrouvez le sujet de chaque verbe et son COD.*
- *Donnez le cas et la fonction des mots en orange.*

[Les noms en gras sont des noms propres.]

1. **Fabius Ambustus**, *ex duabus filiabus* [de ses deux filles], alteram **Licinio Stoloni** plebeio, alteram **Aulo Sulpicio** patricio *conjugem dat* [donne pour épouse à + D.].
2. **Aulo**, tribuno militari, potestas consularis est lictoriosque fasces foribus apponat.
3. Sed fasces **Licinii Stolonis** uxorem conterrent.
4. Tum **Licinius Stolo** legem rogat et populus ex plebe consulem creare consilium capit.

D'après **Aurelius Victor**, *De viris illustribus urbis Romae*, 20.

Comprendre le sens des mots

11 Associez chaque mot latin à un ou plusieurs mots français dont vous donnerez :
a. la classe grammaticale
b. le genre (pour les noms)
c. la signification.

concordia, *ae*, f. – discordia, *ae*, f. – auctoritas, *atis*, f. – magistratus, *us*, m.
auteur – concordant – accord – désaccord – autorisé – magistrature.

Chassez l'intrus !

12 Quand on est uni de **cœur** (**cor**, *cordis*, n.) **avec** (**cum**) quelqu'un, on vit dans la **concorde** (**concordia**). Relevez les quatre mots qui n'appartiennent pas à la famille de *cœur* :
cordage – discorde – écorné – miséricorde – cordial – encordé – record – cordonnier.

Culture

Les élections

Pour qui votent les citoyens ? magistratus et cursus honorum

Magistrat assistant à la cérémonie du cens (relief en marbre, p. 31)

Les Romains doivent élire chaque année des **magistratus** (magistrats), fonctionnaires dotés de la **potestas**, *atis*, f. (du verbe possum), le pouvoir d'agir au nom de l'État. Pour être éligible, un citoyen romain doit avoir un âge minimum (AM) et une fortune d'au moins 400 000 sesterces (plus de 400 fois ce que gagne un ouvrier en un an au Ier siècle avant J.-C.). S'il est élu, il s'engage dans le **cursus honorum** (carrière des honneurs) qui consiste à gravir les étapes dans l'ordre (↑).

Consul (consul) ↑	• 2 postes d'un an (AM 43 ans) • Premier magistrat de l'État, il préside le Sénat, les comices, fait exécuter leurs décisions, lève et commande les armées.
Praetor (préteur) ↑	• 2 postes d'un an (AM 40 ans) • Il est chargé de la justice.
Aedilis (édile) ↑	• 4 postes d'un an (AM 36 ans) • Il est chargé de la police, de la voirie et de l'approvisionnement de la ville.
Quaestor (questeur) ↑	• 20 postes d'un an (AM 30 ans) • Il est chargé des finances publiques.

En dehors du cursus honorum, il existe encore deux catégories de magistrats élus par les comices.

Tribunus plebis (tribun de la plèbe)
- 2 à l'origine (p. 24), puis 10 postes d'un an
- Obligatoirement plébéien, il défend les intérêts de la plèbe, a le droit de veto sur toutes les décisions des magistrats.

Censor (censeur)
- 2 postes de dix-huit mois
- élections tous les cinq ans parmi les anciens consuls (consulares)
- Il est chargé d'organiser le cens, de recruter les sénateurs et de surveiller les mœurs.

1 Quel nom latin désignant *celui qui dirige* (le maître) retrouvez-vous dans magistratus ?

2 Cherchez le sens du verbe veto dans le lexique et expliquez le sens de l'expression *droit de veto*.

Comment se fait le vote ? candidati et suffragia

Pour se faire reconnaître des électeurs, les candidats (candidati) sont vêtus d'une toge blanchie à la craie. Le vote s'est d'abord fait oralement, avant de passer à bulletin secret à la fin du IIe siècle avant J.-C. Pour éviter la fraude, chaque votant reçoit une tablette de bois (tabella) distribuée à l'extrémité d'un pont de planches dressé temporairement sur le Champ de Mars ; il passe ensuite sur le pont et, à l'autre bout, laisse tomber dans l'urne la tablette où il a mentionné son choix.

3 Cherchez dans le lexique l'adjectif d'où vient le nom **candidatus**, *i*, m.

TABELLA

Cas n° 1 : élection d'un magistrat
> inscrire le nom du candidat choisi

Cas n° 2 : vote d'une loi
> rayer les initiales selon la réponse

V R uti rogas *(« comme tu demandes » = oui)*	**A** antiquo *(« je rejette » = non)*

Qui a le droit de vote ? census et comitia

À Rome, tous les cinq ans, se tient la cérémonie du cens (**census**) sous les ordres des censeurs : tous les citoyens doivent venir se faire inscrire sur les registres administratifs.
Depuis la réforme attribuée au roi Servius Tullius (578 avant J.-C.), les citoyens sont répartis en fonction de leur domicile (tribus urbaines et tribus rurales) et divisés en 5 classes, elles-mêmes subdivisées en centuries (centuria : groupe de 100 hommes), selon le niveau de leur fortune.
Ceux qui ne possèdent rien d'autre que leur propre personne (caput : tête), qui n'ont que des enfants (proles) comme ressources, sont regroupés dans des classes à part : on les nomme capite censi (enregistrés par la tête seule) ou proletarii. Ce classement sert de base pour le paiement de l'impôt (tributum), l'organisation des élections et du service militaire (p. 39).

Cérémonie du cens, relief en marbre (détail) découvert à Rome, sur le Champ de Mars, env. 100 avant J.-C., Paris, Musée du Louvre.

Lors des élections, tous les citoyens sont convoqués dans des assemblées (comitia : comices) où ils sont regroupés selon leur classe et leur centurie. Ce système avantage les riches propriétaires, patriciens ou plébéiens (les 1res centuries des 1res classes), tandis que les citoyens les plus pauvres ne s'expriment jamais, car le vote est arrêté dès que la majorité globale est atteinte (1 centurie = 1 voix).

4 Que fait le personnage assis à gauche ? Que représentent les personnages debout à droite ?

5 Quel nom issu de **census** désigne l'opération qui consiste à dénombrer les habitants d'un pays ?

6 Quel nom est issu de **proletarii** ? Cherchez son sens dans un dictionnaire.

B2i Sélectionner des informations

1. Les institutions de la République
Faites un tableau pour présenter les principales institutions de la République française. Quelles ressemblances et différences voyez-vous avec la République romaine ?

2. Le Sénat
Préparez un exposé pour présenter le Sénat en France et aux États-Unis. Vous pourrez présenter votre travail en cours d'histoire et d'éducation civique.

@ Pour vous aider, retrouvez des liens utiles sur :
www.4e.latin.magnard.fr/liens

Pour aller plus loin À LIRE

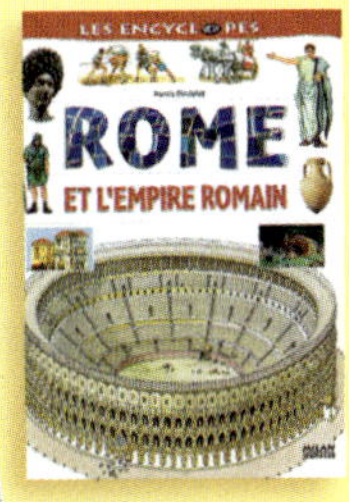

Rome et l'empire romain
de Francis Dieulafait,
© Milan jeunesse, 2003.

CHAPITRE 4 Les armes de la conquête

► Les Romains se considèrent comme les protégés de Mars, dieu de la guerre et père de Romulus. Leur armée assure leur puissance et leur gloire.

Pièce de monnaie représentant l'aigle de la Legio VIII Augusta.

Découvrir le texte

1. Une vocation et une mission

Les Romains aiment la guerre : c'est un véritable programme fixé par Anchise, père d'Énée, leur glorieux ancêtre.

VOCABULAIRE
memento : souviens-toi de (+ infinitif)
impono, is, ere, posui, positum : appliquer, imposer
mos, *moris*, m. : l'usage, les règles
pax, *pacis*, f. : la paix
debello, as, are, avi, atum : soumettre par les armes
parco, is, ere, peperci, parsum (+ D.) : ménager, épargner
subjecti, *orum*, m. pl. : les vaincus

« Tu, regere imperio populos, Romane, memento
____
– hae tibi erunt artes – pacisque imponere morem :
– ce seront tes arts à toi – ________ :
parcere subjectis et debellare superbos. »
________. »

Publius Vergilius Maro, *Aeneis*
________, livre VI, vers 851-853

2. À l'honneur comme à la peine

Élu consul en 107 avant J.-C., Caius Marius s'apprête à diriger une campagne militaire en Afrique : il convoque une assemblée du peuple pour susciter une large mobilisation.

« Non possum fidei causa imagines neque triumphos aut consulatus majorum meorum ostentare, at, si res postulet, **hastas, vexillum, phaleras, alia militaria dona, praeterea cicatrices** adverso corpore. […] **Non sunt composita verba mea** : parvi id facio. **Ipsa se virtus satis ostendit.** […] At illa multo optima **rei publicae** doctus sum : **hostem ferire**, praesidia agitare, nihil metuere nisi **turpem famam, hiemem et aestatem juxta** pati, **humi requiescere, eodem tempore inopiam et laborem tolerare.** »

Caius Sallustius Crispus, *Bellum Jugurthinum.*

« Pour que vous me fassiez confiance je ne peux pas faire étalage de mes portraits d'ancêtres ni de leurs triomphes ou de leurs consulats, mais, si la situation l'exige, je peux montrer ________ ________ sur le devant du corps. […] ________ ________ : je m'en moque. ________. […] Mais j'ai étudié ce qui était le plus utile ________ : ________, commander des garnisons, ne rien craindre sauf ________, endurer ________, ________, ________. »

Salluste (86-34 avant J.-C.), *Guerre de Jugurtha*, LXXXV.

VOCABULAIRE
eodem tempore : en même temps – ferire : frapper – humi : par terre – juxta : de la même façon – labor, *oris*, m. : fatigue – se ostendere : se montrer – praeterea : surtout – requiescere : dormir – satis : suffisamment – tolerare : supporter.

→ LIRE LES TEXTES

Texte 1

1. Traduisez les paroles d'Anchise.
2. À qui s'adresse-t-il ? Quels éléments le montrent en latin ?
3. Quels devoirs Anchise fixe-t-il à ses lointains descendants ?

Texte 2

4. Traduisez les mots en gras en vous aidant du lexique.
5. Quelles sont les origines de Marius ? En est-il fier ?
6. Quelle a été sa carrière militaire ? Que prouvent les cicatrices « sur le devant du corps » ?
7. Quels sont les devoirs d'un bon chef selon Marius ?

Découvrir l'image

Les aigles de Rome

Enrico Marini, *Les Aigles de Rome,* Tome I, © Dargaud, 2007.

La discipline (disciplina) de l'armée romaine est restée légendaire : du général en chef (dux) au simple soldat (miles), tous doivent rester unis face à l'ennemi (hostis).

« **D**ans la marche comme dans le combat, je serai toujours avec vous pour vous conseiller et pour partager le danger. En tout, je ferai comme vous. Oui, c'est sûr, avec l'aide des dieux, tout est prêt :

victoria, praeda, laus.

la victoire, le butin, la gloire. »

Salluste, *Guerre de Jugurtha*, LXXXV.

Gros plan sur...

*L'union fait la force : le glorieux symbole de cet « esprit de corps » est l'aigle (**aquila**) d'argent ou de bronze qui orne l'enseigne (**signum**) propre à chaque légion. Les soldats préféreraient mourir plutôt que de voir cet emblème sacré tomber entre les mains de l'ennemi.*

→ LIRE L'IMAGE

1 Comme un gros plan au cinéma, la première vignette met en valeur un élément : lequel ? Pourquoi ?

2 Quelles lettres identifiez-vous sur l'étendard ? Que désignent-elles à votre avis ?

3 De quel dieu l'aigle est-il l'attribut ? Cela vous paraît-il important ?

4 À quels indices reconnaît-on le général en chef ?

Découvrir **les mots-clés**

Une armée de citoyens

Servir dans l'armée est une obligation civique : le citoyen romain passe de nombreuses années dans la légion (legio) après avoir prêté serment (sacramentum).

L'autorité du chef

Le nom **dux**, *ducis, m. (chef, guide) vient du verbe ducere (conduire). Celui qui conduit l'armée est obligatoirement un magistrat qui a reçu l'imperium (consul ou préteur, p. 30). L'insigne de son commandement est un grand manteau rouge écarlate, le paludamentum. Après une grande victoire, le dux reçoit le titre d'imperator sur le champ de bataille.*

Le général Jules César acclamé par ses soldats, Ciarán Hinds, série Rome, HBO, 2005.

Le recrutement de la légion

Le nom **legio**, ***onis***, f. vient du verbe **legere** (choisir, recruter) : il désigne le contingent « choisi » pour porter les armes. À l'époque républicaine, 4 légions de 6 000 hommes sont levées chaque année, plus si la situation l'exige.

Réunis en mars, le mois du dieu de la guerre, les comices (p. 31) élisent 24 tribuns militaires pour l'année, puis les consuls procèdent à l'incorporation des citoyens par tirage au sort. Tous les citoyens sont mobilisables dans l'armée active entre 17 et 46 ans (**juniores**), les plus âgés (**seniores**), entre 46 et 60 ans, font partie de l'armée de réserve.

La force du serment

Une fois enrôlées, les nouvelles recrues prononcent le **sacramentum**, *i*, n., un serment solennel d'obéissance qui les lie à leur chef. C'est un vieux soldat expérimenté (**veteranus**) qui le prête religieusement, tous les autres se bornant à la formule « **idem in me** » (pareil pour moi).

Mots-clés : dux, legio, sacramentum.

Étymologie

1 Retrouvez trois noms issus de dux :

a. En France, le titre de … est le plus élevé après celui de prince.

b. En 1922, le dictateur Mussolini a pris le titre de … en italien.

c. Dans l'ancienne République de Venise, le chef élu s'appelait le … .

2 Recherchez d'autres mots construits sur la racine **duc-** (idée de conduire).

3 Donnez le sens de ces adjectifs : sanctus, a, um – sacer, cra, crum – salvus, a, um. Lequel retrouvez-vous dans sacramentum ?

Jouez avec les mots

4 Ave, imperator !

Il est le premier à avoir pris le titre d'imperator à vie : nous l'appelons « empereur ». Retrouvez son nom en traduisant cette phrase en latin et en reportant les mots dans les cases l'un après l'autre :

Salut, chef des légions,
toi, le premier [d'entre nous],
victorieux tu as été,
toujours !

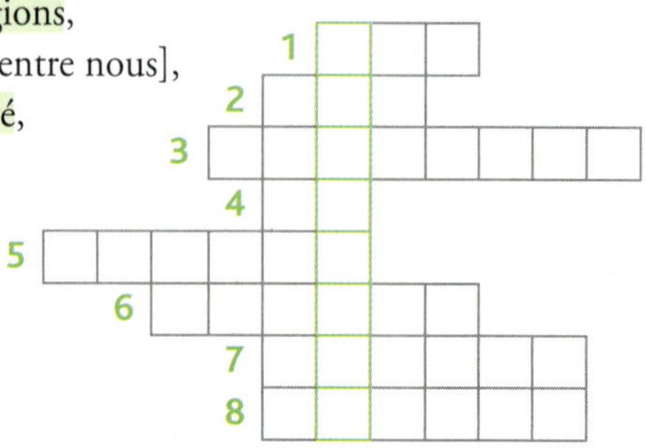

Observer

Mort héroïque d'un aquilifer

1 Tum vero suo more audaci victoriam omnes Barbari conclamant /conclamaverunt/ atque ingenti clamore in nostros irrumpunt /irruperunt/.
Alors, selon leur audacieuse coutume, tous les Barbares crient /crièrent/ « victoire » et, avec un grand cri, ils se jettent /se jetèrent/ sur les nôtres.

2 Levis hostium armatura ordines perturbat /perturbavit/ ac maximam partem militum interficit / interfecit/.
L'infanterie légère des ennemis trouble /....../ les rangs et ...... /....../ la plus grande partie des soldats.

3 Reliqui propter gravia vulnera procedere non potuerunt /possunt/.
Les survivants, en raison de graves blessures, ne ...... /....../ pas avancer.

4 Cum prudente duce, in castra se receperunt /recipiunt/.
Avec leur chef expérimenté, ils se ...... /....../ dans le camp.

5 Tunc autem L. Petrosidium, fortem aquiliferum, ingens multitudo hostium premit /pressit/.
Mais alors une immense foule d'ennemis serre /....../ de près Lucius Petrosidius, un porte-aigle courageux.

6 Aquilam intra vallum projicit /projecit/ ipsumque pro castris feroces hostes occidunt /occiderunt/.
Il ...... /....../ l'aigle dans le retranchement et lui-même, les féroces ennemis le ...... /....../ devant le camp.

D'après **César**, *Guerre des Gaules*, livre V, 37.

Reconnaître le présent et le parfait de l'indicatif actif

1 Relevez les verbes de la phrase 1 en français : quels sont les temps utilisés ?

2 Dans chaque phrase, quelles différences remarquez-vous dans les verbes en latin ? Quels indices permettent de reconnaître les verbes au parfait ?

3 À l'aide du lexique retrouvez les temps primitifs des verbes soulignés.

4 Complétez la traduction des verbes (attention aux temps). Entraînez-vous à lire les phrases à voix haute par groupes de mots, en français et en latin.

Identifier les adjectifs en -is, -e et -ens, -tis

5 Identifiez les fonctions et les cas des groupes nom + adjectif en bleu.

6 Même exercice avec les groupes en vert. Que remarquez-vous dans les phrases 1 et 4 ?

Observer l'image

Les dernières paroles de l'aquilifer ont été inscrites sur sa stèle funéraire, mais le temps a effacé des lettres. Complétez la phrase à l'aide de la liste, puis traduisez.

annos – ego – Caesari – defendi – diligentia – fide – magna – multos – nunc – restituo – vivus.

Vocabulaire : hanc : adjectif démonstratif (Acc. f. sg.) – per (+ Acc.) : pendant – moriens : en mourant – eadem : la même (Abl. f. sg.).

Hanc ___ et ___u_ ____o_ per
___o_ _a___ _i___e__i_
_e_____i et _u__ moriens eadem
_i__ _______i ________o.

César, *Commentaires sur la Guerre civile*, livre III, 64, 3-4.

Dessin dans le *Dictionnaire des antiquités grecques et romaines*, Daremberg et Saglio.

Apprendre

1 Le parfait de l'indicatif actif, le parfait de sum

- Pour obtenir le **radical du parfait**, on enlève la **terminaison -i** de la 1re personne du singulier du parfait (4e forme donnée par le dictionnaire). Exemple ▶ do, das, dare, dedi, datum

	Terminaisons	**dedi** *je donnai, j'ai donné*	**fui** *je fus, j'ai été*
Singulier	1re pers. **-i**	ded**i**	fu**i**
	2e pers. **-isti**	ded**isti**	fu**isti**
	3e pers. **-it**	ded**it**	fu**it**
Pluriel	1re pers. **-imus**	ded**imus**	fu**imus**
	2e pers. **-istis**	ded**istis**	fu**istis**
	3e pers. **-erunt**	ded**erunt**	fu**erunt**

→ **Mémento,** p. 206.

2 Les adjectifs qualificatifs en -is, -e et -ens, -tis

- Ces adjectifs, dits de la **deuxième classe**, suivent des modèles de la **3e déclinaison** :

– au **masculin** et au **féminin**, les adjectifs en **-is**, **-e** du type **fortis** (courageux) se déclinent comme **ignis**, ceux en **-ens**, **-tis** du type **ingens** (immense) se déclinent comme **urbs** ;

– au **neutre**, tous se déclinent comme **mare** (p. 18).

	Masculin et féminin				Neutre			
Cas	Singulier	Pluriel	Singulier	Pluriel	Singulier	Pluriel	Singulier	Pluriel
N.	fort**is**	fort**es**	ingens	ingent**es**	fort**e**	fort**ia**	ingens	ingent**ia**
V.	fort**is**	fort**es**	ingens	ingent**es**	fort**e**	fort**ia**	ingens	ingent**ia**
Acc.	fort**em**	fort**es**	ingent**em**	ingent**es**	fort**e**	fort**ia**	ingens	ingent**ia**
G.	fort**is**	fort**ium**	ingent**is**	ingent**ium**	fort**is**	fort**ium**	ingent**is**	ingent**ium**
D.	fort**i**	fort**ibus**	ingent**i**	ingent**ibus**	fort**i**	fort**ibus**	ingent**i**	ingent**ibus**
Abl.	fort**i**	fort**ibus**	ingent**i/e**	ingent**ibus**	fort**i**	fort**ibus**	ingent**i**	ingent**ibus**

Remarque : dans le dictionnaire, les adjectifs du type **fortis** sont cités au **nominatif** masculin/féminin sg., suivi de la terminaison du **nominatif** neutre sg. (fortis, e).
Les adjectifs du type **ingens** sont cités au **nominatif** masc./fém./neutre sg., suivi de la terminaison du **génitif** masc./fém./neutre sg. (ingens, tis ; audax, acis).

- L'**ablatif singulier** des adjectifs du type **ingens** est en **-i** quand l'adjectif s'accorde avec un nom d'**inanimé**, en **-e** avec un nom d'**animé**.

Exemples ▶ **Prudenti** consilio milites persuadet. Il convainc les soldats par un **prudent** conseil.
Cum **prudente** viro venit. Il vient avec un homme **prudent**.

- Les adjectifs dont le radical se termine par **deux consonnes** et les adjectifs en **-ax**, **-ix**, **-ox** se déclinent comme **ingens**.

VOCABULAIRE à retenir

Noms

galea, *ae*, f.	casque
gladius, *ii*, m.	épée
hasta, *ae*, f.	lance
insidiae, *arum*, f.	embuscade
lorica, *ae*, f.	cuirasse
pilum, *i*, n.	javelot
potestas, *atis*, f.	pouvoir
praeda, *ae*, f.	butin
proelium, *ii*, n.	combat
scutum, *i*, n.	bouclier
signum, *i*, n.	enseigne
vulnus, *eris*, n.	blessure

Verbes

bellum gero, is, ere, gessi, gestum (cum) + Abl. — faire la guerre (contre)

Adjectifs

audax, acis	audacieux
ferox, ocis	féroce
gravis, e	lourd, grave
levis, e	léger
omnis, e	tout, chaque
prudens, tis	prudent

Lire et apprendre

1 Lisez à voix haute. Apprenez les vers en latin.

Dulce et decorum est pro patria mori [...].
Virtus, repulsae nescia sordidae,
intaminatis fulget honoribus.
Il est doux et honorable de mourir pour sa patrie [...].
La vertu, ignorant l'échec dégradant,
brille d'honneurs immaculés.

Horace, *Odes*, III, 2, vers 13 et 17-18.

Conjuguer

2 Mettez ces verbes au parfait de l'indicatif en respectant la personne. Traduisez.
numerant – dicunt – geris – agimus – deestis – mittis – accipimus – vinco – obsidetis – abes.

3 Mettez ces verbes au présent de l'indicatif. Traduisez.
adfuerunt – misi – accepistis – monuisti – vicistis – audiverunt – tenuit – obfuimus – egi – stetit.

Décliner

4 Mettez ces adjectifs aux cas indiqués.
levis (Abl. sg. m./f.) – audax (G. pl. m./f.) – gravis (Acc. pl. m./f.) – facilis (Acc. pl. n.) – brevis (D. sg. m./f.).

5 Formez des groupes nom + adjectif en tenant compte du cas et du genre.
Noms: consilii – spatia – armaturae – equus – virorum – domino.
Adjectifs: velox – levi – audacium – brevia – illustri – gravis.

6 **a.** Associez à chaque nom un adjectif qui convient pour le sens et accordez-le.
Noms: viro – hostes – verba – militem – spatio – animal.
Adjectifs : levis, e – audax, acis – brevis, e – facilis, e – sapiens, tis – ferox, ocis.
b. Traduisez les groupes obtenus en indiquant leur cas respectif (s'il existe différentes solutions, signalez-les).

Sententias Mittere Subito

SMS

7 Novum nuntium habes. Responde bonamque litteram pulsa.

Quod animal in signo Romano vidisti ?

A Aprum B Leonem
C Canem D Aquilam

S'initier à la traduction

8 **a.** Analysez les verbes en bleu, repérez leur sujet.
b. Quel est le cas et la fonction des noms en couleur ?
c. Traduisez les phrases.

1. Ab exercitio *exercitus* [N. sg. : l'armée] nomen accepit.
2. Novos milites mane ac *post meridiem* [l'après-midi] ad omne genus armorum centuriones exercent.
3. Veteres autem sine intermissione *semel in die* [une fois par jour] centuriones exercent armis.
4. Neque enim longitudino aetatis aut annorum numerus *artem bellicam* [le métier de la guerre] tradit, sed inexercitatus miles semper est tiro.

D'après **Végèce**, *De l'Art militaire*, II, XXII.

9 Suivez ce guide et traduisez les phrases.

Petit guide pour traduire
- *Analysez les verbes conjugués, leurs sujets et les adjectifs épithètes ou attributs du sujet.*
- *Repérez les coordinations (et, ac, atque, -que).*
- *Identifiez les compléments (COD, COI, COS, CDN, CC) en prenant appui sur les cas des noms et les prépositions.*

1. Milites Romani ab signis abfuerunt praedasque ex sociis fecerunt.
2. Pecora eorum ac mancipia rapuerunt villasque expugnaverunt. Itaque agros suos agricolae deseruerunt.
3. Sed in *ea* [cette] difficultate, Metellus *nec minus quam* [pas moins que] *in rebus hostilibus* [dans ses rencontres avec l'ennemi] magnus et sapiens vir fuit.
4. Alto vallo atque fossa castra munivit vigiliasque crebras posuit et eas *ipse* [lui-même] cum legatis circumivit.

Comprendre le sens des mots

10 **a.** Lisez le tableau puis identifiez les éléments qui composent ces noms: accident, herbicide, récidive, incident, suicide, génocide, homicide, infanticide.

-cid- = « qui tue » (de caedo, is, ere, cĕcīdi, caesum: abattre, tuer)	
-cid- = « se passer, arriver » (de cado, is, ere, cĕcĭdi, casum: arriver, se produire)	

b. Recopiez le tableau en classant ces noms selon l'origine de -cid-.

11 Retrouvez le sens de ces mots : proie – prédateur – déprédations – insidieux – vétéran – aquilin.

Devinette **12** De quel nom latin sont issus *sacrement* et *serment* ? Donnez leur sens.

Culture

La puissance et la gloire

Imperator triumphans

Si la victoire a été éclatante – au moins 5 000 ennemis tués en une bataille – l'**imperator** a droit au **triomphe** : cette cérémonie d'origine étrusque (p. 12) est la plus extraordinaire des fêtes collectives à Rome.
Monté sur un char doré, tiré par quatre chevaux blancs, le héros du jour, souvent entouré par ses enfants, est encadré par ses licteurs et ses soldats.
Il porte les insignes de Jupiter Capitolin lui-même : couronné, vêtu de la **toga picta** (toge peinte) et de la **tunica palmata** (tunique ornée de palmes), il tient une branche de laurier et un sceptre d'ivoire surmonté de l'**aquila**.
Tout au long de la **via sacra** qui le conduit au Capitole, précédé par le cortège des magistrats de Rome et du butin qu'il a pris sur l'ennemi, il est acclamé comme aujourd'hui une star de cinéma ou un champion sportif. Mais attention, il ne doit pas se prendre pour un dieu !
C'est pourquoi ses soldats mêlent aux cris de triomphe (**io triumphe**) des chansons pleines de moqueries sur les défauts de leur chef (la calvitie de Jules César, par exemple).

Frank Topham, *A Roman Triumph*, huile sur toile (193,4 x 138 cm), 1838, Leicester (Grande-Bretagne), New Walk Museum & Art Gallery.

Placé juste derrière l'imperator, un esclave soutient une énorme couronne d'or, tout en rappelant au général triomphant qu'il doit rester modeste…

1 Décrivez le tableau : qui sont les différents personnages ? Quelles sont leurs attitudes ? Comment sont-ils vêtus ?

2 Quels symboles représentent le pouvoir de Rome ?

3 Décrivez le décor : de quels éléments est-il constitué ?

Voici en effet comment on l'avertit dans son dos :
« **Respice post te ! Hominem te memento !** »
« Regarde derrière toi ! Souviens-toi que tu n'es qu'un homme ! »

Tertullien (env. 150-220 après J.-C.), *Apologétique*, XXXIII, 4.

Civis et miles

Tout citoyen romain mobilisé doit pouvoir payer son propre équipement. Les plus riches, recensés dans la première classe (p. 31), font le service militaire à cheval : on les nomme equites (de equus : cheval), chevaliers. Marius, général d'origine modeste, qui a servi comme simple soldat (p. 32), introduit une réforme décisive en 106 avant J.-C. : pour faire la guerre, il décide de recruter aussi les prolétaires et leur offre une modeste solde (stipendium) leur permettant de subsister. L'armée de citoyens devient alors rapidement une armée de métier, quasi permanente et de plus en plus nombreuse (28 légions sous Auguste).

4 Rappelez l'origine du nom *prolétaire*. Quel est ici son sens précis ?

Buste en marbre de Caius Marius (157-86 avant J.-C.), Ier siècle avant J.-C., Munich, Glyptothek.

Virtus et honor

Stèle funéraire dédiée au centurion de la XVIIIe légion Marcus Caelius, tué par les Germains en 9 après J.-C., Bonn, Rheinisches Landesmuseum.

Comme un père de famille sur ses enfants, le général qui commande l'armée a droit de vie et de mort sur ses soldats. En cas de lâcheté collective devant l'ennemi, il peut même procéder à une terrible punition : la **decimatio**, qui consiste à tirer au sort un légionnaire sur dix (decem) et à le faire exécuter (decimare) sous les yeux de toute la troupe.
Les actes de bravoure sont récompensés par des décorations honorifiques variant selon le grade : colliers (torques), bracelets (armillae), médaillons de métal ornant la cuirasse (phalerae) pour les soldats ; un étendard (vexillum), un javelot sans pointe de fer (hasta pura), voire une couronne d'or (corona aurea) pour les officiers supérieurs.

5 Quel verbe français vient de **decimare** ? Quel est son sens ?

6 Retrouvez dans le discours de Marius (p. 32) les récompenses qu'il a reçues et nommez-les en latin. Lesquelles voyez-vous sur la stèle ?

B2i Se documenter, rédiger une fiche illustrée

1. Engagez-vous !
Vous avez choisi de vous engager dans une légion romaine (legio I à XXX), rédigez une fiche illustrée pour la présenter (création et fondateur, noms, emblèmes, lieux de campagne, exploits).

2. Sur la voie du triomphe
Pour célébrer leurs victoires, les Romains ont édifié d'imposants monuments : les arcs de triomphe. Choisissez-en un et rédigez une fiche de présentation illustrée.

@ Pour vous aider, retrouvez des liens utiles sur : www.4e.latin.magnard.fr/liens

Pour aller plus loin À LIRE

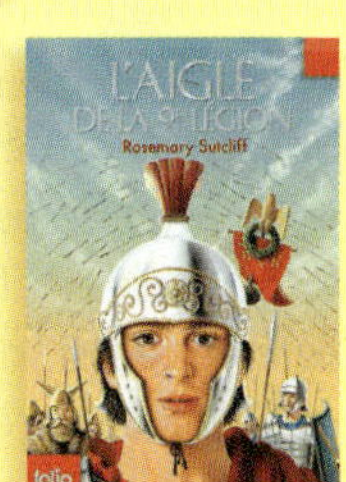

L'Aigle de la 9e légion de Rosemary Sutcliff, © Éditions Gallimard Jeunesse, 2007.
Jeune centurion ambitieux, Marcus Flavius Aquila part sur les traces d'une légion disparue en Bretagne.

L'armée romaine en campagne, Arkeo junior n° 129, avril 2006.

Dossier

L'armée

Toujours au pluriel, arma, *orum*, n. désigne l'équipement du soldat (ses armes), mais aussi la troupe (l'armée) et parfois les combats.

1 L'armement du légionnaire

Le légionnaire est un fantassin (**pedes**, *itis*, m. : soldat à **pied**). En campagne, il est lourdement chargé : il doit transporter ses affaires personnelles, le matériel et deux semaines de vivres, soit 40 kg environ. Parfois, on allège sa charge : il est alors **expeditus** (de **expedire** : débarrasser le pied).

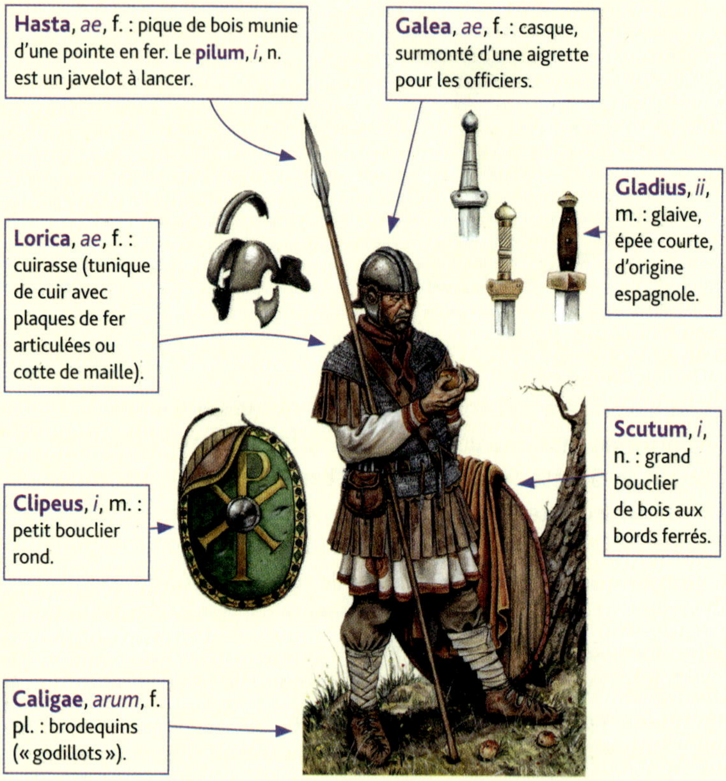

Un légionnaire.

Étymologie

1 Quel point commun voyez-vous entre pédestre, *pédicure* et *expédier* ?

2 Même question pour *armoire*, *armature*, *armement*, *armoirie*.

B2i — Faire une recherche sur Internet

Un empereur porte le surnom de « petit godillot » : cherchez de qui il s'agit et pourquoi il a reçu ce surnom.

2 L'organisation de la légion

À chaque légion est adjoint un corps de cavalerie, réparti en dix escadrons (**turmae**) de 30 cavaliers (**equites**). Des contingents « alliés » (**socii**), constitués de troupes levées chez les peuples italiens alliés de Rome, viennent aussi soutenir les légionnaires.

Legio, *onis*, f. : **la légion** = 10 cohortes	
Centuria, *ae*, f. **centurie**	**= 100 légionnaires** ▸ Commandée par un **centurio** (*onis*, m.), c'est l'unité de base de la légion. Le plus haut gradé des centurions est le **primipilus**, *i*, m. : de primus et pilum, qui commande la 1re centurie du 1er manipule de la 1re cohorte.
Manipulus, *i*, m. **manipule**	**= 2 centuries**
Cohors, *tis*, f. **cohorte**	**= 3 manipules** ▸ Ordre de placement pour le combat :
Acies tertia 3e ligne	**3. Triarii** (« en 3e ligne », du chiffre tres) : les plus âgés (vétérans) ; en réserve, ils n'interviennent qu'en cas de besoin.
Acies secunda 2e ligne	**2. Principes** (« les premiers ») : anciens de la 1re ligne, ils sont les plus expérimentés.
Acies prima 1re ligne	**1. Hastati** (« armés de la lance », hasta) : les plus jeunes et les moins expérimentés.

Étymologie

1 D'où vient le nom *centurion* ?

2 D'où vient le nom **equites** ?

3 Le camp

Lors des campagnes militaires, les légionnaires construisent à chaque étape un camp fortifié (**castra**, *orum*, n. pl.), dont ils portent chacun une partie dans leur paquetage.
Bâti en trois heures, le camp est toujours disposé de la même façon, comme une Rome miniature fortifiée.

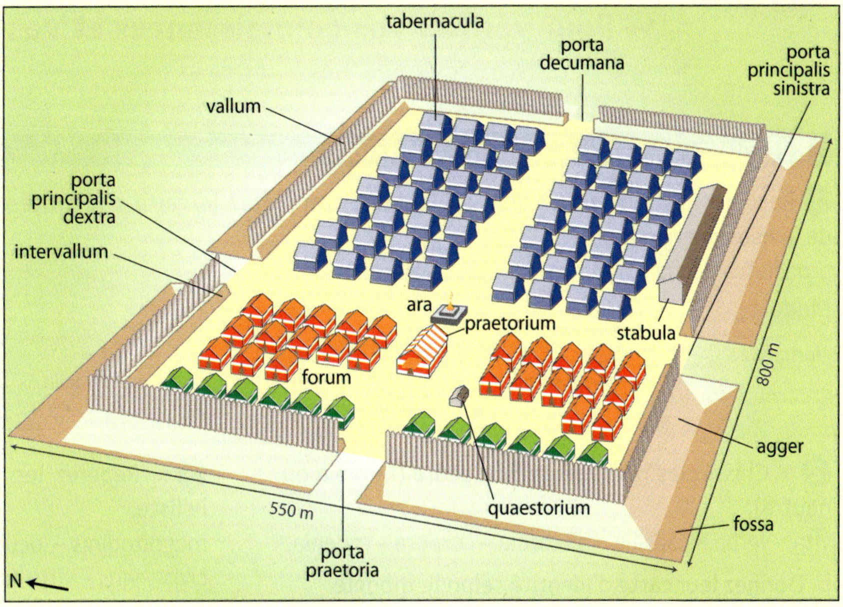

Un camp pour deux légions (environ 45 hectares).

Associez chaque élément du camp à sa traduction : autel – écurie – fossé – palissade – place principale – porte décumane – porte prétorienne – porte principale droite – porte principale gauche – talus – tente du général – trésor – tentes des soldats – butte.

B2i Faire une recherche sur Internet

Les Romains ont bâti de nombreux camps en Grande-Bretagne (Britannia). Plusieurs villes en ont gardé la trace comme Manchester, Gloucester, Exeter, Worcester. Quel indice relevez-vous dans leur nom ?

▶ À vos ordres !

Latinis verbis

Et si vous vous retrouviez mobilisé dans la légion ?
Mieux vaut apprendre au plus vite les ordres les plus simples que votre chef va vous donner.

- D'abord ne manquez pas de saluer.
  Ave / Avete ! Salut (à une personne) / (à deux personnes)
- Ensuite gare à vous !
  Serva / Servate ! Fais / Faites attention ! Gare !
  Silentium ! Silence !
- Avant d'apprendre l'impératif (p. 96), retenez quelques infinitifs.
  Parare ! Se tenir prêt !
  Laxare ! Se mettre au repos !
  Pergere ! Continuer à marcher !
- Souvenez-vous que c'est toujours **l'enseigne** (**signum**, *i*, n.) qui donne **le signal**.
  Signa subsequi ! Suivre les enseignes !
  Signa ferre ! Se mettre en route !
  Signa inferre ! Attaquer !
  Signa convertere ! Faire une conversion !
  Signa constituere ! Faire halte !
  Signa referre ! Ramener les enseignes ! (signal de la retraite)
  Infestis signis ! En formation de combat ! (enseignes déployées)

Maintenant, vous pouvez former des manipules avec vos camarades et commencer les opérations.

Pour vérifier vos connaissances et vos compétences

Retrouver la carte d'identité d'un nom

1 **Recopiez le tableau. À l'aide du lexique, complétez la carte d'identité de chaque nom de la liste selon le modèle.**
proelium – genus – tribunus – senatus – virgo.

Modèle :

fortuna, *ae*, f.	fortun**a** nominatif singulier	fortun radical	**ae** = terminaison du génitif singulier 1re déclinaison	f. = féminin	la fortune

2 a. **Classez les noms selon leur genre (féminin ou neutre).**
vita – verba – consilia – discordia – corpora – moenia.

b. **Donnez leur carte d'identité selon le modèle.**

Modèle :
patres : nominatif, vocatif, accusatif pluriel de **pater**, *tris*, m. : père (3e déclinaison).

c. **Associez à chaque nom l'adjectif qui convient pour le cas et pour le sens :**
sapientia – prudentia – brevis – gravia – magna – ingentia.

3 a. **Repérez les noms de la 3e déclinaison dans la liste.**
magnitudinis – oculis – disciplinis – militis – servis – civis – viris – virtutis.

b. **Donnez leur carte d'identité selon le modèle de l'exercice 2.**

c. **Associez à chaque nom l'adjectif qui convient.**
Noms : oculis – civis – militis – virtutis – servis.
Adjectifs : sapientis – magnae – bonis – audacis – prudentibus.

Déjouer les pièges des déclinaisons

4 **Repérez les noms au génitif pluriel dans la liste et indiquez leurs déclinaisons.**
locum – regum – terrarum – agrum – verborum – hominum – virum – noctium.

5 **En vous aidant du lexique, repérez dans chaque liste les noms « intrus » qui ne correspondent pas aux cas et nombre indiqués.**

Génitif singulier	Génitif pluriel	Ablatif singulier	Nominatif pluriel	Ablatif pluriel
lucis viae tempori dominis verbi	consilium senum generum corporum militum	regio discipule lege servo loco	domini militi causae virtuti signa	ducibus regnis praedis hostis finis

Reconnaître les groupes de mots

6 **Recopiez le tableau. Indiquez les cas, genre et nombre de chaque nom puis associez correctement noms (liste 1) et adjectifs (liste 2).**
1 : potestatem – amicae – itinera – urbium – puero – monte – consiliis.
2 : magnam – multarum – longa – alto – parvo – doctae – bonis.

Nom	Cas	Genre	Nombre	Adjectif
potestatem	accusatif	féminin	singulier	magnam

7 **Pour chaque nom de la colonne de gauche, indiquez oralement le ou les adjectifs associés grammaticalement dans les colonnes de droite. Précisez le cas. Plusieurs solutions sont parfois possibles.**

Nom	Adjectif		
puer	magni	pulchro	docte
militi	saevi	Romano	multi
maria	alta	turbata	vastae
tempus	incertus	certum	malus
legem	justam	bonam	pium

Retrouver la carte d'identité d'un verbe

8 Suivez les étapes du tableau et rédigez la carte d'identité de ces verbes, selon les modèles donnés :
facis – venerunt – capit – lego – veniunt – respondetis – cepit – spectamus.

	Les étapes	La carte d'identité	
1	*Observer la forme verbale et isoler sa terminaison.* *Identifier les informations qu'elle donne.*	para**s** > -s voix : active personne : 2e pers. du sg.	para**visti** > -isti voix : active personne : 2e pers. du sg. (parfait)
2	*Retrouver le verbe dans le lexique.* *Déterminer son modèle de conjugaison.*	para- ▸ paro, as, are, avi, atum : préparer ▸ 1re conjugaison : modèle amo, as, are, avi, atum	parav-
3	*Vérifier et confirmer les informations.* *Traduire.*	para-s présent indicatif actif - 2e pers. sg. → Tu prépares	parav-isti parfait indicatif actif - 2e pers. sg. → Tu as préparé

9 Isolez oralement le radical de ces verbes au parfait et traduisez-les.
diximus – accepistis – fecerunt – mansisti – rexerunt – gessit – legimus – vidit – habui – venit.

Transposez chaque forme au présent et écrivez-la en mettant en évidence sa terminaison. Quelles formes peut-on confondre avec le parfait ?

Traduire à l'oral et à l'écrit

10 Boule de neige

a. Traduisez ces phrases oralement.

b. Comment procédez-vous ?

1. Clari viri vitam legi.

2. Clari viri Romani vitam in libro legi.

3. Clarorum virorum Romanorum vitas legimus in Aurelii Victoris libris.

11 Cincinnatus

a. Récapitulez oralement les étapes nécessaires pour traduire.

b. Traduisez les phrases en respectant ces étapes.

1. Romani Lucium Quinctium Cincinnatum dictatorem creaverunt et legatos ad eum miserunt.

2. Cincinnatum arantem [en train de labourer] trans [de l'autre côté de + Acc.] Tiberim offenderunt.

3. Cincinnatus hostes vicit, ducem eorum in deditionnem accepit et triumphi die [le jour de son triomphe] ante currum egit.

4. Deinde dictaturam deposuit et ad agros suos revertit.

D'après **Aurelius Victor**, *De viris illustribus*, XVII.

Savoir se repérer dans l'histoire et dans le temps

12 Voici dix événements de l'histoire de Rome cités dans le désordre.

1. Sécession de la plèbe, fable de … .
2. Instauration du cens par … .
3. Fondation de Rome par … .
4. Dévouement de …, qui disparaît sur le Forum.
5. … empereur, fin de la République.
6. Expulsion de … par …, début de la République.
7. Réforme de l'armée par … .
8. Arrivée d'… dans le Latium.
9. Dictature de …, qui reprend sa charrue.
10. Guerre contre le roi étrusque … .

a. Complétez les phrases par les noms propres de la liste.
Auguste – Brutus – Énée – Marcus Curtius – Menenius Agrippa – Quinctius Cincinnatus – Porsenna – Romulus – Servius Tullius – Tarquin le Superbe – Marius.

b. Recopiez la frise et replacez les événements à la date qui convient.

- 1172	- 753	- 578	- 509	- 508	- 494	- 458	- 362	- 106	- 27
…	…	…	…	…	…	…	…	…	…

Bilan 7

CHAPITRE 5 Les lieux de la vie sociale

► Les Romains accordent une grande importance aux activités publiques, qui constituent la vie sociale, politique et économique de leur cité.

Découvrir le texte

Rendez-vous au Forum

Vous voulez visiter la grande place publique de Rome sous la République ? Écoutez ce personnage de comédie et suivez le guide…

Commonstrabo, quo in quemque hominem facile [inveniatis loco,
ne nimio opere sumat operam, si quem conventum velit,
vel vitiosum vel sine vitio, vel probum vel improbum.
Qui perjurum convenire volt hominem ito in [Comitium ;
qui mendacem et gloriosum, apud Cloacinae sacrum.
Ditis damnosos maritos sub Basilica quaerito […],
symbolarum collatores apud Forum piscarium.
In Foro infimo boni homines atque dites ambulant ;
in medio propter Canalem, ibi ostentatores meri ;
confidentes garrulique et malevoli supera Lacum,
qui alteri de nihilo audacter dicunt contumeliam
et qui ipsi sat habent quod in se possit vere dicier.
Sub Veteribus, ibi sunt qui dant quique accipiunt [faenore.
Pone aedem Castoris, ibi sunt subito quibus credas male.
In Tusco vico, ibi sunt homines qui ipsi sese venditant.

Titus Maccius Plautus, *Curculio*.

Acteur comique, statuette en terre cuite, Ier siècle avant J.-C. - Ier siècle après J.-C., Paris, Musée du Louvre.

Je vais vous indiquer où vous pourrez trouver facilement chaque sorte d'individus, pour vous éviter trop de travail, si vous voulez en rencontrer un, corrompu ou dépourvu de vices, honnête ou malhonnête. Celui qui veut rencontrer un parjure, qu'il aille au Comice ; [celui qui veut rencontrer] un menteur, un fanfaron, près du temple de Cloacine. Les maris riches qui dépensent sans compter, cherchez-les au pied de la Basilique […], ceux qui sont à l'affût d'un repas, au Marché aux poissons. Dans le bas du Forum se promènent les gens bien et les riches ; au milieu, le long du Canal, les parfaits m'as-tu-vu. Les effrontés, les bavards et les médisants, au-dessus du Lac, tous ceux qui disent avec audace du mal d'autrui pour rien et qui eux-mêmes ont bien de quoi fournir vraiment matière à la médisance. Sous les Vieilles Boutiques, il y a ceux qui prêtent et qui empruntent avec intérêt. Derrière le temple de Castor, il y a ceux auxquels il vaut mieux ne pas se fier au premier abord. Dans la rue Étrusque, il y a ceux qui sont eux-mêmes mis en vente.

Plaute (env. 254-184 avant J.-C.), *Le Charançon*, IV, 1, vers 467-482.

→ LIRE LE TEXTE

1. Relevez tous les lieux cités en français. Identifiez leur nom en latin puis retrouvez-les p. 52.
2. Quelles parties du Forum désignent les adjectifs infimo et medio (vers 8 et 9) ?
3. Faites la liste des catégories de gens que l'on peut rencontrer au Forum d'après le texte en français.
4. Quelle image du Forum donne cette description ? Pensez-vous qu'elle soit réaliste ?
5. Sur quel ton s'exprime le personnage ?

Découvrir l'image

Au cœur de l'Urbs : le Forum

Le Forum romain en 320 après J.-C., angle sud-ouest, illustration de Philippe Biard.

L'aspect du Forum romain a beaucoup changé au cours des siècles, mais il est toujours resté le centre vital de l'Urbs (la Ville), où se presse une foule bigarrée, occupée à des activités diverses.

Gros plan sur...

Le Forum romain s'étend au pied du ***Capitole****, la colline sacrée où se dresse l'imposant* ***temple de Jupiter Capitolin****. Il a été plusieurs fois reconstruit depuis sa fondation par Tarquin l'Ancien.*

→ LIRE L'IMAGE

1 Observez les divers personnages qui composent la foule (coiffures, vêtements, attitudes, objets). Quelles catégories de gens sont représentées ?

2 Observez les édifices. Quel élément architectural permet de reconnaître les temples ?

3 Cette reconstitution du Forum correspond-elle à ce que décrit Plaute ? Justifiez votre réponse.

➡ Retrouvez le Forum romain p. 52.

Découvrir **les mots-clés**

Le centre de la vie sociale

Le Forum Romanum (Forum romain) est le foyer du développement architectural, historique et culturel de Rome.

Le plus ancien vestige du Forum romain

Découverte en 1899 sur le Forum romain, sous une dalle de marbre noir, cette stèle appelée « pierre noire » (Lapis niger) porte la plus ancienne inscription latine (environ 510 avant J.-C.). On y déchiffre le mot ***rex*** *: selon une tradition légendaire, elle marquerait la tombe de Romulus.*

Lapis niger, stèle en pierre noire, VIe siècle avant J.-C., Rome.

Du marécage à la place publique

Le nom **forum**, *i*, n. a d'abord désigné l'enclos qui entourait la maison ou la tombe, puis il a servi à nommer la place du marché, le point central de la cité. Dès le VIe siècle avant J.-C., une partie de la plaine marécageuse entre les collines du Capitole et du Palatin est asséchée et dallée.

À la période républicaine, l'endroit est devenu le foyer de la vie publique. On y fait aussi bien du commerce que de la politique, on s'y rassemble pour assister aux procès, aux triomphes (p. 38) ou aux cérémonies religieuses. C'est autour de cette place, appelée **Forum Romanum**, qu'ont été élevés au fil du temps les monuments publics les plus importants (p. 52).

La vie sociale

Un « vrai » Romain est fier d'être citoyen de la Ville (**Urbs**, *urbis*, f.), Rome, centre et modèle de tout le monde romain. Il tient donc à être **urbanus**, a, um (urbain) pour montrer qu'il a les qualités de l'habitant de la ville : il se veut plein d'esprit, élégant, affable, par opposition au caractère rustique (rusticus, a, um) des paysans arrivant de la campagne (**rus**, *ruris*, n.).

Les Romains fréquentent beaucoup le Forum. Ils ont le goût des relations sociales (de socius, a, um : qui est en commun) : ils aiment la vie en société (**societas**, *atis*, f.), faite d'activités publiques, de rencontres et d'échanges.

mots-clés : forum, urbanus.

Étymologie

1 Sur quel adjectif latin sont formés les noms *urbanisme* et *urbanité* ? Quel est leur sens ?

2 Décomposez le nom *association*. Quels préfixe et adjectif latins retrouvez-vous ?

3 Que désignent aujourd'hui les mots *forum* et *réseau social* ?

Jouez avec les mots

4 Drôle de canal !

Inscrivez les mots latins demandés dans la grille et retrouvez ce qu'est ce « canal » (p. 44) qui traverse le Forum (deux mots). Il est encore à ciel ouvert à l'époque de Plaute.

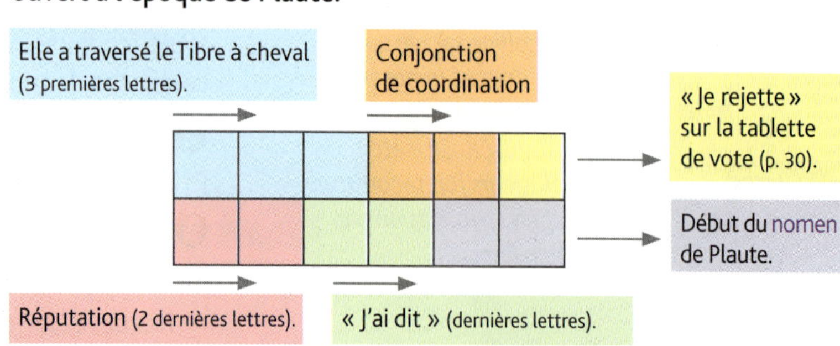

Observer

Les places de Rome

1 Ad hominum copiam, neque parvum neque vastum spatium videtur Forum Romanum.
En proportion du nombre des habitants, le Forum romain ne semble ni un petit ni un vaste espace.

2 In medio Foro antiquus lacus est : Lacus Curtius **dicitur**.
Au milieu du Forum, il y a un ancien lac : il **est nommé** [on le nomme] Lacus Curtius.

3 **a.** In alia fora secundum Tiberim, mercatores omnia genera mercium **convehunt**.
Dans d'autres forums à côté du Tibre, les marchands **amènent** toutes sortes de marchandises.
b. Omnia genera mercium a mercatoribus **convehuntur**.
Toutes sortes de marchandises **sont amenées** par les marchands.

4 Ubi pisces a Romanis **emuntur**, forum piscarium vocatur ; ubi boves oleumque venditantur, forum boarium appellatur.
Là où les poissons **sont achetés** par les Romains, le forum ...... « marché au poisson » ; là où les bœufs et l'huile ......, le forum ...... « marché aux bœufs ».

D'après **Varron**, *De la langue latine*, V, 1.

Identifier la voix passive au présent

Le présent de l'indicatif actif et passif

1 **a.** À l'aide du lexique, traduisez ces formes verbales : aedificant – vocatis – appellamus – conveho – venditas – emit.
b. Mettez-les à la voix passive en français.

2 À l'aide de la traduction, identifiez la personne et la voix de chaque verbe en gras. Que remarquez-vous en latin ?

3 **a.** Identifiez la personne et la voix du verbe souligné (phrase 1).
b. Retrouvez ses temps primitifs et son sens. Comment est-il construit ?

De la phrase active à la phrase passive

4 **a.** À l'aide de la traduction, donnez la fonction puis le cas des mots ou groupes de mots en couleur.
b. Que remarquez-vous dans la phrase 3 b ?

5 **a.** Analysez la proposition soulignée (cas et fonctions) dans la phrase 4.
b. Transposez-la à la voix active en français puis en latin.

6 Complétez la traduction de la phrase 4.
Entraînez-vous à lire les phrases à voix haute par groupes de mots, en français et en latin.

Observer l'image

Lisez cette courte fable et retrouvez les noms demandés.

Pastor latroque

Forum boarium primum Romae forum fuit. In eo loco, ut fama fert, famosi boves olim *pasti sunt* [broutèrent], dum pastor eorum requievit. Latro venit bovesque rapere voluit.

❶ Pastori clava leonisque pellis sunt.
❷ Latro clava a pastore interficitur.

a. Pastoris nomen : ... .
b. Latronis nomen : ... .
c. Locis nomen : ... .

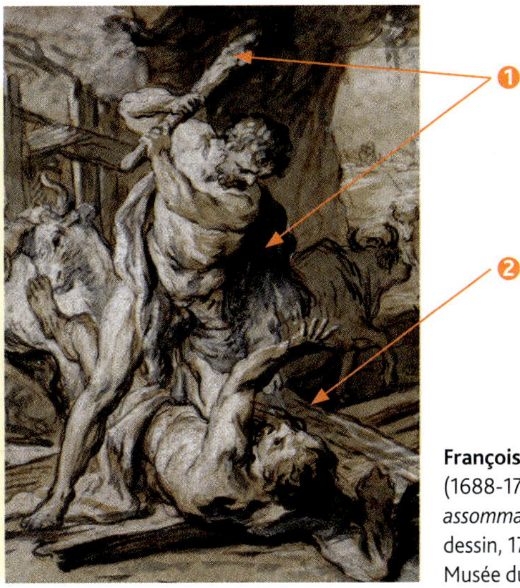

François Lemoyne (1688-1737), *Hercule assommant Cacus*, dessin, 1717, Paris, Musée du Louvre.

1 Le présent de l'indicatif passif

- À la voix passive, le **présent de l'indicatif** se conjugue comme à la voix active. Seules les **terminaisons** changent.

	Terminaisons	1re conjugaison	2e conjugaison	3e conjugaison	3e conjugaison mixte	4e conjugaison
Singulier	1re pers. **-r**	amo**r** *je suis aimé(e)*	video**r** *je suis vu(e)*	lego**r** *je suis lu(e)*	capio**r** *je suis pris(e)*	audio**r** *je suis entendu(e)*
	2e pers. **-ris**	ama**ris**	vide**ris**	lege**ris**	cape**ris**	audi**ris**
	3e pers. **-tur**	ama**tur**	vide**tur**	legi**tur**	capi**tur**	audi**tur**
Pluriel	1re pers. **-mur**	ama**mur**	vide**mur**	legi**mur**	capi**mur**	audi**mur**
	2e pers. **-mini**	ama**mini**	vide**mini**	legi**mini**	capi**mini**	audi**mini**
	3e pers. **-ntur**	ama**ntur**	vide**ntur**	legu**ntur**	capiu**ntur**	audiu**ntur**

2 Le complément d'agent

- En français comme en latin, le complément d'objet direct (COD) de la phrase active devient le sujet de la phrase passive. Le sujet de la phrase active devient **complément d'agent** dans la phrase passive.

sujet — verbe actif — COD
Les Romains — *fréquentent* — *le forum.*

sujet — verbe passif — complément d'agent
Le forum — est fréquenté — *par les Romains.*

- En latin, le complément d'agent est un **groupe nominal à l'ablatif** (avec ou sans préposition) qui accompagne le verbe passif.

	Nom de personne (animé)	Nom de chose (inanimé)
Phrase passive	Préposition **a, ab + Abl.** Exemple ▸ Forum **a Romanis** celebratur. Le forum est fréquenté **par les Romains**.	**Ablatif seul** (= complément de moyen) Exemple ▸ Rustici **foro** delectantur. Les paysans sont attirés **par le forum**.
Phrase active	Exemple ▸ Romani forum celebrant. Les Romains fréquentent le forum.	Exemple ▸ Forum rusticos delectat. Le forum attire les paysans.

VOCABULAIRE à retenir

Noms
lapis, *idis*, m. — pierre
mercator, *oris*, m. — marchand
merx, *mercis*, f. (G. pl. : mercium) — marchandise
orator, *oris*, m. — orateur

Adjectifs
gloriosus, a, um — glorieux, fanfaron
mendax, acis — menteur
niger, gra, grum — noir

Verbes
ambulo, as, are, avi, atum — se promener
celebro, as, are, avi, atum — fréquenter (en grand nombre)
emo, is, ere, emi, emptum — acheter
invenio, is, ire, veni, ventum — trouver
quaero, is, ere, quaesivi, situm — rechercher
vendito, as, are, avi, atum — vendre

Mots invariables
igitur — donc, par conséquent
itaque — c'est pourquoi

S'exercer

Lire et apprendre

1 **Lisez à voix haute. Apprenez les phrases en latin.**

Qui colitur et amatur : non potest amor cum timore misceri. Verberibus muta admonentur.

[Le maître] qui est respecté est aussi aimé : l'amour ne peut pas être mélangé avec la peur. Il n'y a que les brutes privées de parole qui sont rappelées à l'ordre par les coups de fouet.

Sénèque, *Lettres à Lucilius*, V, XLVII, 18-19.

Conjuguer

2 **a. Quelles terminaisons de la liste 2 chaque début de verbe de la liste 1 peut-il accepter ?**

1. legu- • accipe- • rapiu- • interfici- • celebra-.
2. -mus • -mur • -ntur • -ris • -tis • -nt.

b. Traduisez les formes obtenues.

3 **a. Isolez la terminaison de ces verbes.**

appellamini – mitteris – leguntur – vincimur – ponitur – moneor.

b. Traduisez.

4 **a. Donnez la personne et la voix de ces verbes au présent de l'indicatif :**

habetis – nuntiantur – relinqueris – accipimus – audis – dicuntur – capitur – vocamini.

b. Traduisez.

Traduire et transposer des phrases

5 **Traduisez ces phrases oralement.**

1. Romani templum Vestae aedificant.
2. Agricolae merces in foro venditant.
3. Cives consules interrogant.
4. Senatores hostium legatos audiunt.
5. In Foro, boni cives latrones vident.
6. Homines mendaces et gloriosi bonos cives decipiunt.
7. Dei perjuros castigant.

6 **Recopiez les phrases de l'exercice 5, puis transposez-les au passif a. en français, b. en latin.**

Sententias Mittere Subito (SMS)

7 **Novum nuntium habes. Responde bonamque litteram pulsa.**

Lapis niger sepulcrum est…	A Lupae B Menenio Agrippae C Romulo D Cloeliae

S'initier à la traduction

8 **a. Retrouvez la personne, la voix et le sens de ces verbes :** aedificantur – conveniunt – aguntur – habent – patet – alitur.

b. Replacez chaque verbe dans la bonne phrase.

1. Forum Romanum inter Palatium et Capitolium … .
2. Multa templa a piis Romanis ibi … .
3. In Vestae aede, sacer ignis a virginibus Vestalibus … .
4. Privata et publica negotia in foro … .
5. Saepe Romae incolae in forum … et cum familiaribus suis sermonem ibi … .

c. Traduisez les phrases obtenues.

Vocabulaire : convenio, is, ire, veni, ventum : se rassembler – pateo, es, ere, ui : s'étendre – alo, is, ere, alui, alitum : nourrir, entretenir – aedes, *is*, f. : temple – virgines (*um*) Vestales, *ium*, f. : Vestales – incola, ae, m. : habitant – familiaris, *is*, m. : proche, ami.

9 **Suivez ce guide et traduisez les phrases.**

Petit guide pour traduire

- *Repérez les verbes puis trouvez leur sens. Attention à la voix !*
- *Retrouvez le sujet de chaque verbe. Quels verbes ont un COD ?*
- *Donnez le cas et la fonction des mots en bleu.*

1. In curia, senatores omnium gentium legatos audiunt. **2.** In foro, quoque contiones habentur. **3.** Clari oratores verbis certant. **4.** Judices ibi reos in judicium vocant. **5.** Si res adversae nuntiantur et plebs et nobilitas in forum repente conveniunt ac consules interrogant. **6.** Sic plebs et nobilitas in urbe semper miscentur.

Vocabulaire : contio, *onis*, f. : discours public – certo, as, are, avi, atum : rivaliser – judex, *icis*, m. : juge – reus, *i*, m. : accusé – judicium, *ii*, n. : procès (in judicium vocare : appeler en justice) – res (N. pl.) adversae, *arum*, f. : malheurs – repente (adv.) : soudain – misceo, ere, miscui, mixtum : mélanger.

Comprendre le sens des mots

10 **Retrouvez la signification de ces mots :** sociable – sociétaire – association – asocial – socialisme.

11 **Savez-vous ce qu'est un palindrome ? En voici un célèbre exemple en latin.**

	O		
		O	

1. Nom de l'Urbs.
2. Les Romains l'éprouvent pour l'Urbs.

Chassez l'intrus !

12 **Retrouvez les deux mots « intrus » :** rusticité – rustre – rustine – rustaud – rustique – ruse.

Culture

Les bains publics

Comme le forum, les bains publics sont un lieu que les Romains aiment beaucoup fréquenter. Ils ont l'habitude de s'y retrouver l'après-midi.

Des bains aux thermes

Aux premiers siècles de leur histoire, les Romains se contentaient de se laver (lavare) sommairement dans les lavatrina (près de la cuisine) ou de se baigner dans l'eau (aqua) des rivières. Mais les coutumes grecques et le goût du luxe changent progressivement la vie quotidienne : au IIe siècle avant J.-C., on prend l'habitude du **balneum**, *i*, n., tiré du grec *balaneion* (bain), et on se rend aux balnea (bains publics) tous les jours. Comme les prix sont modiques, tout le monde peut en profiter ; les hommes et les femmes ont des dispositifs séparés. À l'époque impériale, on ne parle plus que de thermes (**thermae**, *arum*, f. pl., du grec *thermos* : chaud) : les édifices se multiplient (856 à Rome au IVe siècle après J.-C.) et deviennent gigantesques. Inaugurés en 216, les thermes offerts par l'empereur Caracalla peuvent accueillir 1600 personnes sur 11 hectares.

1 Que signifie le nom *balnéothérapie* ? Qu'est-ce qu'un établissement thermal ?

2 Que remarquez-vous dans l'organisation architecturale des thermes de Caracalla ?

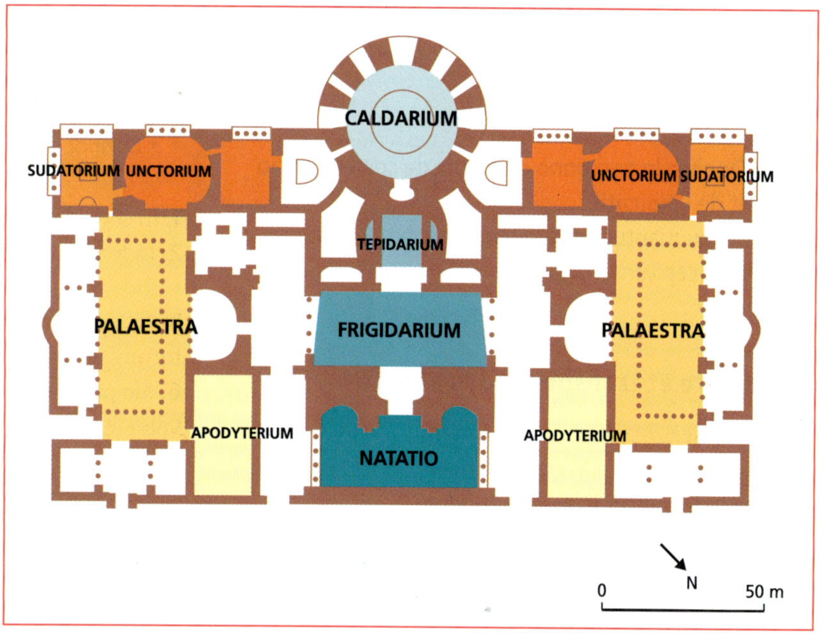

Plan des thermes de Caracalla.

Le programme balnéaire

Après avoir déposé ses vêtements dans l'apodyterium (vestiaire), le baigneur entre dans la palaestra (palestre) où il fait un peu de sport (haltérophilie, lutte, course, jeux de balle). Dans le sudatorium (étuve), il prend un bain de vapeur pour éliminer sa transpiration (sudor). Il se fait masser et épiler dans l'unctorium (salle de soins).

Il passe dans le caldarium pour le bain chaud (caldus, a, um) dans des baignoires ou petits bassins aménagés dans des niches, puis dans le tepidarium pour le bain tiède (tepidus, a, um) et enfin dans le frigidarium pour le bain froid (frigidus, a, um). Avant de ressortir, il peut aller nager dans la natatio (piscine découverte).

3 Quels mots latins retrouvez-vous dans *réfrigérateur* et *sudorifique* ? Quel est leur sens ?

Sport, détente et luxe

Conçus pour le bain et les soins du corps, les grands thermes impériaux offrent aussi des aménagements complexes et luxueux : galeries et jardins pour se promener et converser entre amis, bar pour se restaurer, boutiques, salles de conférences, bibliothèque, musée pour exposer des œuvres d'art.

E. Paulin, *Les thermes de Dioclétien à Rome*, reconstitution et coupe, Paris, École nationale des Beaux-Arts.

Combien de statues, combien de colonnes qui ne soutiennent rien, mais affichent le luxe d'une décoration coûteuse ! Quelles masses d'eau tombant en cascades avec fracas ! Nous sommes arrivés à un tel point de raffinement que nous ne voulons plus marcher que sur des pierres précieuses. [...] Maintenant, on appelle les bains (balnea) des trous à blattes (blattaria) s'ils ne laissent pas pénétrer le soleil toute la journée par d'immenses fenêtres : il faut qu'on se hâle en même temps qu'on se baigne. [...] Autrefois, il n'y avait qu'un petit nombre de bains sans aucune décoration : pourquoi en effet décorer un endroit de quatre sous où on entrait par besoin et non pour s'amuser ? L'eau ne s'y déversait pas en permanence comme aujourd'hui celle d'une fontaine chaude, et on ne faisait pas cas de la transparence d'un bassin où l'on venait déposer sa crasse.

Sénèque (env. 4 avant J.-C.-65 après J.-C.), *Lettres à Lucilius*, XI, 86, 7-9.

4 Quelles parties des thermes représente le dessin ? Décrivez le décor : quels mots et expressions de Sénèque vous semblent convenir à cette description ?

5 Quelles sortes de bains Sénèque oppose-t-il ? Que veut-il montrer ?

6 Pourquoi les bains de son temps laissent-ils entrer le soleil ? À quelle préoccupation moderne cela correspond-il ?

B2i Traiter et exploiter des données

Les thermes romains

Créez un dossier « Thermes romains » et enrichissez-le de documents variés (textes, images, photos, plans, reconstitutions virtuelles). Par exemple, vous pouvez chercher des données sur :

- les quatre grands thermes de Rome, construits par les empereurs Titus, Trajan, Caracalla et Dioclétien.
- les thermes de Pompéi (Italie), de Cluny (Paris), de Bath (Angleterre).

@ Pour vous aider, retrouvez des liens utiles sur : www.4e.latin.magnard.fr/liens

Pour aller plus loin À LIRE

Naissance d'une cité romaine de David Macaulay, L'École des loisirs, Neuf Poche, 1998. Les étapes de la construction et de l'évolution de Verbonia, un exemple virtuel de cité romaine.

Les thermes romains, Arkéo junior n° 97, mai 2003.

Le Forum romain

Promenez-vous sur le Forum Romanum à l'époque républicaine.

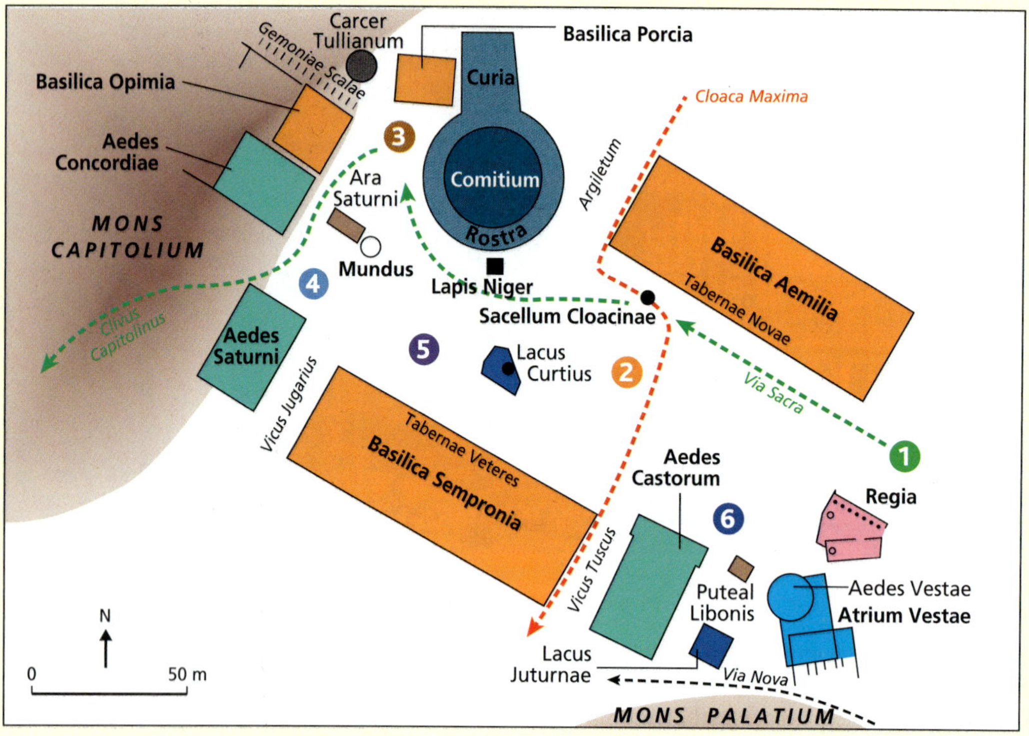

Le Forum à la fin du IIe siècle avant J.-C.

Suivez le guide !

Complétez les conseils de votre guide en retrouvant les mots latins qui conviennent.

1 Prenez la ... : c'est la voie du triomphe (p. 38) pour les généraux qui montent au ... par le ..., un chemin pavé en pente (*clivus*). À votre gauche, se trouve l'ancienne résidence officielle des rois, la .... À droite, un grand bâtiment porte le nom du magistrat qui a ordonné sa construction : la .... Ses salles sont ouvertes au public : on y tient les procès. Vous pourrez flâner dans ses ..., des boutiques sous les arcades, ou monter sur le toit en terrasse.

2 Observez le petit sanctuaire dédié à Vénus la Purificatrice : on l'appelle .... L'égout qui passe là, ..., est un canal à ciel ouvert à l'époque de Plaute (p. 44).

3 Vous venez de longer la place circulaire à gradins où se réunit le peuple et où siège le tribunal du préteur : le .... On y affiche les lois et le calendrier officiel. Sur l'un des bords est aménagée une tribune d'où les magistrats haranguent la foule : on la nomme ... depuis qu'elle est décorée par les éperons (*rostra*) de six navires pris à l'ennemi. Derrière se dresse le bâtiment où se réunit le Sénat : la ....

Vous êtes devant des escaliers appelés ..., « les marches des gémissements » : on y expose les corps des criminels après leur exécution. Creusée au pied de la colline se trouve la prison ; elle porte le nom du roi qui l'aurait fait agrandir : ....

4 Admirez deux grands temples : le premier, ..., célèbre la concorde qui fait la force du peuple romain. Le second, ..., est consacré au père de Jupiter. Cette divinité a aussi un autel, ..., qui abrite le trésor public.

5 Vous connaissez ces deux lieux sacrés légendaires : sous la dalle noire du ... se trouverait la tombe de Romulus ; dans le gouffre du ... se serait jeté un noble héros dévoué à sa patrie.

6 Rendez-vous devant les deux autres temples qui se dressent sur le Forum. L'un porte le nom « des Castors », ..., parce qu'il est dédié aux frères jumeaux divins, Castor et Pollux ; l'autre est consacré à la déesse du foyer et s'appelle ....

Vous quittez le Forum : quelles rues emprunterez-vous si vous allez vers le sud ? vers le nord ?

Peter Connolly, *reconstitution du Forum romain à l'époque d'Auguste*, aquarelle.

❶ Temple de Jules César ❷ Arc de triomphe d'Auguste ❸ Basilique Julia ❹ Rostres ❺ Curie ❻ Tabularium (archives publiques)

Le Forum Romanum a connu de grands bouleversements (destructions, incendies) dès l'Antiquité. Beaucoup d'éléments ont été reconstruits, transformés, déplacés, en particulier à la fin de la période républicaine. Puis de nouveaux forums ont été aménagés.

Étymologie

❶ À quels noms latins rattachez-vous ces mots : *incarcéré, viatique, basilical, montagneux, cloaque, édifice, escalier, lapidaire, déclivité, vicinal, régie* ?

❷ Qu'est-ce que le rostre d'un dauphin ?

❸ Que signifie l'expression *vouer aux gémonies* ?

Comparez les deux documents et relevez :

a. les éléments qui n'ont pas changé ;

b. les éléments qui ont été modifiés.

B2i Faire une recherche sur Internet

Cherchez des informations sur ces lieux : Mundus, Puteal Libonis, Lacus Juturnae.

▶ Conversation au Forum

Latinis verbis

Toujours prêts à aborder les passants, les casse-pieds ne manquent pas sur le Forum. Lisez ces vers dans lesquels le poète Horace (65-8 avant J.-C.) met l'un deux en scène. Apprenez-les par cœur pour jouer vous-même la rencontre en distinguant trois rôles : le conteur, le poète, le casse-pied.

Ibam forte Via Sacra, sicut meus est mos,
nescio quid meditans nugarum, totus in illis,
accurrit quidam notus mihi nomine tantum,
arreptaque manu : « Quid agis, dulcissime rerum ?
– Suaviter, ut nunc est, inquam, et cupio omnia quae vis. »

Horace (65-8 avant J.-C.), *Satires*, I, 9, vers 1-5.

Je marchais au hasard sur la Voie Sacrée, selon mon habitude,
méditant je ne sais quelles bagatelles, tout à mes pensées,
accourt un quidam que je ne connais que de nom,
Il me prend la main : « Comment ça va, mon trésor le plus doux ?
– Agréablement, pour l'instant, dis-je, et je te souhaite tout ce que tu veux. »

CHAPITRE 6 Les classes sociales

▸ L'économie de Rome fonctionne grâce à différents métiers. Une forme d'assistance mutuelle unit les citoyens selon leur fortune et leur influence.

Découvrir le texte

Un grand bazar

À l'époque de Martial, Rome est une mégalopole de plus d'un million d'habitants. Marchands et artisans étalent leurs produits partout dans les rues, à tel point que l'empereur Domitien (surnommé Germanicus) a dû interdire par édit l'occupation du sol public.

Abstulerat totam temerarius institor
urbem inque suo nullum limine limen erat.
Jussisti tenuis, **Germanice**, crescere vicos,
et modo quae fuerat semita, facta via est.
Nulla catenatis pila est praecincta lagonis
nec praetor medio cogitur ire luto,
stringitur in densa nec caeca novacula turba
occupat aut totas nigra popina vias.
Tonsor, copo, cocus, lanius sua limina servant.
Nunc Roma est, nuper magna taberna fuit.

Marcus Valerius Martialis, *Epigrammata*.

Au gré du hasard l'ensemble des vendeurs avait investi la ville toute entière et il n'y avait même plus trace d'une entrée sur leur propre entrée. ______, que les rues étroites soient élargies, et ce qui n'avait été qu'une ruelle est devenu une voie publique. On ne voit plus de colonne de portique encerclée de bouteilles de vin attachées par une chaîne, et le préteur n'est plus obligé de marcher au milieu de la boue ; on ne sort plus le rasoir du barbier à l'aveuglette au milieu d'une foule compacte et la taverne aux murs noircis n'obstrue plus des voies entières. ______, chacun entretient sa propre entrée. ______ ______.

Martial (env. 40-104 après J.-C.), *Épigrammes*, VII, 61 (texte intégral).

VOCABULAIRE

tonsor, *oris*, m. : barbier – copo, *onis*, m. : aubergiste – cocus, *i*, m. : cuisinier – lanius, *ii*, m. : boucher – nuper : récemment – taberna, *ae*, f. : boutique.

→ LIRE LE TEXTE

1 Traduisez les mots en gras.

2 À qui s'adresse le poème ? Pourquoi ?

3 Selon Martial, quel était l'aspect de Rome autrefois ? Quel est son aspect au moment où il écrit ? Quel vers résume son point de vue ?

4 Quels métiers sont cités ? Relevez tous les éléments qui vous permettent de répondre en français et en latin.

5 Quelle est la fonction d'un préteur (p. 30) ?

Via Biberatica, Marchés de Trajan (98-117 après J.-C.), Rome.

À l'étalage

Bas-relief provenant d'Ostie, IIe siècle après J.-C., Ostie, Musée antique.

Denrées et produits artisanaux de toutes sortes sont vendus sur les marchés publics de Rome (p. 47) ou dans des échoppes. Les marchands ambulants s'installent dans les endroits les plus fréquentés, près des bains ou des lieux de spectacle.

Gros plan sur...

*Pour compter (computare) et indiquer un prix, les Romains utilisent le **comput digital**, un procédé fondé sur la position des doigts entre eux et celle des mains par rapport au corps. Main droite en l'air, coude plié, pouce, index et majeur dressés, les deux autres doigts plaqués contre la paume : ce geste exprime le chiffre 8 (sans doute 8 as, l'as étant la plus petite pièce de monnaie romaine).*

→ LIRE L'IMAGE

1. Décrivez le personnage (visage, coiffure, vêtement, attitude).
2. Quels objets sont disposés autour de lui ? Sur quoi sont-ils posés ?
3. Qu'en déduisez-vous sur l'activité de ce personnage ?
4. Quel objet est placé à ses pieds ? À quoi peut-il servir ?

Découvrir **les mots-clés**

Arts et métiers

Les Romains des classes sociales aisées (p. 31) considèrent que gagner sa vie en travaillant n'est pas digne d'un citoyen.

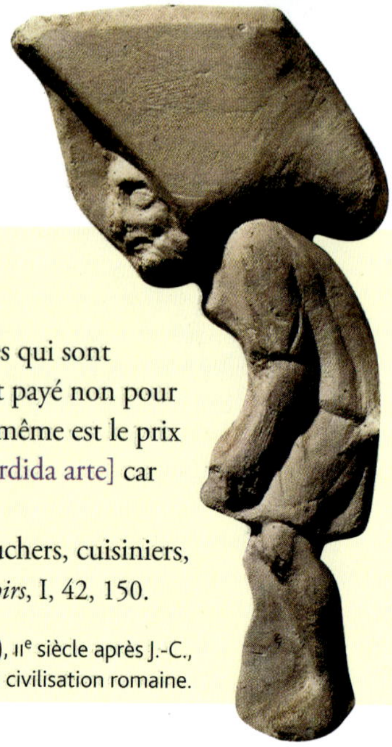

Cicéron explique à son fils comment doit se conduire un bon citoyen.

Au sujet des activités et des façons de s'enrichir, nous distinguons bien celles qui sont dignes d'un homme libre [liberales] et celles qui sont dégradantes [sordidae]. Sont indignes et dégradantes toutes les activités où on est payé non pour ses talents [artes], mais pour ses services [operae] ; dans ce cas, en effet, le salaire même est le prix de la servitude. Tous les ouvriers et artisans sont dans un métier dégradant [in sordida arte] car il n'y a rien de convenable pour un homme né libre dans un atelier [officina].
Les métiers les moins estimés sont ceux qui sont liés aux repas : poissonniers, bouchers, cuisiniers, charcutiers, pêcheurs.

Cicéron, *Au sujet des devoirs*, I, 42, 150.

Tailleur de pierres, bas-relief (détail), IIe siècle après J.-C., Rome, Musée de la civilisation romaine.

Les règles de l'art

Le nom **ars**, *artis*, f. désigne le savoir-faire dans l'exécution d'un ouvrage, la qualité du travail. L'**art**iste comme l'**art**isan acquièrent cet **art** par l'étude et par la pratique : c'est ce qu'on appelle « avoir du métier ». Les Romains l'admirent quand il s'agit d'activités jugées « nobles » (l'art oratoire des avocats, par exemple), mais ils estiment dégradants les métiers d'ouvrier, artisan ou commerçant, souvent exercés par des esclaves (chapitre 7).

Au travail

Formés sur une même racine **op-**, le nom **ops**, *opis*, f. désigne la force, la ressource qui donne la richesse, le nom **opera**, *ae*, f. l'activité (le fait de travailler) et le nom **opus**, *eris*, n. l'œuvre (le résultat du travail). Formé à partir du nom opus et du verbe facere (faire), le nom officina, *ae*, f. désigne l'endroit où se fait le travail (atelier, fabrique, boutique).
Le nom **labor**, *oris*, m. désigne la peine qu'on se donne pour faire un travail, la charge qui fait chanceler (labare) sous son poids.
On appelle **faber**, *bri*, m. l'ouvrier ou artisan chargé de fabriquer (fabricari) des objets à partir du bois (menuisier, charpentier) ou du fer (forgeron).

mots-clés : ars, faber, labor.

Étymologie

1 Quels sont les deux mots latins qui composent le nom *artifice* ? Donnez les divers sens de ce nom.

2 Les noms *œuvre, ouvrage, ouvrier, opération, opulence* sont issus d'une même racine : laquelle ?

3 Quel point commun voyez-vous entre les mots *labeur, élaboration, labourer, laboratoire, laborieux* ?

4 Que signife le nom *opus* en musique ?

Jouez avec les mots

5 Voici trois formules célèbres : associez chacune à sa traduction et retrouvez les mots manquants. Quelle est celle qui sert de devise à une grande société américaine de production de films ?

1. … OMNIA VICIT IMPROBUS
2. … GRATIA ARTIS
3. FABRICANDO FIT …

a. C'est en forgeant qu'on devient forgeron.
b. Le labeur acharné vient à bout de tout.
c. L'art pour l'art.

Observer

Le beau métier de parasite

1 **a.** In Persae fabula, Maccius Plautus parasitum inducit / inducebat / Saturionem.
Dans sa pièce, *Le Perse*, Plaute met en scène / mettait en scène / un parasite, Saturio.
b. Parasitus Saturio a Maccio Plauto inducitur / inducebatur.
Le parasite Saturio est mis en scène / était mis en scène / par Plaute.

2 Saturio majorum officium servat / servabat /, obtinet / obtinebat / et cum magna cura colit / colebat / : illi per macella deambulabant cibumque accipiebant a mercatoribus.
Saturio ...... / conservait /, continue / ...... / et pratique / ...... / avec grand soin le métier de ses ancêtres : ceux-ci ...... sur les marchés et ...... de la nourriture des marchands.

3 Nam pater, avus, proavus, abavus, atavus, tritavus quasi mures semper edebant alienum cibum.
Car son père, son grand-père, son aïeul, son bisaïeul, son trisaïeul, son quadrisaïeul comme les souris ...... sans cesse la nourriture d'autrui.

D'après **Plaute**, *Le Perse*, vers 53-58.

Reconnaître les formes verbales

❶ Relevez tous les verbes des phrases et présentez-les sur le modèle de ce tableau.

Le verbe dans la phrase	inducit (1 a) (il met en scène)	inducebatur (1 b) (il était mis en scène)
Terminaison	**-t** (3e pers. sg., voix active)	**-tur** (3e pers. sg., voix passive)
Suffixe	**Ø** (présent)	**-ba-** (imparfait)
Base	**induci-**	**induce-**
Le verbe dans le lexique	induco, is, ere, duxi, ductum (3e conjugaison) **induc-** (radical du présent)	

De la phrase active à la phrase passive

❷ À l'aide de la traduction, donnez la fonction puis le cas des mots ou groupes de mots en bleu, en rose et en vert dans les phrases 1 a et 1 b.

❸ Analysez la phrase 2.

❹ Mettez la phrase 2 au passif en français puis en latin. Quels éléments changent ?

❺ Complétez la traduction des phrases.

Observer l'image

In lanii taberna

Traduisez la notice ❶.
Rédigez une notice pour le ❷ :
a. à l'imparfait actif, b. à l'imparfait passif.

Vocabulaire : caput, *itis*, n. : tête – culter, *tri*, m. : couteau – femur, *femoris*, n. : cuisse – lanius, *ii*, m. : boucher – magnus, a, um : grand – pendeo, es, ere, pependi : être suspendu – scindo, is, ere, scidi, scissum : découper – uncus, *i*, m. : crochet – vitellus, *i*, m. : petit veau.

❶ Vitelli **femur caput**que pendebant ab uncis.

❷

Boucher, bas-relief provenant d'Ostie, II-IIIe siècle après J.-C., Ostie, Musée antique.

Apprendre

1 L'imparfait de l'indicatif

Sum et ses composés

- L'imparfait du verbe sum se forme en ajoutant le suffixe **-a-** et les terminaisons **-m**, **-s**, **-t**, **-mus**, **-tis**, **-nt** au radical **er-** : er**am**, er**as**, er**at**, er**amus**, er**atis**, er**ant**.
- Les verbes composés de **sum** se conjuguent comme **sum**.

Exemple ▶ ader**am** (j'étais présent), ader**as**, ader**at**, ader**amus**, ader**atis**, ader**ant**.

L'actif et le passif des cinq modèles de conjugaison

- L'imparfait de l'indicatif actif se forme en ajoutant le suffixe **-ba-** et les terminaisons **-m**, **-s**, **-t**, **-mus**, **-tis**, **-nt** au radical du présent.
- À la voix passive, seules **les terminaisons changent**.

1re conjugaison	2e conjugaison	3e conjugaison	3e conjugaison mixte	4e conjugaison	Terminaisons	
					Actif	Passif
ama-**ba**-	vide-**ba**-	leg-**e**-**ba**-	capi-**e**-**ba**-	audi-**e**-**ba**-	-m, -s, -t, -mus, -tis, -nt	-r, -ris, -tur, -mur, -mini, -ntur

→ **Mémento**, pp. 206-207.

2 Le passif et ses traductions

- Certains **verbes passifs** comme videor (je semble), habeor (je passe pour) sont suivis d'un attribut du sujet.

Exemple ▶ Parasitus edax **habetur**. Le parasite **passe pour** glouton.

- Certains verbes passifs employés **sans complément d'agent** peuvent se traduire par **on**. C'est le cas par exemple de :
  – jubeor (je reçois l'ordre / on m'ordonne)
  – vetor (on me défend)
  – cogor (je suis forcé / on me force).

Exemples ▶ **Jubeor** respondere. **Je reçois l'ordre** de répondre → **On m'ordonne** de répondre.
Pisces **venditantur**. Des poissons **sont vendus** → **On vend** des poissons.

- Tous les verbes latins peuvent s'employer **sans sujet à la 3e personne du singulier** à la voix passive. En français, on traduit alors le sujet par **on**.

Exemples ▶ **Concurritur**. **On** accourt.
Concurrebatur. **On** accourait.

VOCABULAIRE à retenir

Noms

cibus, *i*, m.	nourriture
coquus, *i*, m.	cuisinier
lanius, *ii*, m.	boucher
mercator, *oris*, m.	marchand

Adjectif

edax, acis	glouton, vorace

Verbes

cogo, is, ere, coegi, coactum	forcer à
colo, is, ere, colui, cultum	pratiquer
concurro, is, ere, curri, cursum	accourir
servo, as, are, avi, atum	conserver, entretenir
vendo, is, ere, didi, ditum	vendre (ne s'emploie pas au passif)
veneo, is, ire, ii	être vendu (sert de passif à vendo, is, ere)
veto, as, are, vetui, vetitum	interdire

Lire et apprendre

1 **Retrouvez la traduction p. 56 et apprenez cette phrase.**

Illiberales autem et sordidi quaestus mercenariorum omnium quorum operae, non quorum artes emuntur.

Cicéron, *De Officiis*, I, 42.

Conjuguer

2 **Mettez ces verbes à l'imparfait en conservant la personne et la voix puis traduisez.**
servamus – monet – haberis – cogimini – coluntur.

3 **a. Indiquez à quelle conjugaison appartient chaque verbe :** ducere – timere – rapere – vocare – invenire.
b. Donnez-les à la 2e et 3e personne du singulier de l'indicatif présent passif.
c. Même consigne à l'imparfait actif. Traduisez.

4 **a. Traduisez ces verbes :** possumus – moneris – appellamini – facitis – veniunt – creditur.
b. Mettez-les à l'imparfait et traduisez les formes obtenues.

Transposer des phrases

5 **a. Analysez ces phrases (verbe, sujet, COD, COS…).**
b. Traduisez-les.
c. Mettez-les au passif en français puis en latin. Quels éléments changent ? Que remarquez-vous pour la phrase 3 en latin ?
1. Fori Romani aedificia et simulacra advenis consul ostendebat.
2. Romanorum mores atque instituta liberis magister explicabat.
3. Piscatores pisces foetidos populo praebebant.

Vocabulaire : aedificium, *ii*, n. : bâtiment – advena, *ae*, f. : étranger – simulacrum, *i*, n. : statue – ostendo, is, ere, tendi, tentum : faire voir, montrer – explico, as, are, avi, atum : expliquer – instituta, *orum*, n. : institutions – foetidus, a, um : fétide, puant – praebeo, es, ere, praebui, bitum : offrir, fournir.

Sententias Mittere Subito

SMS

6 Novum nuntium habes. Responde bonamque litteram pulsa.

Quis deorum faber est ?

A Mars B Apollo
C Vulcanus D Mercurius

S'initier à la traduction

7 **Boule de neige**
a. Traduisez oralement cette phrase simple :
Multi Romani forum celebrabant.
b. En trois étapes, ajoutez à la phrase ces éléments donnés en désordre. Attention au sens !
1. Nam liberi parentes quaerebant. **2.** multique clamabant. **3.** et parentes liberos quaerebant.
c. Traduisez la phrase obtenue.
d. Mettez au passif deux phrases de votre choix. Est-ce possible pour toutes ?

8 **Suivez ce guide et traduisez les phrases.**

Petit guide pour traduire
- *À l'aide du lexique, trouvez le sens des verbes. Attention à la voix !*
- *Retrouvez le sujet de chaque verbe et son COD.*
- *Donnez le cas et la fonction des mots en bleu.*

1. Forum cum puero petebam ibique pisces expositos vidi. **2.** Pretium exquisivi : centum nummis piscator indicavit sed viginti denariis praestinavi. **3.** Tum in condiscipulum meum, unum ex aedilibus, incidebam. **4.** « At has quisquilias quanti paravisti ? » condiscipulus ait. **5.** « Vix, inquam, a piscatore extorsi viginti denariis. » **6.** Pisces repente ab aedile profundebantur atque pedibus ejus obterebantur : et nummis simul et cena privabamur.

D'après **Apulée**, *Métamorphoses*, I, 24.

Vocabulaire : exquiro, is, ere, sivi, situm : demander – centum : cent – viginti : vingt – praestino, as, are avi, atum : acheter – has : Acc. f. pl. de hic, haec, hoc : ce, cet, cette – quisquiliae, *arum*, f. : déchets – quanti : combien – extorqueo, es, ere, rsi, rtum : arracher à (a, ab + Abl.) – profundo, is, ere, fudi, fusum : répandre – obtero, is ere, trivi, tritum : écraser.

Comprendre le sens des mots

9 Les mots merx, *mercis*, f. (marchandise à acheter), merces, *edis*, f. (prix à payer), et mercenarius (loué contre de l'argent) sont bâtis sur la racine **merc-**, comme mercator, marchand.
a. Cherchez des mots français qui en sont issus.
b. Qui est le dieu protecteur du commerce ? Quel nom de la semaine lui est associé ?

Chassez l'intrus !

10 Quels mots ne font pas partie de la famille d'ars, *artis* ? artisanat – articuler – artistique – article – inertie – artichaut – artothèque.

Échange de services

Portrait de Cicéron (Marcus Tullius Cicero), *De officiis*, manuscrit, XIVe siècle.

Les Romains vivent dans une société très hiérarchisée où chacun est conscient de sa place et de son devoir (officium).

Le sens du service

Formé comme le nom officina (p. 54), le nom **officium**, *ii*, n. désigne l'ensemble des devoirs liés à une fonction, qu'elle soit officielle ou privée. Les Romains jugent donc qu'il est indispensable de « rendre service » (officium suum facere) en faisant chacun « son devoir » de citoyen (défendre la patrie, gérer les affaires publiques), de fils ou de fille (obéir à ses parents), de père ou de mère (transmettre les valeurs familiales), d'ami (s'aider mutuellement), de patron ou de client.

1 Que signifient les mots et expressions *officier*, *officiel*, *bons offices*, *faire office de*, *célébrer un office* ? De quel nom latin sont-ils issus ?

2 Un ouvrage de Cicéron (p. 56) s'appelle *De officiis* : quel est son titre en français ? De quoi traite-t-il ?

Patrons et clients

Depuis l'époque royale, les familles aristocratiques (gentes) de Rome constituent des groupes puissants organisés selon un système d'échange très codifié entre patrons et clients. Chaque pater familias est aussi **patronus**, *i*, m. (patron). Il assure protection et subsistance à son **cliens**, *entis*, m. (client) qui, en retour, lui doit respect et dévouement complets. Tout citoyen peut choisir de se mettre au service d'un homme influent : il obtient de lui une aide matérielle ou un soutien en cas de problème (dans un procès, par exemple).
À la fin de la République et sous l'Empire, le prestige d'un citoyen se mesure au nombre de ses clients. Chaque matin le client vient saluer (salutare) son patron chez lui et se met à sa disposition. Patrons et clients entretiennent souvent de vrais liens de confiance (fides), comme des amis.

Cependant, au fur et à mesure que Rome s'enrichit, les citoyens fortunés s'entourent d'une clientèle (clientela) de plus en plus nombreuse, constituée de plébéiens endettés et de prolétaires (p. 31). Ceux-ci peuvent servir d'« hommes de main », toujours prêts à la bagarre pour défendre les intérêts de leur patron.
Dès l'aube, les clients les plus pauvres font la queue devant la maison de leur patron : ils attendent la sportule (sportula), un petit panier de paille garni de quelques vivres. Ils peuvent aussi recevoir quelques pièces de monnaie ou une invitation à dîner.

Panier garni de dattes, mosaïque, IIIe siècle après J.-C., Musée d'El Djem (Tunisie).

3 Quel nom retrouvez-vous dans patronus ? Il est aussi présent dans *paternaliste*, *patrimoine* et *parrain* : quel est le sens de ces noms ?

4 Quel sens ont aujourd'hui les noms *patron*, *client* et *clientèle* ? Qu'ont-ils gardé du sens des noms d'origine ?

Pain blanc, pain noir

Sans travail, beaucoup de clients vivent comme des parasites (parasiti). Les auteurs de comédie aiment se moquer d'eux (p. 57). Sur 450 000 citoyens qui habitent Rome en 50 avant J.-C., 320 000 sont des « assistés » subsistant grâce aux distributions de blé gratuites et aux dons de leur patron.

Le bénéfice de l'amitié d'un grand, c'est la nourriture. […] Trébius la tient son invitation ! Il s'arrache au sommeil, il ne prend pas le temps de lacer ses souliers : il a peur que toute la foule des clients soit déjà en cortège sous les étoiles qui pâlissent.

Vient enfin le repas : tandis que le patron se régale de mets raffinés, les clients doivent se contenter de ce qu'on leur sert.

On te tend un pain mal rompu, des morceaux déjà moisis faits d'une farine compacte : tu t'y casses les dents sans même les entamer. Mais il y en a du tendre, du blanc comme neige, fait avec la fine fleur du froment : c'est pour le maître. Souviens-toi de retenir ta main : respect au moule à pain ! Fais donc un peu l'insolent, pour voir, et un surveillant te fait aussitôt lâcher prise : « Eh, toi l'invité qui ne doutes de rien, tu veux bien te bourrer le ventre au pain ordinaire ! Tu ne le reconnais pas à la couleur ? »

Juvénal (env. 65-130 après J.-C.), *Satires*, V, vers 14, 19-22, 67-75.

Fresque d'une maison à Pompéi, Ier siècle après J.-C., Naples, Musée archéologique.

5 Le pain est l'élément de base de l'alimentation : comment Juvénal le présente-t-il pour montrer la différence entre riches et pauvres ?

6 Décrivez les personnages et les objets de la fresque pompéienne : quel commerce est représenté ?

7 Quelles expressions employées par Juvénal pourraient s'appliquer à la marchandise ?

B2i **Sélectionner des documents**

Recherchez des documents et choisissez ceux qui offrent le plus de renseignements précis (sources, références, qualité des informations) pour présenter certains aspects de la vie économique romaine.

1. Marchés et marchands : horreum (entrepôt), macellum (marché couvert), taberna (boutique).

2. L'approvisionnement de Rome : le port d'Ostie.

@ Pour vous aider, retrouvez des liens utiles sur : www.4e.latin.magnard.fr/liens

Pour aller plus loin À LIRE

Rome antique retrouvée de Jean-Claude Golvin, Éditions Errances, Promenades archéologiques, 2008.

De belles aquarelles pour restituer les monuments de Rome et d'Ostie.

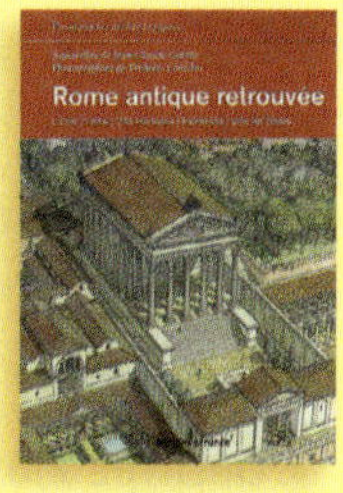

Au travail

1 *Marchande de volailles*, bas-relief en marbre provenant d'Ostie, IIe siècle après J.-C., Ostie, Musée antique.

2 *Scène au forum avec marchands*, fresque pompéienne, Ier siècle après J.-C., Naples, Musée archéologique.

« LIRE » UN DOCUMENT ICONOGRAPHIQUE

1. Observez attentivement le document **1**.

2. Quel geste fait la marchande (1) ? Qui peut être le personnage derrière elle ?

3. Quelle sorte d'animal est suspendue (2) ? Que peut-on en déduire sur la nature des produits (3) ?

4. Que peut-il y avoir dans le panier en osier tressé (4) ?

5. Décrivez l'installation sous le comptoir (5) : que représentent les barreaux ? Qu'est-ce qu'on devine entre les barres ? Pour trouver, regardez les animaux (6).

6. Quels sont les animaux assis sur le comptoir (7) ? Pourquoi la marchande les a-t-elle placés là ?

7. Combien comptez-vous de clients (8) ? Décrivez-les. Quels gestes font-ils ?

8. La scène représentée vous paraît-elle réaliste ? Peut-on en voir encore de ce genre sur les marchés d'aujourd'hui ? Rédigez un commentaire en quelques phrases.

3 *Forgerons,* bas-relief provenant d'Ostie, IIe siècle après J.-C., Rome, Musée de la civilisation romaine.

COMPRENDRE : la sculpture

La **sculpture**, **sculptura**, *ae*, f. (de sculpo, is, ere, sculpsi, sculptum : tailler, graver) est l'art de travailler un matériau pour lui donner une forme. Les matériaux les plus utilisés sont la pierre (le marbre étant le plus recherché), l'argile (terre cuite) et le bronze.

Aujourd'hui, de nombreux objets sculptés, comme les stèles funéraires (documents **1**, **3**, **4**), témoignent de l'importance de cet art dans la civilisation romaine.

Le **relief** est une sculpture dont les figures restent attachées au matériau de support : sur un **bas-relief**, elles se détachent faiblement du support ; sur un **haut-relief**, elles se détachent largement, parfois même presque complètement. La **ronde-bosse** est une sculpture qui peut être observée sur toutes ses faces, comme les statues, souvent posées sur un socle (p. 120).

Tailleurs de pierres, bas-relief **4** provenant de la nécropole romaine de l'Isola Sacra près d'Ostie, IIe siècle après J.-C., Rome, Musée de la civilisation romaine.

CONFRONTER DES DOCUMENTS

9. Les informations : relevez la provenance, la date et le lieu de conservation de chaque document.

10. Les supports artistiques : de quel type d'œuvres s'agit-il ? Avec quels matériaux sont-elles réalisées ? Selon quelle technique ?

11. Les représentations : quelles sont les différentes activités représentées ? Où se passent-elles ? À quels métiers correspondent-elles ?

12. Quel document représente l'atelier d'un faber ?

CHAPITRE 7

Maîtres, esclaves et affranchis

▸ Une masse d'esclaves toujours plus nombreuse travaille au service des citoyens romains. Cependant, certains d'entre eux réussissent à obtenir leur liberté.

Découvrir le texte

Servi sunt...

Pour les Romains comme pour les Grecs, les esclaves ne méritent pas qu'on s'intéresse à leur sort. Mais tous les maîtres ne sont pas de cet avis.

SENECA LUCILIO SUO SALUTEM [dat].

Libenter ex his qui a te veniunt cognovi familiariter te cum servis tuis vivere : hoc prudentiam tuam, hoc eruditionem decet.

« Servi sunt. » – Immo homines.
« Servi sunt. » – Immo contubernales.
« Servi sunt. » – Immo humiles amici.
« Servi sunt. » – Immo conservi, si cogitaveris tantumdem in utrosque licere fortunae. [...]

Stare ante limen Callisti dominum suum vidi et eum qui illi impegerat titulum, qui inter reicula mancipia produxerat, aliis intrantibus excludi. Retulit illi gratiam servus ille in primam decuriam conjectus, in qua vocem praeco experitur [...].

Dominus Callistum vendidit : sed **domino** quam multa **Callistus** !

Lucius Annaeus Seneca, *Epistulae ad Lucilium.*

___.

C'est avec plaisir que ___ de ceux qui ___ de chez toi que ___ en bon père de famille ___ : c'est ce qui convient à ta sagesse et à ta bonne éducation.

___

___

___

___, si tu réfléchis au fait que la même part de hasard est réservée aux uns et aux autres dans la vie. [...]

Planté debout à la porte de Calliste, c'est son propre maître que j'ai vu attendre ; je l'ai vu se faire exclure, alors que tous les autres entraient, ce maître qui avait fait porter l'écriteau à Calliste, qui l'avait fait exposer parmi les esclaves de rebut. Il lui a bien rendu ce qu'il méritait, cet esclave qui avait été bradé dans le premier lot mis aux enchères par le crieur public [...].

___ : mais que de choses ___ [n'a-t-il pas vendues] ___ !

Sénèque (env. 4 avant J.-C.-65 après J.-C.),
Lettres à Lucilius, V, XLVII, 1 et 9.

VOCABULAIRE

Dans un dialogue, l'adverbe immo sert à corriger ce qui vient d'être dit : « – Non, plutôt... »
contubernalis, *is*, m. : celui avec (cum) qui on partage la tente (tabernaculum) à l'armée, camarade – conservus, *i*, m. : celui avec (cum) qui on est esclave (servus), compagnon d'esclavage – humilis, e : qui est près du sol (humus), humble, de basse naissance.

→ LIRE LE TEXTE

1. Complétez la traduction en vous aidant des couleurs et du vocabulaire.
2. Quel est le genre du texte ? Quels indices vous le montrent ?
3. Par quel procédé l'auteur exprime-t-il son point de vue sur les esclaves ? En quoi ce point de vue diffère-t-il de l'opinion générale ?
4. Sénèque cite un certain Calliste (ligne 10) : qu'était-il à l'origine ? Relevez le nom en français et en latin (ligne 13).
5. Comment cette histoire illustre-t-elle « le hasard de la vie » (fortuna, ligne 9) ?

Esclave, statuette en bronze, IIe-IIIe siècle après J.-C., Paris, Musée du Louvre.

Le marché aux esclaves

Gustave Boulanger (1824-1888), *Le marché aux esclaves*, gravure, 1882.
Les pieds blanchis à la craie signalent des « produits » nouvellement « importés » des pays d'outre-mer (des territoires d'Afrique entre autres).

À Rome, c'est dans la rue Étrusque (vicus Tuscus, p. 44) que les esclaves s'achètent ou se revendent comme des animaux. Le marchand (mango, *onis*, m.) les expose sur une estrade ; la vente se fait ensuite aux enchères, par lots ou au détail. Un crieur public (praeco, *onis*, m.) proclame les caractéristiques des « marchandises » et leur prix.

Gros plan sur...

Un ***écriteau*** *(titulus,* i, *m.), pendu au cou de l'esclave, indique ses particularités : son origine, ses qualités et ses aptitudes.*

→ LIRE L'IMAGE

1. Sur quoi sont installés les personnages ?
2. Lisez l'inscription sur le mur : qu'indique-t-elle ?
3. Décrivez les personnages : qui est le marchand ? Que fait-il ?
4. Combien y a-t-il d'esclaves ? Ont-ils tous le même âge, le même sexe, la même origine ? Que suggèrent leur visage et leurs attitudes ?
5. Ce tableau donne une image de ce que pouvait être une vente d'esclaves à Rome : vous paraît-il réaliste ? Quelle impression veut-il susciter ?

Maîtres et esclaves

Les esclaves font partie de la familia, soumise à l'autorité absolue du pater familias.

Le bonnet de la liberté

Le pileus, i, m. est une espèce de bonnet pointu en feutre (pilos en grec) dont la mode est venue de Phrygie (en Turquie aujourd'hui). À l'origine, c'est un chapeau porté par des gens de modeste condition, comme les bergers. À Rome, il est donné à l'affranchi comme symbole de liberté.

Scène d'affranchissement, fragment d'un bas-relief, Ier siècle après J.-C., Rome, Musée de la civilisation romaine. Prosterné devant son maître dans l'attitude rituelle d'un suppliant, l'esclave attend d'être affranchi ; debout, il est affranchi.

En famille

Chez lui, le dominus (maître de maison) est entouré des membres de sa gens (parents, enfants) et de sa **familia**, *ae*, f.

Formé sur le nom famulus, *i*, m. (serviteur), le terme familia a d'abord désigné l'ensemble des personnes au service du maître, puis tous ceux qui vivent sous un même toit, esclaves compris.

Certains maîtres traitent leurs esclaves en bon père de **famille** (**familia**riter) : ils font preuve d'**humanitas**, *atis*, f. (humanité, bienveillance). Comme le dit Sénèque (p. 64), ils n'oublient pas que les esclaves sont aussi des êtres **humains** (humani), même s'ils sont **humbles** (humiles).

La servitude

Le nom **servus**, *i*, m. désigne un homme qui est as**servi** à un autre. Il est formé sur la racine **serv-**, qu'on retrouve dans les verbes servire (être soumis à quelqu'un, **serv**ir quelqu'un) et servare (être attentif à quelque chose, ob**serv**er, garder un bien). Composés à partir de servus, les noms servitus, *utis*, f. et servitium, *ii*, n. désignent la **serv**itude (la condition d'esclave) et le **serv**ice (la charge remplie par l'esclave).

Une femme esclave est désignée par le nom ancilla, *ae*, f. ; un jeune esclave par le nom puer, *eri*, m.

Un esclave que son maître a rendu libre (liber) est un **libertus**, *i*, m. (affranchi, p. 70).

mots-clés : familia, humanitas, libertus, servus.

Étymologie

1 Que signifient les expressions : *un familier de la maison, une voix familière, une allocation familiale, un langage trop familier, une longue familiarité, se familiariser avec une langue étrangère ?* Quel nom latin permet de comprendre leur sens ?

2 Quel mot issu de servus désigne une personne entièrement soumise à un seigneur dans le système féodal ?

3 Le nom *esclave* n'a pas de rapport avec servus : cherchez son origine.

4 **Choisissez la bonne réponse.** Une organisation humanitaire :
a. regroupe les œuvres des humanistes b. vise au bien de l'humanité
c. fabrique des robots humanoïdes.

Jouez avec les mots

5 a. Où retrouve-t-on l'image du pileus aujourd'hui ? Par qui est-il porté ? Pourquoi ? b. Comment est-il appelé ?

Observer

L'esclave, l'empereur et les murènes

1 Princeps apud Vedium Pollionem cenabat : unum ex servis crustallinum frangere **vidit**.
L'empereur dînait chez Vedius Pollio : **il vit qu'**un des esclaves brisait un vase en cristal.

2 Rapi servum Vedius **jussit** murenisque objici, quas in piscina continebat.
Védius **ordonna que** l'esclave soit saisi et qu'il soit jeté aux murènes, qu'il gardait dans un vivier.

3 Puerum **tradunt** evasisse et ad principis pedes confugisse.
On rapporte que le petit esclave s'échappa et qu'il se réfugia aux pieds de l'empereur.

4 **Dicunt** autem crudelitatem novam principem movisse.
On dit aussi **que** cette cruauté inédite ...... l'empereur.

5 Princeps servum misit crustallinaque omnia frangi jussit complerique piscinam.
L'empereur affranchit l'esclave et il ...... que ...... et que ....

D'après **Sénèque**, *De ira*, III, 40.

Identifier l'infinitif

1 Relevez tous les verbes latins en bleu et présentez-les sur le modèle de ce tableau.

Le verbe dans la phrase	frangere (1)	rapī (2)
Terminaison	-re (infinitif présent actif)	-i (infinitif présent passif)
Base	**frange-**	**rapĭ-**
Le verbe dans le lexique	frango, is, ere, fregi, fractum (3e conjugaison) briser	rapio, is, ere, rapui, raptum (3e conjugaison mixte) saisir

Observer la proposition infinitive

2 Quel est le rôle des verbes en gras ? Combien de propositions contiennent les parties soulignées ?

3 En français : quel est le rôle des verbes en bleu ? Quelle est la fonction des noms en vert ?

4 En latin : quel est le mode des verbes en bleu ? Quel est le cas des noms en vert ?

5 À la phrase 3, l'action des verbes en bleu se passe avant celle du verbe principal (en gras) : quel indice le montre en latin ?

6 À la phrase 3, comment est traduit le verbe en gras ? Que remarquez-vous à la phrase 4 ?

7 Complétez la traduction des phrases 4 et 5.

Observer l'image

Formez deux équipes : à tour de rôle, chaque équipe propose une phrase pour décrire la mosaïque, puis l'autre vérifie que les phrases sont correctes avec l'aide du professeur.

Vocabulaire

personnages : servus, puer • **objets :** ampulla, *ae*, f. : carafe – catillus, *i*, m. : assiette – cista, *ae*, f. : corbeille – panis, *is*, m. : pain – scirpiculus, *i*, m. : petit panier – tunica, *ae*, f. : tunique – vinum, *i*, n. : vin • **adjectifs :** albus, a, um : blanc – cincinnatus, a, um : qui a des cheveux bouclés – parvus, a, um : petit – ruber, bra, brum : rouge – succinctus, a, um : portant une tunique retroussée • **verbes :** habeo, procedo, sum, teneo, video ; esse + datif.

Esclaves servant un repas, mosaïque provenant de Carthage, IIe siècle après J.-C., Paris, Musée du Louvre.

Apprendre

1 L'infinitif présent et parfait

- L'**infinitif présent actif** est formé avec le suffixe **-re** qui s'ajoute au radical du présent.
- L'**infinitif présent passif** est formé avec le suffixe **-ri** ou **-i** (3e conj. et 3e conj. mixte).
- L'**infinitif présent** de **sum** et de ses composés est formé avec le suffixe **-se**.
- L'**infinitif parfait actif** est formé avec le suffixe **-isse** qui s'ajoute au radical du parfait.

	1re conjugaison	2e conjugaison	3e conjugaison	3e conjugaison mixte	4e conjugaison	sum	possum
Présent							
Actif	amare	videre	legere	capere	audire	esse	posse
Passif	amari	videri	legi	capi	audiri		
Parfait							
Actif	amavisse	vidisse	legisse	cepisse	audivisse	fuisse	potuisse

2 La proposition infinitive

- La proposition infinitive est une **proposition subordonnée** qui complète un verbe exprimant :

	la perception	la déclaration	l'opinion	la volonté
Exemple ▶	**video** : je vois que	**dico** : je dis que	**puto** : je pense que	**jubeo** : j'ordonne que

- Le **verbe** est à l'**infinitif** et le **sujet**, toujours exprimé, est à l'**accusatif**.

Exemple ▶ Dominus dicit **servum laborare**. Le maître dit que **l'esclave travaille**.

- L'**infinitif présent** indique que la subordonnée se passe **en même temps** que l'action du verbe « introducteur ».

Exemple ▶ Dominus dicit servum **venire**. Le maître dit que l'esclave **vient**.

- L'**infinitif parfait** indique que la subordonnée se passe **avant** l'action du verbe « introducteur ».

Exemple ▶ Dominus dicit servum **venisse**. Le maître dit que l'esclave **est venu**.

- Les verbes **dico**, **narro**, **trado**, s'emploient **sans sujet à la 3e personne du pluriel** avec le sens de **on**. Ils sont suivis d'une proposition infinitive.

Exemple ▶ **Dicunt** servum fugisse. **On dit que** l'esclave s'est enfui.

VOCABULAIRE à retenir

Noms

dominus, *i*, m.	maître
homo, *inis*, m.	homme
princeps, *ipis*, m.	prince, empereur
servus, *i*, m.	esclave

Adjectif

humilis, e	humble

Verbes

clamo, as, are, avi, atum	crier que
credo, is, ere, didi, ditum	croire que
dico, is, ere, dixi, dictum	dire que
narro, as, are, avi, atum	raconter que
nescio, is, ire, ivi, itum	ignorer que
scio, is, ire, ivi, itum	savoir que
trado, is, ere, tradidi, traditum	rapporter que
video, es, ere, vidi, visum	voir que

S'exercer

Lire et apprendre

1 Lisez à voix haute. Apprenez les phrases en latin.

> Adminicula hominum alii dividunt in tres partes : instrumenti genus vocale, in quo sunt servi, et semivocale, in quo sunt boves, et mutum, in quo sunt plaustra.
>
> Certains divisent les outils [agricoles] qu'utilisent les hommes en trois genres : le genre d'instrument qui parle, dans lequel sont les esclaves, le genre qui émet des sons, dans lequel sont les bœufs, le genre qui ne parle pas, dans lequel sont les charrettes.
>
> **Varron**, *De l'agriculture*, I, 17.

> Rectissime ergo facere te judico quod timeri a servis tuis non vis.
>
> Je juge donc que tu fais tout à fait bien en ce que tu ne veux pas être craint par tes esclaves.
>
> **Sénèque**, *Lettres à Lucilius*, V, XLVII, 19.

Conjuguer

2 **Retrouvez les infinitifs demandés :** dicere (présent passif) – scire (parfait actif) – putare (parfait actif) – habere (présent passif) – posse (parfait) – jubere (présent passif).

3 **a. À l'aide du lexique, donnez le temps et la voix de ces verbes à l'infinitif :** jussisse – intelligere – condi – credidisse – servire – nuntiari.
b. Traduisez.

4 **a. Trouvez l'intrus dans chaque liste.**
1. dici – legi – intellexi – clamari – videri.
2. vidi – credidi – vici – poni – condidi.

b. Quel verbe peut être soit considéré comme un intrus soit conservé dans la liste 1 ?

Analyser des propositions infinitives

5 **a. Recopiez chaque phrase, repérez le verbe principal et mettez la proposition infinitive entre crochets.**
1. Servorum vitam miseram fuisse legimus.
2. Servum non hominem esse *nonnulli* [certains] domini putabant.
3. Servos miseros esse domini non nesciunt.
4. Dicebant servos per agros fugisse.

b. Repérez le sujet de chaque infinitive, éventuellement son attribut et le temps du verbe.
c. Traduisez. Attention aux temps en français !

Sententias Mittere Subito

SMS

6 Novum nuntium habes. Responde bonamque litteram pulsa.

Ut Seneca dixit, servi sunt :

A humana instrumenta
B boni cives **C** humiles amici
D imperiti milites

S'initier à la traduction

7 **a. Replacez le verbe dans la phrase qui convient :** fecisse – docuisse – coluisse – scimus – narrant.
1. Tradunt copias Romanas multos captivos in pugnis … . **2.** … captivos – etiam claros duces – apud Romanis servos fuisse. **3.** … servos *qui ruri vivebant* [qui vivaient à la campagne] miseros esse. **4.** Claros homines tamen non agros tantum … sed etiam medicos aut magistros fuisse puerosque … dicebant.
b. Traduisez les phrases obtenues.

8 **Suivez ce guide et traduisez les phrases.**

Petit guide pour traduire
- *À l'aide du lexique, trouvez le sens des verbes. Attention au mode et à la voix !*
- *Retrouvez le sujet de chaque verbe et son COD.*
- *Donnez le cas et la fonction des mots en bleu.*

1. Plinius tradit Larcium Macedonem, superbum dominum et saevum a servis interfici. **2.** Repente eum in balneo servi circumsistunt. **3.** Alius os verberat, alius pectus ventremque contundit. **4.** Animam autem emisisse eum putant : in pavimentum abjiciunt et fugiunt. **5.** Loci frigore recreari Larcium Macedonem Plinius dicit, oculos aperire corpusque agitare, sed paulo post ex vulneribus decedisse.

D'après **Pline le Jeune**, *Lettres*, III, 14.

Vocabulaire : pavimentum, *i*, n. : parquet – frigus, *oris*, n. : froid – emitto, is, ere, misi, missum : faire sortir (animam emittere : rendre l'âme) – decedo, is, ere, cessi, cessum : se retirer.

Comprendre le sens des mots

9 **De quels mots latins viennent :**
humanité – inhumer – humilité – humaniste.

Chassez l'intrus !

10 **Retrouvez l'« intrus ».**
libre – liberté – équilibre – libertaire – libertin – libération.
De quels mots latins viennent les autres mots ?

De la servitude à la liberté

**Dans toutes les sociétés antiques, des hommes ont exploité d'autres hommes, à l'origine des prisonniers de guerre, réduits à l'état d'objets pour servir de main-d'œuvre.
Les pirates faisaient aussi de nombreux captifs qu'ils vendaient comme esclaves sur divers marchés de Méditerranée. Enfin, les enfants nés de parents esclaves devenaient automatiquement esclaves.**

Des conditions différentes

Chez les Romains, les esclaves ont des conditions de vie plus ou moins difficiles : ceux qui font partie d'une famille en ville (familia urbana) sont des domestiques à tout faire (ménage, cuisine, service, garde des enfants), ceux qui sont à la campagne (familia rustica) travaillent en général plus durement. Les plus misérables sont ceux qui sont condamnés aux travaux forcés dans les mines.
L'État possède aussi des esclaves publics (servi publici) chargés de l'entretien de la cité, dont font partie les pompiers (vigiles urbani).
Les esclaves tentent parfois de fuir. S'ils sont rattrapés, ils sont condamnés à mort, crucifiés ou livrés aux bêtes féroces (p. 88). Dans le meilleur des cas, ils sont punis d'une marque au fer rouge (stigma). Cet usage sera interdit par Constantin, premier empereur converti au christianisme (306-337 après J.-C.).
Les maîtres prennent alors l'habitude de faire porter aux coupables un collier inamovible pour les retrouver plus facilement.

1 Que désigne aujourd'hui l'expression *service public* ?

On peut lire : J'ai fui, attrape-moi, du moment que tu me ramènes à mon maître Zoninus, tu reçois une pièce en or massif.

Collier d'esclave, en fer et en bronze, IVe siècle après J.-C., Rome, Musée des thermes de Dioclétien.

L'affranchissement

Un esclave est un mancipium (p. 64) : le bien du maître qui l'a pris (cepit → -cip-) en main (in manu → man-). Celui-ci peut décider de le laisser partir (mittere) de sa main (manu) : c'est la cérémonie de la manumissio (affranchissement). Libéré (liberatus) par son maître, l'esclave est un affranchi (libertus) : il n'a pas les mêmes droits qu'un citoyen de naissance libre (ingenuus) et fait toujours l'objet d'un certain mépris.
La plupart du temps, l'affranchi reste dans la familia de son ancien maître, qui devient son patronus (p. 60). Il garde alors son surnom d'esclave et prend le prénom et le nom de son patron. Les enfants d'un affranchi deviennent des citoyens à part entière.

2 Cherchez le sens des mots *émancipation*, *libertin* et *ingénu*.
De quels mots latins sont-ils issus ?

Des instruments à tout faire

Les esclaves sont un signe extérieur de richesse : les familles modestes en ont au moins un, les plus puissantes jusqu'à plusieurs milliers sur leurs propriétés. Ils exercent toutes sortes d'activités : les plus cultivés sont secrétaires, professeurs, médecins, architectes. On estime leur nombre à plus d'un tiers de la population de Rome ; beaucoup subissent punitions et humiliations en tous genres.

Quand le maître est à table, les malheureux esclaves n'ont pas le droit de remuer les lèvres, même pas pour parler. Le moindre bruit est puni du fouet ; et même la toux, un éternuement, le hoquet n'en sont pas dispensés. Toute la nuit, ils restent debout, sans manger, sans parler. […] C'est à notre mépris arrogant qu'on doit le proverbe : « Autant d'esclaves, autant d'ennemis ! ». Ce ne sont pas des ennemis que nous avons, mais des ennemis que nous nous faisons. Et je ne dis rien de nos pratiques inhumaines et cruelles qui nous les font traiter non comme des hommes, mais comme des bêtes de somme. Quand nous sommes étendus pour manger, l'un nettoie les crachats, l'autre, à genoux, ramasse les vomissures des convives ivres. Un autre encore ne vit que pour découper proprement des volailles, un autre doit servir le vin, habillé comme une femme.

Sénèque, *Lettres à Lucilius*, V, XLVII, 3-7.

Scène de banquet, fresque d'une maison de Pompéi, Ier siècle après J.-C., Naples, Musée archéologique.

3 Que représente la scène de la fresque ? Décrivez le décor et les personnages (vêtements, attitudes).

4 Combien voyez-vous d'esclaves ? À quels indices les reconnaissez-vous ?

5 Décrivez ce qu'ils sont en train de faire. Relevez les éléments du texte de Sénèque qui vous paraissent en rapport avec cette scène.

B2i .... Sélectionner des documents

1. Destin d'esclave

Recherchez des documents sur Cicéron et son esclave Tiron, devenu son ami.

2. Spartacus

Documentez-vous sur Spartacus, chef d'une grande révolte d'esclaves appelée guerre servile.

@ Pour vous aider, retrouvez des liens utiles sur : www.4e.latin.magnard.fr/liens

Pour aller plus loin À LIRE

Les esclaves de Rome de Dominique Bonnin-Comelli, © Milan Poche Histoire, 2003.
Le jeune Syram est vendu comme esclave au puissant Crassus. Un jour, il a la chance de rencontrer Cicéron.

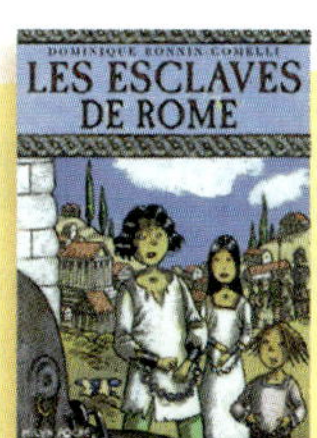

L'esclave de Pompéi d'Annie Jay, © Hachette – Le Livre de Poche Jeunesse, 2007.
Lupus recherche sa mère et sa sœur vendues sur le marché de Pompéi.

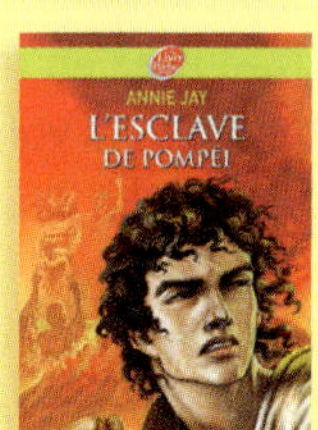

Pour vérifier vos connaissances et vos compétences

Retrouver la carte d'identité d'un verbe

1 **a.** Classez ces verbes selon leur radical (présent ou parfait).
appellavimus – condiderunt – ducitis – accipiebam – rapiuntur – defendis.
b. Donnez les temps primitifs de chaque verbe.

2 **a.** Établissez la carte d'identité de chaque verbe (personne, temps, voix, mode, temps primitifs).
agebamini – dicimus – duxerunt – scribi – vocavit – caperis.
b. Traduisez.

Déjouer les pièges des conjugaisons

3 **a.** Classez ces verbes en deux listes. Quels sont vos critères de choix ?
accepi – scripsi – rapi – feci – accipi – intellegi – rapui – vocari – scribi – intellexi.
b. Replacez dans chaque phrase le verbe de la liste qui convient.
1. Plinius dicit : « Amicis meis epistulas ... . »
2. Tradunt multas epistulas a Plinio ... .
3. Patronus dicit : « Clientes ... et eis dona ... . »
4. Dicunt a patrono clientes ... .

c. Traduisez.

4 **a.** Comment chaque paire est-elle composée ?
sum / fui – habet / habuit – rapiebas / rapiebaris – inducit / inducitur.
b. Complétez ces paires.
vincit / ... – scribunt / ...
duxisti / ... – possunt / ...
credebatur / ... – cepi / ...
videntur / ... – dicebam / ... .

Traduire la phrase passive

5 **a.** Traduisez oralement chaque phrase passive (en noir).
b. Choisissez la phrase active correspondante parmi les trois propositions en bleu.
1. Ab hostibus obsidemini.
a) Hostes eos obsident. b) Hostes obsidetis. c) Hostes vos obsident.
2. Sportula a clientibus exspectabatur.
a) Clientes sportulam exspectant. b) Clientes sportulam exspectabant.
c) Sportula clientes exspectabat.
3. Hostes adversa fortuna vincuntur.
a) Adversam fortunam hostes vincunt. b) Adversa fortuna hostes vincit.
c) Adversa fortuna hostes vincunt.

6 **a.** Traduisez ces phrases.
1. Captivi a ducibus in forum adducuntur.
2. Pueri, mulieres servique a publicis negotiis prohibebantur.
3. Miseri servi, a saevo domino saepe verberamini.
4. Obsides tradebantur.

b. Retrouvez les phrases actives correspondantes.

Reconnaître et traduire la proposition infinitive

7 **a.** Dans chaque phrase, repérez et traduisez le verbe principal puis délimitez la proposition infinitive.
b. Repérez le verbe et le sujet de la proposition infinitive.
c. Traduisez en respectant les indications données par le temps et la voix de l'infinitif.
1. In epistula, Plinius narrat dominum superbum ac injustum fuisse.
2. Miseros servos verberari supplicioque saepe affici addit.
3. Servos autem tradit dominum interfecisse.
4. Nonnulli etiam addunt magnam partem servorum dominum comprehendisse ceterosque diffugisse.

8 Créez des propositions infinitives !
a. Repérez le verbe, le sujet et éventuellement l'attribut ou le COD dans chaque phrase.
1. Servus non homo est.
2. In foro, multa templa a Romanis aedificabantur.
3. Plebs et nobilitas in forum saepe convenerunt.

b. Subordonnez chaque phrase à l'un de ces verbes introducteurs : omnes sciunt – nonnulli credebant – Titus Livius narrat.
c. Quels éléments changent ?
d. Traduisez les phrases obtenues.

Traduire à l'oral et à l'écrit

9 Lisez ces phrases et complétez la traduction.

1. Vis tu cogitare istum quem **servum tuum** vocas ex iisdem seminibus ortum, eodem frui caelo, aeque **spirare**, **aeque vivere**, **aeque** mori ?

Veux-tu te dire dans ta tête que celui que tu appelles ________ est né de la même semence que toi, qu'il profite du même ciel [que toi], qu'il ________ de la même manière [que toi], qu'il ________, qu'il meurt ________ ?

2. Tam tu illum **videre** ingenuum **potes** quam ille te **servum**.

Tu ________ le ________ comme un homme né libre autant que lui peut te voir ________.

Sénèque, *Lettres à Lucilius*, V, XLVII, 10.

10 Lisez cette phrase puis traduisez-la oralement.

Majores nostri dominum patrem familiae appellaverunt, servos familiares et domum pusillam rem publicam esse judicaverunt.

Sénèque, *Lettres à Lucilius*, V, XLVII, 14.

Vocabulaire : majores nostri : nos ancêtres – pusillus, a, um : tout petit, en miniature.

11 Lisez puis traduisez ces paroles de l'affranchi Trimalcion à ses invités (les mots en bleu sont donnés).

« Amici, inquit, et servi homines sunt et aeque unum lac biberunt, etiam si illos malus fatus oppresserit. Tamen me salvo cito aquam liberam gustabunt. Ad summam, omnes illos in testamento meo manumitto. »

Pétrone, *Satyricon*, LXXI.

Vocabulaire : aeque : de la même manière – etiam si illos malus fatus (= malum fatum) oppresserit : même si un mauvais destin les a accablés – me salvo : moi vivant – cito : bientôt – gustabunt : ils goûteront – ad summam : pour tout dire – omnes illos : eux tous (Acc.) – manumitto, is, ere, misi, missum : affranchir.

Exploiter des informations culturelles

12 Relevez et classez les différents lieux du Forum romain selon leur fonction. Recopiez le tableau et donnez les noms en latin et en français.

Fonction religieuse		Fonction politique		Fonction judiciaire		Fonction économique	
Latin	Français	Latin	Français	Latin	Français	Latin	Français

13 Comme la marchande à son étalage (p. 55), saurez-vous compter à la façon des Romains ?

a. Imitez son geste et dessinez les lignes qu'il forme : quels signes marquant un chiffre obtenez-vous ? Quelles lettres de l'alphabet le reproduisent ?

b. Entraînez-vous à écrire les neuf premiers chiffres avec ce *sudoku* à la romaine. En partant des chiffres déjà inscrits, remplissez la grille de manière que chaque ligne, chaque colonne et chaque carré de 3 x 3 contienne une seule fois tous les chiffres de I à IX.

c. Retrouvez le verbe latin d'où est issu le verbe *compter*. Comment dit-on *ordinateur* en anglais ? Que constatez-vous ?

				VI				II
V			I	II			III	
	II	VIII		IV			I	VII
		IX				III		I
		VII		IX	I		IV	VIII
IV					III			
III		VI	VII			IX	II	
IX	I		II		VI			IV
VII	IV	II						

Bilan 2

CHAPITRE 8

Au théâtre

▸ Les Romains aiment assister à toutes sortes de spectacles offerts chaque année par la cité. Parmi ceux-ci figurent diverses représentations théâtrales.

Découvrir le texte

Un auteur en quête de public

Rome, septembre 160 avant J.-C. : comme chaque année, la foule se presse aux grands Jeux Romains. C'est le moment de découvrir la représentation théâtrale.

Orator **ad vos venio** ornatu Prologi. [...]
***Hecyram* ad vos refero**, quam mihi per
silentium numquam agere licitumst ;
ita eam oppressit calamitas. [...]
Cum primum eam agere coepi, pugilum
gloria (funambuli eodem accessit exspectatio),
comitum conventus, strepitus, clamor
mulierum fecere ut ante tempus exirem foras.
[...] **Refero denuo.**
Primo actu placeo, cum interea rumor venit
datum iri gladiatores ; **populus convolat,**
tumultuantur, **clamant, pugnant de loco** ;
ego interea meum non potui tutari locum.
Nunc turba non est ; **otium et silentium est** ;
agendi tempus mihi datum est ; vobis datur
potestas condecorandi ludos scaenicos.
Nolite sinere per vos artem musicam
recidere ad paucos.

Publius Terentius Afer, *Hecyra*, Prologus.

C'est en porte-parole que sous le costume de Prologue. [...] , que je n'ai jamais pu faire jouer dans le silence, tant le mauvais sort s'est acharné sur elle. La première fois que j'ai présenté cette pièce, la glorieuse renommée d'une bande de boxeurs (à laquelle vint s'ajouter l'attraction très attendue d'un funambule), l'attroupement des supporters qui les accompagnaient, le vacarme, les cris des femmes ont fait que j'ai dû quitter la scène avant la fin. [...] . J'ai du succès au premier acte, quand pendant ce temps le bruit court qu'il va y avoir des gladiateurs ; , les gens s'agitent, ; moi, pendant ce temps, c'est ma place que je n'ai pas pu défendre. ; on m'a donné le bon moment pour faire jouer ma pièce ; à vous, on vous donne la possibilité de faire honneur aux jeux scéniques. Ne laissez pas, tant que vous le pouvez, l'art de la poésie théâtrale devenir un privilège réservé à un petit nombre.

Térence (env. 190-159 avant J.-C.), *La Belle-mère*, Prologue, vers 1, 29-36 et 38-47.

VOCABULAIRE

convolo, as, are, avi, atum : courir rapidement (voler) ensemble – de + Abl. : au sujet de – denuo : de nouveau – locus, *i*, m. : lieu, place (au spectacle) – otium, *ii*, n. : calme – refero, fers, ferre, retuli, relatum : représenter, faire rejouer – turba, ae, f. : cohue.

Acteur de comédie, mosaïque, Ier siècle après J.-C., Naples, Musée archéologique.

→ LIRE LE TEXTE

1 Traduisez les mots en gras.

2 Quel est le premier mot de la pièce ? Quelle fonction du personnage met-il en valeur ?

3 Qui s'exprime par la bouche de ce personnage ?

4 Combien de fois la pièce a-t-elle été représentée au total ? Pourquoi ?

5 Quels genres de spectacles font concurrence aux ludi scaenici (l. 16) ? Qu'en concluez-vous sur les goûts des Romains et sur la façon dont se déroulaient les représentations ?

Tous en scène !

Scène de comédie, bas-relief (période républicaine), Naples, Musée archéologique national.

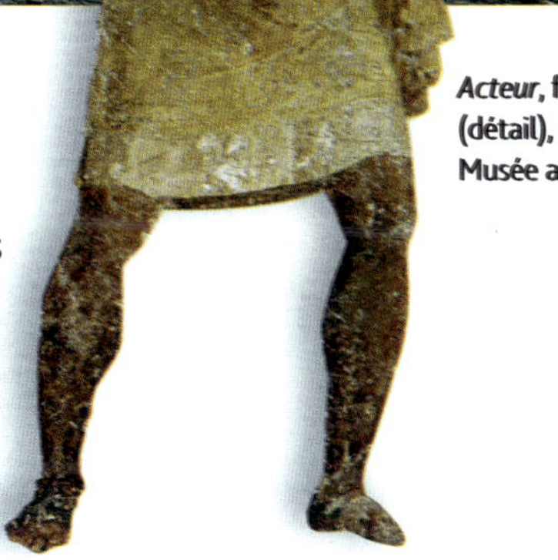

Acteur, fresque pompéienne (détail), Ier siècle après J.-C., Naples, Musée archéologique national.

Pour retenir le public, le spectacle théâtral doit être très animé : ce sont souvent des histoires de jeunes filles enlevées, de pères qui se chamaillent avec leur fils, de maîtres qui se font rouler par leurs esclaves.

Gros plan sur...

La musique est un élément essentiel de la représentation. Un instrumentiste est chargé d'accompagner les passages chantés et dansés en jouant d'une ***double flûte*** *(tibiae) qui ressemble à une clarinette.*

→ LIRE L'IMAGE

1. Décrivez les personnages sur le bas-relief (vêtements, attitudes). Que voyez-vous derrière eux ?
2. Combien d'acteurs comptez-vous ? Que remarquez-vous sur leur visage ?
3. Quel rôle joue l'acteur de la fresque à votre avis ? Quel indice vestimentaire vous le montre ? À quel acteur du bas-relief ressemble-t-il ?

Les Jeux (1) : le théâtre

Issus de coutumes étrusques, les Jeux (Ludi) occupent une grande place dans la vie des Romains.

Sous le masque

Le mot phersu *désigne le masque en langue étrusque, sur le modèle du grec* prosôpon *(masque de l'acteur au théâtre). Le latin en a tiré le nom* **persona, ae**, *f. qui signifie d'abord le masque porté par un acteur, puis le rôle et le caractère du* **person***nage que l'acteur interprète, et enfin la* **person***ne, c'est-à-dire un individu avec sa* **person***nalité.*

Masques de théâtre étrusques, terre cuite, VIe-Ve siècle avant J.-C., Saint-Petersbourg (Russie), Musée de l'Ermitage.

Les Jeux

Le nom **ludus**, *i*, m. désigne l'acte de jouer (ludere) et le jeu (la représentation). Les Ludi sont une institution romaine fondamentale, religieuse et officielle. Financés par l'État, organisés par un édile ou par un préteur (p. 30), ils offrent à toute la population des spectacles variés, accompagnés de cérémonies religieuses (processions, sacrifices) et répartis sur plusieurs jours : des représentations théâtrales (ludi scaenici), des combats de gladiateurs (munera), des courses de chevaux et de chars (ludi circenses).
Fixés par le calendrier officiel, les Jeux annuels sont destinés à attirer la faveur des dieux. D'autres jeux sont aussi donnés à l'occasion d'un grand événement (une victoire, les funérailles d'un personnage important).

Acteurs et masques

Au théâtre (du grec *théâtron*), l'acteur est désigné par le nom **histrio**, *onis*, m. Selon la tradition, les premiers acteurs font leur apparition à Rome en 364 avant J.-C. Accablés par une épidémie de peste, les Romains veulent organiser un nouveau genre de spectacle pour apaiser les dieux et ils font venir d'Étrurie des comédiens qui jouent des sortes de sketchs mimés et dansés.
« Comme le joueur professionnel (ludius) se nommait *hister* dans la langue étrusque, le nom d'histrion (nomen histrionis) fut donné à tous les acteurs qui montent sur scène. »
(**Valère Maxime**, *Faits et paroles mémorables*, II, 4, 4)

mots-clés : histrio, ludus, persona.

Étymologie

1 Quel nom latin retrouvez-vous dans *ludique, éluder, prélude, interlude* ? Donnez le sens de chaque mot.

2 Quels sont les différents sens du nom *histrion* en français ?

Jouez avec les mots

3 Trouvez trois noms français, terminés en -ion, composés à partir de trois prépositions / préfixes et d'une forme du verbe *jouer* en latin. Retrouvez leur définition. Que remarquez-vous ?

ad
cum
in

ludo, is, ere, lusi, **lusum** → -lus-

1. Effet trompeur qui fait prendre l'apparence pour la réalité, **comme dans un jeu**.
2. Entente secrète, **comme un accord entre joueurs** qui visent à tromper quelqu'un.
3. Mot ou expression évoquant un fait ou une personne sans en parler directement, **comme par jeu**.

Observer

Entrées et sorties théâtrales

Sur la scène, les personnages vont et viennent, entrent et sortent. Voici quelques répliques tirées de comédies de Plaute.

1 Cesso ego illis obviam ire? – Ego eo intro igitur.
Moi, je tarde à aller à leur rencontre? – Moi, je vais donc à l'intérieur.

2 Aperiuntur aedes: exit Sosia. – Deinde utrique imperatores exeunt.
Les portes s'ouvrent: Sosie sort. – Ensuite les deux généraux sortent.

3 Quid hic nunc stas? Quin abis? – Abeo. – Jam ad te redeo.
Pourquoi tu restes planté là maintenant? Pourquoi tu ne pars pas? – …… .
– Dans un instant je reviens vers toi.

4 Cur hic adstamus? Quin abimus?
Pourquoi restons-nous là à côté de lui? Pourquoi …… ?

5 Sed ubi hic est homo? – Abiit. Mais où …… cet …… ? – …… .

6 Si ad herum haec res pervenit, periisti. – Perii, excruciabit me herus!
Si cette affaire parvient jusqu'au maître, tu es mort. – Je suis mort, le maître va me faire crucifier!

Reconnaître les préfixes verbaux

1 À l'aide des couleurs, repérez les préfixes verbaux dans les verbes en latin et relevez-les.

2 Vérifiez le sens de chaque préfixe dans le lexique.

Conjuguer le verbe eo

3 À la phrase 1, quel mot latin est traduit par l'infinitif *aller*?

4 À l'aide de la traduction, identifiez oralement la personne et le temps de chaque verbe souligné.

5 Recopiez le tableau et complétez-le selon le modèle.

	Singulier	Pluriel
1re pers.	eo, je vais (indicatif présent)	
2e pers.	abis, tu pars (indicatif présent)	
3e pers.		

6 Complétez la traduction des phrases.

Observer l'image

Verum aut falsum?

1. Demipho senex est.
2. Phedria Getaque servi sunt.
3. Titus Maccius Plautus hanc fabulam composuit.
4. Adulescens dextram ad servum porrigit.
5. Phedria inter senem servumque stat.
6. Quattuor histriones in scaena sunt.
7. Senex pugnum facit: cum servo pugnare paratus est.
8. Adulescenti toga est.

Dessin illustrant *Le Phormion*, une comédie de Térence, manuscrit du IXe siècle après J.-C., Paris, Bibliothèque nationale de France.

1 Les préfixes verbaux

- Les verbes composés se forment généralement à l'aide de préfixes (*fixés* devant), placés avant le radical du verbe. La consonne finale du préfixe peut se modifier au contact du radical.

	Sens principaux des préfixes	Exemple ▶ Verbes composés de cedo, is, ere, cessi, cessum : aller
a-, ab-, abs-	éloignement, séparation	abscedo : s'en aller, quitter
ad-	vers	[ad + cedo] > accedo : arriver, survenir
ante-	devant	antecedo : précéder
cum, con-, co-	rassemblement	concedo : se retirer, céder
de-	de haut en bas, privation	decedo : s'en aller, décéder
dis-	dispersion, séparation	discedo : s'en aller de côté et d'autre
e-, ex-	hors de	excedo : sortir de, dépasser
in-	dans, sur, contre	incedo : s'avancer
inter-	entre	intercedo : aller entre, intervenir
prae-	avant	praecedo : précéder
pro-	devant	procedo : s'avancer
re-, red-	mouvement vers l'arrière, répétition	recedo : reculer
se-	à part, à l'écart	secedo : se retirer, faire sécession
sub-	sous	[sub + cedo] > succedo : succéder, réussir

2 Le verbe eo, is, ire, ivi (ii), itum (aller) et ses composés

Indicatif		Présent	Imparfait	Parfait
Singulier	1re pers.	eo *je vais*	ibam *j'allais*	ivi ou ii *j'allai, je suis allé*
	2e pers.	is	ibas	ivisti ou iisti
	3e pers.	it	ibat	ivit ou iit
Pluriel	1re pers.	imus	ibamus	ivimus ou iimus
	2e pers.	itis	ibatis	ivistis ou iistis
	3e pers.	eunt	ibant	iverunt ou ierunt
Infinitif		ire		ivisse ou iisse

- L'imparfait se forme sur le radical du présent -i- suivi du suffixe -ba-.
- Le parfait se forme sur le radical -iv- ou -i-.

- Les verbes composés de eo se conjuguent comme lui.

Exemple ▶ abeo, abis, abit, abimus, abitis, abeunt (indicatif présent de abeo, is, ire, ii, itum : s'en aller).

VOCABULAIRE à retenir

Noms

- comoedia, *ae*, f. — comédie
- fabula, *ae*, f. — pièce
- partes, *partium*, f. pl. — rôle (d'un acteur)
- poeta, *ae*, m. — poète
- scaena, *ae*, f. — scène
- spectaculum, *i*, n. — spectacle
- spectantes, *tium*, m. pl. — spectateurs
- tragoedia, *ae*, f. — tragédie

Adjectifs

- comicus, a, um — comique
- ingeniosus, a, um — qui vient du talent naturel, ingénieux
- tragicus, a, um — tragique

Verbes composés de eo

- adeo, is, ire, ii ou ivi, itum — aller vers
- circumeo, is, ire, ii ou ivi, itum — parcourir
- intereo, is, ire, ii ou ivi, itum — périr
- obeo, is, ire, ii ou ivi, itum — s'en aller, mourir
- pereo, is, ire, ii ou ivi, itum — disparaître
- redeo, is, ire, ii ou ivi , itum — revenir

S'exercer

▶ Lire et apprendre

1 Lisez à voix haute. Apprenez les phrases en latin.

> Ex persona ardent oculi histrionis.
> Les yeux de l'acteur lancent des flammes à travers le masque. **Cicéron**, *De l'orateur*, II, 193.

> Plaudite ! acta est fabula.
> Applaudissez ! la pièce est finie.
> Derniers mots d'Auguste d'après **Suétone**, *Vie d'Auguste*, XCIX, 1.

▶ Conjuguer

2 **a. Donnez oralement la personne et le temps de chaque verbe :** ibat – abiimus – ierunt – itis – redeunt – exibamus – imus – adiisti. **b. Traduisez.**

3 **Écrivez la traduction de ces verbes.**
is – eunt – it – ivi – ibam – ibamus – iistis – ibatis.

4 **a. Traduisez :** pereunt – adiistis – init – exierunt – transimus – intereo.
b. Mettez chaque forme latine à l'imparfait (même personne).

5 **a. Retrouvez le préfixe dans chaque verbe.**
abduco – adduco – conduco – deduco – induco – produco – reduco – seduco – traduco.
b. Quel est le sens du verbe simple ? Proposez un sens pour chaque verbe composé.
c. Vérifiez le sens de chaque verbe dans le lexique.

Sententias Mittere Subito

6 Novum nuntium habes. Responde bonamque litteram pulsa.

Nomen histrionis venit e lingua :	**A** Gallorum **B** Graecorum **C** Etruscorum **D** Germanorum

▶ S'initier à la traduction

7 **a. Complétez la traduction (▶...) avec ces répliques. Attention, elles sont données en désordre !**
Salut ! Mais où est Antiphon ? • Je vois Phédria, le fils de mon frère, venir à ma rencontre. • Je crois ! • Mon cher oncle, salut ! • Tu le demandes, Phédria ? • Et ce beau mariage que vous avez conclu ici en mon absence ? • Il se porte bien, il est ici. • Bravo l'artiste, quel talent !
b. Retrouvez quel personnage prononce chaque réplique (la dernière est prononcée par l'esclave).
→ Voir l'image p. 77.

Démiphon découvre que son fils Antiphon s'est marié sans sa permission, avec l'aide de son esclave Géta. Phédria, neveu de Démiphon, essaie de détourner son attention.

– Phaedriam mei fratris video filium mihi ire obviam. ▶...
– Mi patrue, salve ! ▶...
– Salve ! Sed ubi est Antipho ? ▶...
– Salvum venire. Tu reviens en pleine forme.
– Credo ! ▶... Hoc responde mihi ! Réponds à ma question !
– Valet, hic est. ▶... Sed satin omnia ex sententia ? Mais tout va comme tu veux ?
– Vellem quidem ! Je voudrais bien !
– Quid istuc est ? Qu'y a-t-il ?
– Rogitas, Phaedria ? ▶... Bonas, me absente [en mon absence], hic confecistis nuptias ? ▶...
– Eho an id suscenses nunc illi ? Holà, c'est pour ça que tu lui en veux maintenant ?
– *(À part)* Artificem probum ! ▶...

Térence, *Phormion*, II, 1, vers 253-259.

8 **Suivez ce guide et traduisez les phrases.**

Petit guide pour traduire
- À l'aide du lexique, trouvez le sens des verbes. Identifiez les temps et les voix.
- Retrouvez le sujet de chaque verbe principal et son COD.
- Repérez les propositions infinitives.
- Donnez le cas et la fonction des mots en bleu.

1. Aeschylus, tragoediae pater, personas cothurnosque histrionibus dedit.
2. Multi dicunt unum histrionem omnes partes egisse sed Aeschylum secundum histrionem in scaenam duxisse.
3. Deinde Sophocles discipulus Aeschylo fuit tertiumque histrionem in scaenam duxit.
4. Euripides tandem spectantes non solum Graecos sed etiam Romanos delectavit.

▶ Comprendre le sens des mots

9 **a. De quels verbes composés de eo viennent ces mots ?** périr – périssable – transition – transit – transi – transitoire – initiative – initier.
b. Donnez la classe grammaticale et le sens de chaque mot.

Chassez l'intrus !

10 **Le verbe latin ambulare a donné l'infinitif *aller* et d'autres mots français. Retrouvez les mots « intrus » :**
déambuler – somnambule – bulletin – ambulance – préambule – ébullition – funambule.

Ludi scaenici

Des spectacles pour tous les goûts

Les ludi scaenici, divertissements donnés sur une scène (scaena), sont variés. L'histoire représentée, désignée par le nom **fabula**, *ae*, f. (pièce de théâtre), s'inspire souvent du théâtre grec, comme les comédies de Plaute (p. 44) et de Térence (p. 74), mais le public populaire préfère les farces venues du sud de l'Italie. On rit beaucoup aux aventures de personnages grotesques : goinfres bavards (comme Bucco, « Grande Bouche »), bouffons stupides (Maccus, « le Niais »), vieux gâteux (Pappus, « Grand-père »). À la fin de la République, la mode est au mime, un genre de spectacle fait de dialogues improvisés, mimés et dansés, tandis que les adaptations des grandes tragédies grecques attirent le public cultivé.
Tous les rôles sont tenus par des hommes, esclaves ou affranchis, car le métier d'acteur est considéré comme dégradant. Les costumes et les masques, tragiques ou comiques, varient selon un code stéréotypé : vieillards grimaçants, jeunes filles apeurées, esclaves rusés (pp. 75 et 76).

Masques tragique et comique, mosaïque, Rome, Musées capitolins.

1 Les farces romaines sont l'ancêtre de la *commedia dell'arte* : recherchez quels sont les personnages principaux de ce genre théâtral venu d'Italie.

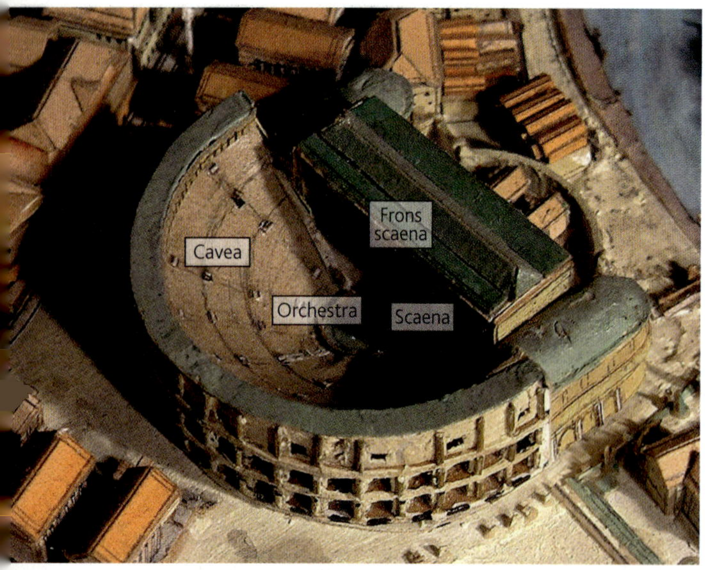

Reconstitution du théâtre de Marcellus, maquette d'André Caron, 2000.

Du bois à la pierre

Sous la République, les théâtres sont considérés comme un luxe inutile : les représentations ont lieu en plein air, sur des estrades en bois que l'on monte et démonte pour la circonstance. En 55 avant J.-C., Pompée, homme politique puissant, fait construire le premier théâtre permanent, en marbre, sur le Champ de Mars : il offre 27 000 places assises. En 13 avant J.-C., Auguste inaugure près du Tibre un théâtre de 14 000 places qui porte le nom de son neveu Marcellus, mort quelques années auparavant. Les spectateurs sont assis dans la partie en gradins (cavea, *ae*, f.) selon leur rang social : les sénateurs et les personnalités occupent le demi-cercle de l'**orchestra**, *ae*, f., les prolétaires et les esclaves les derniers gradins. Les acteurs jouent sur la **scaena**, *ae*, f., plate-forme large et basse, devant le frons scaenae (front de scène), un grand mur décoré de colonnes et de statues.

2 Quels sont aujourd'hui les différents sens des noms *orchestre* et *scène* ?

Un théâtre somptueux

En 58 avant J.-C., l'édile Marcus Aemilius Scaurus se distingua en offrant au peuple de Rome le plus extraordinaire des cadeaux.

Il fit construire, pour servir seulement quelques jours, le plus grand ouvrage qu'on ait jamais fait bâtir, même pour durer éternellement. C'était un théâtre. Il avait trois étages avec trois cent soixante colonnes de marbre venu de Grèce. Le premier étage était revêtu de marbre, le deuxième de mosaïque de verre – un luxe dont on ne connaît pas d'autre exemple –, le troisième de bois doré à l'or fin. Les colonnes du premier étage mesuraient trente-huit pieds *[10 m environ]*. Trois mille statues en bronze étaient placées entre les colonnes. Le décor de scène était fait de tableaux peints et de tissus brodés de fil d'or. Le théâtre pouvait contenir quatre-vingt mille spectateurs.

Pline l'Ancien (23-79 après J.-C.), *Histoire naturelle*, XXXVI, 114-115.

Une fois le théâtre démonté, l'édile s'empressa de récupérer les matériaux pour orner sa maison du Palatin. Pour montrer qu'il condamnait le goût du luxe, indécent chez un particulier, Auguste fit raser la maison et placer les colonnes sur le mur de scène du théâtre de Marcellus.

Le théâtre de Marcellus, reconstitution dans « Les voyages d'Orion », Rome (2), Jacques Martin et Gilles Chaillet, © Dargaud éditeur, 1995.

3 Décrivez le cadre et le décor du théâtre représenté en le mettant en relation avec les informations données par Pline.

4 À quel étage se trouvent les personnages debout au premier plan ?

5 Que pensez-vous des chiffres cités par Pline ?

B2i Traiter des données, créer des documents

1. Le calendrier des Jeux

Recherchez des informations sur les principaux Jeux à Rome : Ludi Romani ou Magni, Plebeii, Capitolini, Ceriales, Consuales, Megalenses, Florales, Apollinares.

2. Théâtres grecs, théâtres romains

a. Insérez sur une page le plan d'un théâtre grec et celui d'un théâtre romain ; sur une autre page, faites un tableau pour présenter ressemblances et différences.

b. Présentez un théâtre antique de votre choix : Épidaure (Grèce), Éphèse (Turquie), Sabratha (Libye), Pompéi (Italie), Mérida (Espagne), Orange (France), El Jem (Tunisie).

Pour aller plus loin À LIRE

Le théâtre raconté aux jeunes
d'André Degaine, Nizet, 2006.
Un panorama très documenté, illustré de nombreux croquis, présentant vingt-cinq siècles de théâtre.

CHAPITRE 9 Dans l'amphithéâtre

▸ Les Romains se passionnent pour des spectacles dont les vedettes sont des hommes diversement armés qui risquent leur vie en combattant.

Découvrir le texte

Vivent les champions !

En 80 après J.-C., Titus, désigné comme tous les empereurs par le titre de César, inaugure un immense amphithéâtre *(p. 100)**. Des centaines de combattants d'élite, les gladiateurs, se succèdent dans l'arène.*

Cum traheret Priscus, traheret certamina Verus,
esset et aequalis Mars utriusque diu,
missio saepe viris magno clamore petita est ;
sed Caesar legi paruit ipse suae
–lex erat ad digitum posita concurrere parma–,
quod licuit, lances donaque saepe dedit.
Inventus tamen est finis discriminis aequi :
pugnavere pares, subcubuere pares.
Misit utrique rudes et palmas Caesar utrique :
hoc pretium virtus ingeniosa tulit.
Contigit hoc nullo nisi te sub principe, Caesar :
cum duo pugnarent, victor uterque fuit.

Marcus Valerius Martialis, *Liber de spectaculis*.

Comme Priscus prolongeait le combat, que Vérus le prolongeait aussi, et que Mars protégeait également l'un et l'autre depuis longtemps,

– la loi était de concourir jusqu'à ce que l'un des combattants lève le doigt, après avoir déposé le bouclier –, ce qui lui était permis, à plusieurs reprises, il leur offrit des plats et des cadeaux. Pourtant, on vit arriver la fin d'une lutte qui restait toujours égale : pareils ils combattirent, pareils ils se laissèrent tomber.

.

Cet événement ne s'est produit sous aucun autre empereur que toi, César : deux combattants et deux vainqueurs !

Martial (env. 40-104 après J.-C.), *Livre des spectacles*, XXIX (poème complet).

Gladiateurs, mosaïque, env. 320 après J.-C., Rome, Galerie Borghese.

VOCABULAIRE

fero, fers, fere, tuli, latum : **apporter** – hoc (neutre) : **ce** – ipse : **lui-même** – missio, *onis*, **f. : remise du combat, grâce pour le combattant** – palma, ae, **f. : palme, emblème de la victoire** – rudis, *is*, **f. : baguette de bois que les gladiateurs utilisent pour s'entraîner à l'escrime (elle leur est offerte en signe de libération)** – utrique : **à l'un et à l'autre.**

→ LIRE LE TEXTE

1. Traduisez les mots en gras.
2. Quel dieu honorent les gladiateurs ? Pourquoi ?
3. Selon la règle (vers 5), quel geste met fin au combat ? Quelles récompenses reçoivent les vainqueurs ?
4. Quelle décision est prise pour Priscus et Vérus ? Qui la prend ? Est-elle fréquente ?
5. Que signifient les initiales **VIC** sur la mosaïque ? Retrouvez le mot dans le poème.

Découvrir l'image

La mort au bout des doigts

Jean-Léon Gérôme (1824-1904), *Pollice verso*, huile sur toile (96,5 x 149,2 cm), 1872, Phoenix Art Museum (USA).

Juvénal se moque des nouveaux riches qui financent des combats de gladiateurs pour se rendre populaires.

Munera nunc edunt et, verso pollice vulgus
cum jubet, occidunt populariter.

Les voilà maintenant qui donnent des jeux et, quand la foule l'impose en renversant le pouce, ce sont eux qui décident la mise à mort pour faire plaisir à la populace.

Juvénal (env. 65-130 après J.-C.), *Satires*, III, vers 36-37.

Gros plan sur...

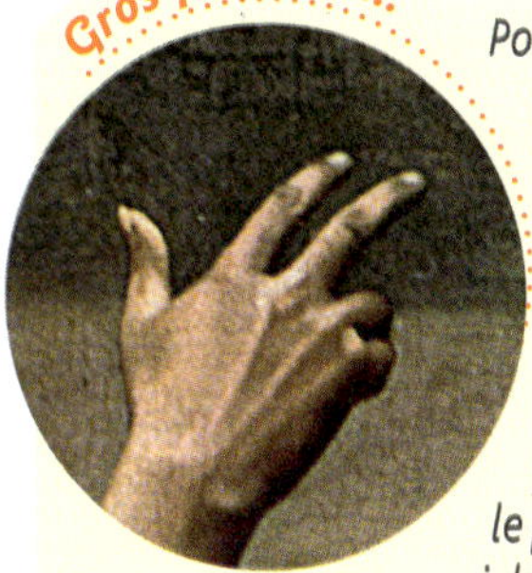

*Pour le gladiateur vaincu, lever la main (**manum tollere**) et tendre les doigts est le signe de la soumission. Pour accorder la grâce, les spectateurs lèvent un doigt en l'air ou agitent une pièce d'étoffe (mappa) en criant Missus (« renvoyé »). Selon certains témoignages littéraires, tourner le pouce vers le sol (pollicem vertere) au cri de Jugula (« Égorge-le ») signifie la mort.*

→ LIRE L'IMAGE

1 Décrivez la scène : combien de gladiateurs voit-on ? Dans quelle position sont-ils ?

2 Quels objets se trouvent au sol près du gladiateur qui lève le bras ?

3 Que fait la foule dans les gradins ? Les femmes en blanc sont des Vestales : quelle dimension des Jeux rappelle leur présence ?

4 Observez le titre du tableau : comparez-le avec la citation de Juvénal.

Découvrir **les mots-clés**

Les Jeux (2) : les combats de gladiateurs

L'affrontement entre gladiateurs (gladiatores), ainsi nommés parce qu'ils sont armés du gladius (glaive, p. 40), est le spectacle (munus) le plus typique des Jeux romains.

Un spectacle pour des funérailles

Les Étrusques avaient pour coutume d'offrir des spectacles lors des cérémonies funèbres. Ils organisaient en particulier des duels à mort entre des prisonniers de guerre ou des esclaves, dont le sang versé était supposé apaiser l'esprit du défunt. Selon la tradition, cette coutume fut introduite à Rome en 264 avant J.-C. Pour les funérailles de leur père, deux fils firent combattre trois paires de gladiateurs sur le Forum boarium. Les riches Romains prirent ensuite l'habitude d'honorer ainsi leurs défunts et le peuple se passionna pour ces spectacles sanglants.

Gladiateurs, terre cuite, période républicaine, Tarente (Italie), Musée archéologique national.

Un cadeau et une charge

Le nom **munus**, *eris*, n. désigne le cadeau que l'on fait, l'obligation dont on doit s'acquitter, la fonction qu'il faut remplir. Il désigne aussi les devoirs rendus à un défunt et, plus particulièrement, les combats de gladiateurs. Offrir ce genre de jeux (munera dare) au peuple est l'une des charges (munia, n. pl.) qui incombent officiellement aux magistrats romains à partir de 105 avant J.-C.

Duel sur le sable

À l'origine, il n'y a pas de lieu spécifique pour les munera, donnés sur les places publiques ou dans des enclos montés pour l'occasion. Sous l'Empire, ils sont organisés dans un édifice qui leur est spécialement consacré, l'amphithéâtre (p. 100). Les gladiateurs s'affrontent par paires sur une aire recouverte de sable, **arena**, *ae*, f., d'où le nom qu'on leur donne aussi : arenarius, *ii*, m. (combattant de l'arène). Lors des combats, le sang coule à flots sur le sable que des esclaves sont chargés de renouveler régulièrement.

mots-clés : arena, munus.

Étymologie

1 a. Quel est le point commun entre ces trois noms latins ?
- immunitas, *atis*, f. (fait d'être dispensé de toutes charges),
- communitas, *atis*, f. (ensemble de ce qui est partagé avec d'autres individus),
- remuneratio, *onis*, f. (don fait en retour).

b. Avec quel préfixe chaque mot est-il formé ?

2 Quel nom français est issu de chacun d'eux ?

3 D'où vient le nom *arène* ? Que signifie-t-il ?

Jouez avec les mots

4 En 73 avant J.-C., un gladiateur prit la tête d'une révolte d'esclaves qui défièrent l'armée romaine pendant deux ans. Retrouvez son nom en remplissant la grille.

1. Jeu. 2. Masque. 3. Pièce de théâtre. 4. Sable. 5. Acteur. 6. Glaive. 7. Espace où jouent les acteurs. 8. Combat de gladiateurs. 9. Esclave.

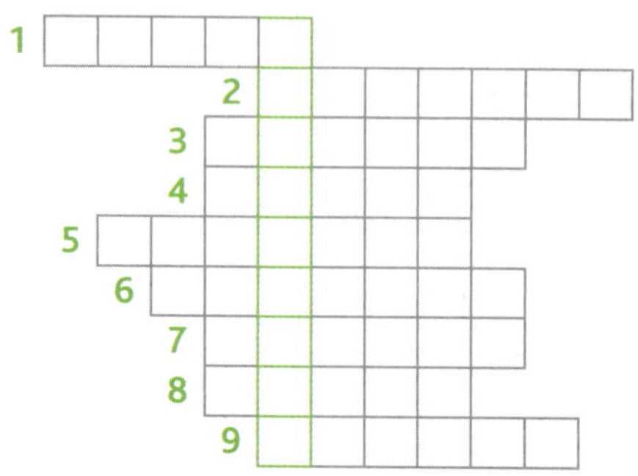

Observer

La mort en direct

1 Casu in meridianum spectaculum Seneca incidit lusus exspectans.
Par hasard, Sénèque arrive au spectacle à midi, attendant des divertissements.

2 Sed mera homicidia erunt. Mais ce ne seront que des meurtres.

3 Nam isti gladiatores neque arma neque munimenta ad manum **habebunt**.
Car ces misérables gladiateurs n'**auront** sous la main ni ...... ni protections.

4 Non galea, non scuto **repelletur** ferrum mutuosque ictus nuda pectora **excipient**.
Le fer ne **sera repoussé** ni ...... ni ...... et les ...... **recevront** des coups réciproques.

5 Numquam frustra manum gladiatores **mittent** terramque genu saepe **tangent**.
Les gladiateurs ne **lanceront** jamais leur main [ne donneront jamais un coup] pour rien et ils **toucheront** souvent la terre du genou.

6 Nec leonibus nec ursis sed hominibus homines **objicientur** : exitus pugnantium mors erit.
Les hommes ne **seront opposés** ni à des lions ni à des ours mais ...... : la mort sera la seule issue des [pour les] combattants.

D'après **Sénèque**, *Lettres à Lucilius*, I, VII, 3-4.

Identifier la 4e déclinaison

En français et en latin

1 Identifiez la fonction de chaque nom en bleu dans les phrases en français. Quel est le cas correspondant ? Que remarquez-vous ?

2 Mêmes questions pour les noms en vert.

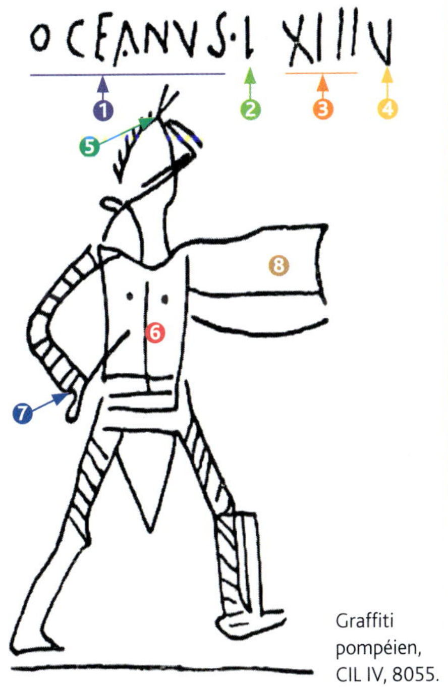

Graffiti pompéien, CIL IV, 8055.

Le futur de l'indicatif actif et passif

En latin

3 De quel verbe viennent les formes soulignées ? Isolez son radical.

4 Observez les verbes en gras : quels indices permettent d'identifier la personne et la voix ?

5 Transposez ces verbes au présent. Par comparaison, quels indices signalent le futur ?

6 Complétez la traduction des phrases.

Observer l'image

Reliez chaque numéro à la phrase qui convient. Attention ! deux erreurs se sont glissées dans les phrases : à vous de les repérer.

a. Gladiator nudo pectore pugnabit.
b. V littera significat gladiatorem vicisse.
c. Crista gladiatoris galea ornatur.
d. Gladiatoris cognomen est Oceanus.
e. Stricto gladio adversarium gladiator feriet.
f. Gladiatori viginti victoriae sunt.
g. L littera significat Oceanum libertum esse.
h. Magnum scutum dextra manu gladiator tenet.

Vocabulaire : crista, *ae*, f. : aigrette, panache – strictus, a, um : dégainé.

Apprendre

1 La 4e déclinaison : manus, *us*, f. (la main), genu, *us*, n. (le genou)

• Tous les noms de la 4e déclinaison se terminent par -us au génitif singulier.
Les noms de la 4e déclinaison sont du masculin sauf manus, *us*, f. (la main), domus, *us*, f. (la maison) et quelques noms neutres.

	manus, *us*, f. : la main		genu, *us*, n. : le genou		domus, *us*, f. : la maison	
Cas	Singulier	Pluriel	Singulier	Pluriel	Singulier	Pluriel
Nominatif	man**us**	man**us**	gen**u**	gen**ua**	dom**us**	dom**us**
Vocatif	man**us**	man**us**	gen**u**	gen**ua**	dom**us**	dom**us**
Accusatif	man**um**	man**us**	gen**u**	gen**ua**	dom**um**	dom**os** / dom**us**
Génitif	man**us**	man**uum**	gen**us**	gen**uum**	dom**us**	dom**orum** / dom**uum**
Datif	man**ui**	man**ibus**	gen**ui**	gen**ibus**	dom**ui**	dom**ibus**
Ablatif	man**u**	man**ibus**	gen**u**	gen**ibus**	dom**o**	dom**ibus**

Exemple ▸ Gladiator terram **genu** tangit et **manus** dat.
Le gladiateur touche la terre **du genou** et donne **les mains** [s'avoue vaincu].

2 Le futur de l'indicatif

• Le futur de l'indicatif du verbe sum se forme à partir du radical er- / eri-.

• Le futur de l'indicatif actif des cinq conjugaisons se forme en ajoutant au radical du présent :
– le suffixe -b(i)- pour les **1re et 2e conjugaisons**,
– le suffixe -a-/ -e- pour les **3e, 3e mixte et 4e conjugaisons**,
– puis les terminaisons de l'actif (-o/-m, -s, -t, -mus, -tis, -nt).

		Voix active				
	sum	1re conjugaison	2e conjugaison	3e conjugaison	3e conjugaison mixte	4e conjugaison
Radical	er-/ eri-	ama-	vide-	leg-	capi-	audi-
Singulier	er**o**	ama**bo** *j'aimerai*	vide**bo** *je verrai*	leg**am** *je lirai*	capi**am** *je prendrai*	audi**am** *j'entendrai*
	eri**s**	ama**bis**	vide**bis**	leg**es**	capi**es**	audi**es**
	eri**t**	ama**bit**	vide**bit**	leg**et**	capi**et**	audi**et**
Pluriel	eri**mus**	ama**bimus**	vide**bimus**	leg**emus**	capi**emus**	audi**emus**
	eri**tis**	ama**bitis**	vide**bitis**	leg**etis**	capi**etis**	audi**etis**
	er**unt**	ama**bunt**	vide**bunt**	leg**ent**	capi**ent**	audi**ent**

• Le futur de l'indicatif passif se conjugue comme à la voix active. Seules les terminaisons changent : -r, -ris, -tur, -mur, -mini, -ntur.

Exemples ▸ ama**bor** : *je serai aimé(e)* – leg**etur** : *il/elle sera lu(e)*.
Gladiator **vincet laudabitur**que. Le gladiateur **vaincra** et il **sera félicité**.

→ **Mémento**, p. 207.

VOCABULAIRE à retenir

Noms

casus, *us*, m.	hasard, malheur
exitus, *us*, m.	sortie
jussus, *us*, m.	ordre
mappa, *ae*, f.	serviette
metus, *us*, m.	peur
reditus, *us*, m.	retour
usus, *us*, m.	usage
versus, *us*, m.	vers
vultus, *us*, m.	visage

Verbes

ferio, is, ire	frapper
specto, as, are, avi, atum	voir
terreo, es, ere, ui, itum	effrayer
vinco, is, ere, vici, victum	vaincre

S'exercer

Lire et apprendre

1 Lisez à voix haute. Apprenez les phrases en latin.

Gladiatores, aut perditi homines aut barbari, quas plagas perferunt ! Quo modo illi qui bene instituti sunt accipere plagam malunt quam turpiter vitare !
Les gladiateurs, qu'ils soient des hommes déchus de tous droits ou des barbares, quels coups ne sont-ils pas capables de supporter ! Comme ceux qui ont été bien entraînés préfèrent recevoir un coup que de l'esquiver honteusement !

Cicéron, *Tusculanes*, II, 17, 41.

Décliner

2 Mettez ces noms de la 4e déclinaison aux cas indiqués.
exercitus (G. pl.) – metus (D. sg.) – domus (N. pl.) – exitus (Abl. sg.) – casus (G. sg.) – versus (Abl. pl.) – vultus (Acc. pl.) – reditus (Acc. sg.).

3 Formez des groupes nom + adjectif en tenant compte du cas et du genre. Plusieurs réponses sont parfois possibles.
a. domuum – casus – fructus – exercitus – manu – usui – metum – exitibus.
b. incertos – victos – magnum – dextra – vastarum – bono – malis – boni.

Conjuguer

4 Mettez au futur ces verbes composés de sum (conservez la personne) et traduisez.
adfuerunt – supereram – obsumus – aberat – deestis – praeerant – potuisti – prodest.

5 **a.** Transposez ces verbes au futur actif puis passif (conservez la personne).
capis – terreo – duxerunt – servat – feritis – exspectas – vincitis – rapio.
b. Traduisez les formes obtenues.

Transposer au futur

6 **a.** Traduisez oralement ces phrases.
1. In arena gladiatores pugnabant.
2. In amphitheatro civis sedet.
3. Gladio ursi terrentur.
4. Leones ursosque spectamus.
5. Servi, in arenam non itis.

b. Transposez ces phrases au futur et traduisez. (pour eo → Mémento, p. 207)

Sententias Mittere Subito SMS

7 Novum nuntium habes. Responde bonamque litteram pulsa.

Gladiatorem vidisti qui Titanis nomen e Graecorum fabulis habebat.

A Verus **B** Fulgur
C Oceanus **D** Priscus

S'initier à la traduction

8 **a.** Mettez chaque verbe au futur, à la forme qui convient. **b.** Traduisez.
1. Ego, in amphitheatro *(sedere)* arenamque avidis oculis *(spectare)*. **2.** Spectaculum pulchrum *(esse)*. **3.** Multi mirmillones et retiarii simul *(pugnare)*. **4.** Bestiarii ursos gladiis *(ferire)*. **5.** Alius contra leopardos se *(defendere)*. **6.** Alius leonibus obesse *(videre)*.

9 Suivez ce guide et traduisez les phrases.

Petit guide pour traduire
- *À l'aide du lexique, trouvez le sens des verbes conjugués. Identifiez les temps et les voix.*
- *Retrouvez le sujet de chaque verbe principal, son COD et les verbes à l'infinitif.*
- *Délimitez la proposition infinitive.*
- *Donnez le cas et la fonction des mots en couleur.*

1. Haterius Rufus, civis Romanus, in somno retiarium *se* [le, désigne Haterius Rufus] ferire vidit. **2.** *Postero die* [le lendemain], in amphitheatro cum amicis gladiatorum munus spectat. **3.** Amicis somnium narrat. **4.** Tum retiarius cum mirmillone in arenam introducitur. **5.** Haterius, *qui* [qui] arenae *proximus* [juste à côté de, + D.] sedet, retiarii vultum conspicit : protinus inde discedere cupit. **6.** Amici, sermone placido, metum ejus discutiunt. **7.** Tum retiarius mirmillonem ferire temptat et gladio Haterium interimit.

D'après **Valère Maxime**, *Faits et paroles mémorables*, I, 7, 8.

Comprendre le sens des mots

10 Classez ces mots selon l'origine de l'élément man- : manucure – manuel – manoir – maniable – permanent – manuscrit – manufacture – immanent.

man- = main (< manus, *us*, f.)	
man- = rester (< maneo, es, ere, mansi, mansum)	

Chassez l'intrus ! **11** Quels noms ne viennent pas de manus ? manivelle – maniaque – manette – manœuvre – mélomane – mythomane.

Culture

Une journée dans l'amphithéâtre

Le programme

La matinée est réservée à la venatio (chasse), dont la mode apparaît à Rome en 186 avant J.-C. On peut voir les animaux les plus féroces et les plus exotiques se battre entre eux dans d'étonnants décors de jungle. Les fauves sont aussi confrontés à des prisonniers ou des esclaves entraînés à la chasse (bestiarii) : s'ils survivent, ils gagnent leur liberté. En guise d'entracte de midi, on livre aux bêtes de malheureux condamnés à mort (damnati ad bestias). Les gladiateurs sont très attendus : tout l'après-midi, jusqu'à la nuit, ils s'affrontent par paires tirées au sort, selon leur spécialité (p. 90). En général, le secutor est « le poursuivant » attitré du rétiaire (retiarius), doté d'un filet et d'un trident, comme un pêcheur. Pour varier le spectacle, on fait aussi combattre des gladiateurs à cheval (equites) ou montés sur des chars (essedarii).

Bestiarius, mosaïque, env. 320 après J.-C., Rome, Galerie Borghese.

1 Que signifient les noms *venaison* et *veneur* ? Quelle est leur origine ?

Gladiateur, statuette en bronze sur laquelle la visière peut s'abaisser (H : 19 cm), Musée d'Arles.

Les champions de l'arène

Les gladiateurs sont des esclaves ou des hommes libres attirés par l'appât du gain et le goût du risque : ils sont recrutés par un laniste (lanista), propriétaire d'une troupe (familia) où chacun a sa spécialité de combat. Le laniste les entraîne dans son école (ludus), puis les vend ou les loue à l'editor ou munerator (celui qui offre le munus) pour des sommes parfois considérables. Pour les Romains, jouer sa vie les armes à la main est une forme de talent (ars) et de bravoure (virtus) dignes des guerriers de Mars (p. 82). Les champions sont des stars comme certains sportifs modernes : outre la palme de la victoire, ils touchent de grosses récompenses. S'ils réussissent à survivre, ils reçoivent la rudis (baguette de bois, p. 82) et peuvent prendre leur retraite.

2 D'origine étrusque, le nom lanista appartient à la famille du verbe laniare (découper en morceaux). Quel nom de métier (p. 54) fait aussi partie de cette famille ?

3 Batture signifie pour le gladiateur donner des coups comme à l'escrime et le nom battualia désigne ces exercices. Quels mots français en sont issus ?

Un combat sans merci

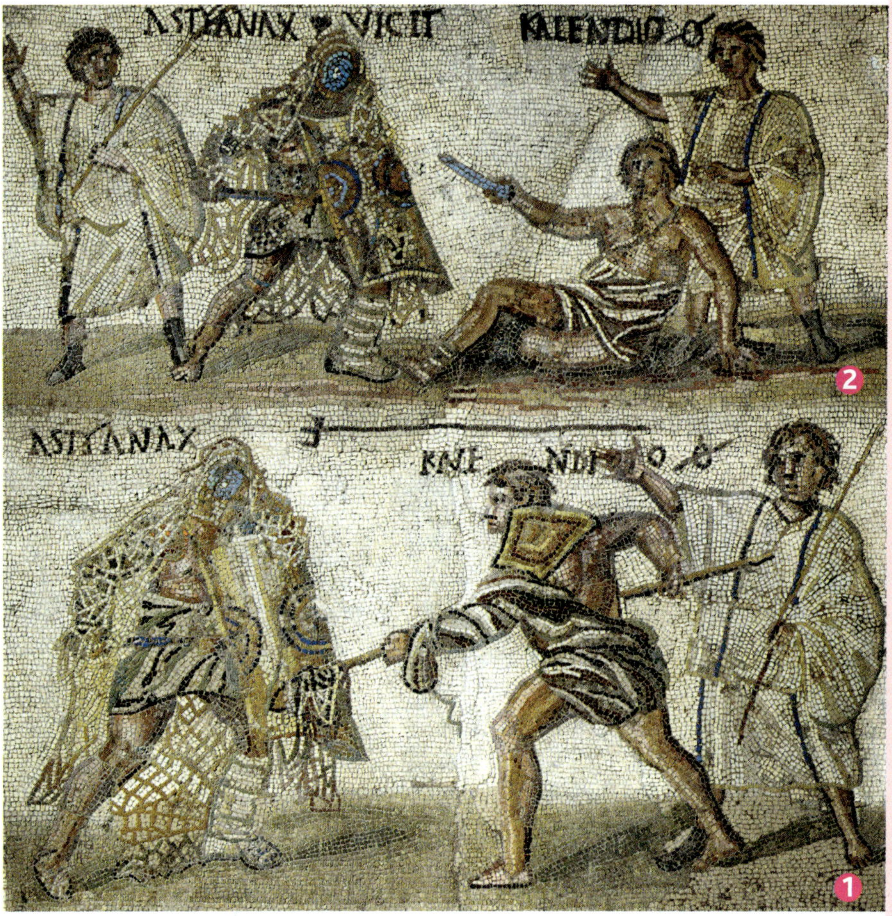

Combat de gladiateurs, mosaïque, IVe siècle après J.-C., Madrid, Musée archéologique.

Le jeune Cycnus (le Cygne) livre son premier combat. Il a réussi à neutraliser son adversaire, mais il hésite à le tuer.

La situation, là-bas, au milieu de l'arène, évoluait très vite. D'un coup de glaive plus puissant que les autres, Scylax venait d'éventrer le filet. Malgré les attaques de Cycnus, qui s'était enfin décidé à agir, il le bouscula et se remit sur pied. Puis il se jeta sur lui et le blessa à la jambe. Le rétiaire se retrouva au sol à son tour et n'eut d'autre choix que de lever la main pour demander sa grâce. L'arbitre s'interposa avec sa baguette devant son adversaire, qui, conformément au règlement, cessa de combattre aussitôt. C'était au public, ou plutôt au munerator qui suivait toujours l'avis du public, de décider de la vie ou de la mort du vaincu.

Jean-François Nahmias, *Titus Flaminius, La Gladiatrice*, © Hachette – Le Livre de Poche Jeunesse, 2006.

4 La mosaïque montre un combat que le roman raconte : décrivez ce qui se passe en **1** puis en **2**.

5 Comment se nomment les deux gladiateurs sur la mosaïque ? Quelle est leur spécialité ? Comparez-les avec Cycnus et Scylax.

6 Qui sont les autres personnages ?

7 Comment sait-on qui est le vainqueur ?

8 **Ø** signifiant **obiit** (p. 78), qu'arrive-t-il au gladiateur marqué par ce signe ?

B2i Se documenter

Les gladiateurs modernes

Recherchez des sites montrant des reconstitutions de combats de gladiateurs : Nîmes, Puy-du-Fou (Vendée), Augst (ancienne Augusta Raurica en Suisse). Présentez l'un d'entre eux.

Pour aller plus loin À VOIR

Gladiateurs, film de la BBC, 2003.
Un excellent docu-fiction qui reconstitue précisément le combat de Priscus et Vérus (p. 82) dans le Colisée avec Martial.

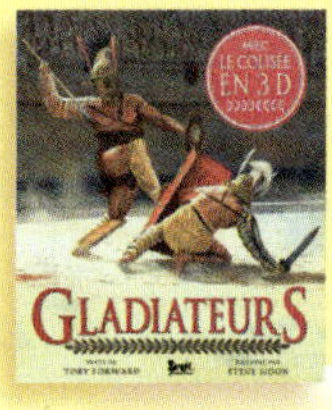

Gladiateurs de Toby Forward et Steve Noon, © Seuil Jeunesse, 2009.
Avec un jeu, des cartes et une reconstitution du Colisée en maquette à déplier.

Entrez dans l'arène

Les Romains reconnaissaient immédiatement un gladiateur à son équipement (armatura, *ae*, f.).

1 *Deux gladiateurs à l'entraînement*, mosaïque, IIe siècle après J.-C., Musée de Saarbrück (Allemagne).

2 *Gladiateur*, gobelet en verre incolore, Ier siècle après J.-C., trésor de Begram, région de Kapiça (Afghanistan), Paris, Musée Guimet.

3 *Mosaïque* (détails), env. 320 après J.-C., Rome, Galerie Borghese. Cette mosaïque, dont les documents pp. 82 et 88 font aussi partie, est comme une immense bande dessinée représentant un munus.

✻ OBSERVER ET RECONNAÎTRE

Document 1

1. Nommez, en latin et en français, toutes les pièces de l'armatura des deux gladiateurs.

2. Donnez en latin et en français le nom qui correspond à leur spécialité.

Document 2

3. D'où vient cette représentation ? Quel est son support ? Quelles conclusions pouvez-vous tirer de ces informations ?

4. Quelle est la spécialité de ce gladiateur ? Quels indices le montrent ?

4 Photo du film *Gladiator*, Ridley Scott, 2000.

COMPRENDRE : l'équipement des gladiateurs

L'équipement de base comporte un pagne court (subligaculum) fixé par un ceinturon (balteus) ; un ou deux protège-jambe (ocrea) ; un protège-bras (manica) ; un casque (galea), une épée (gladius), un bouclier (scutum). Le torse est toujours découvert.

Les premiers gladiateurs portent l'armement caractéristique des prisonniers de guerre venus des régions conquises (Samnites au Sud de l'Italie, Thraces au Nord de la Grèce). Par la suite, ils en gardent le nom, selon la spécialité acquise au ludus (p. 88).

- **Le Samnite** (Samnis), gladiateur le plus ancien, est lourdement équipé : épée, casque avec panache (crista), bouclier long et bombé, jambière gauche. Sous l'Empire, on le nomme secutor quand il fait paire avec un rétiaire : son casque est alors plus petit, sans rebord, pour ne pas donner prise au filet de l'adversaire.
- **Le Thrace** (Thrax) est plus légèrement armé : casque, petit bouclier, sabre court recourbé (sica), deux jambières, brassard droit.
- **Le rétiaire** (retiarius), gladiateur le moins prestigieux, est le plus simplement armé : filet qui lui donne son nom (rete), trident (tridens), brassard gauche avec pièce de métal dressée pour protéger la tête (galerus).

OBSERVER ET COMPARER

Document 3

5. Combien de types de spectacles sont représentés ? Donnez leurs noms en latin.

6. Quels animaux reconnaissez-vous ?

7. Que signifie le signe qui se trouve près des gladiateurs à terre ?

Document 4

8. Quel animal surgit dans l'arène ? Comparez avec le document 3.

9. Décrivez l'équipement des deux hommes : notez les ressemblances et les différences avec les documents antiques.

10. Comparez cette photo de film avec le tableau p. 83.

CHAPITRE 10 Au Cirque

► Les courses de chars sont les spectacles les plus anciens et les plus populaires du monde romain.

Découvrir le texte

Roue dans la roue

Le poète Sidoine Apollinaire célèbre la carrière de son ami Consentius de Narbonne : le 1er janvier 440 après J.-C., celui-ci fut le brillant vainqueur d'une course de chars au Grand Cirque de Rome.

Jam sexto reditu perexplicato
jamque et præmia flagitante vulgo,
pars contraria nil timens tuam vim
securas prior orbitas terebat [...].
Hic compendia flexuosa metae
unus dum premit, incitatus a te
elatas semel impetu quadrigas
juncto non valuit plicare gyro. [...]
Alter dum popularitate gaudet,
dexter sub cuneis nimis cucurrit. [...]
Hic te incautius assecutus hostis,
sperans anticipasse jam priorem,
transversum venit impudens in axem.
Incurvantur equi, proterva crurum
intrat turba rotas, quaterque terni
artantur radii, repleta donec
intervalla crepent volubilisque
frangat margo pedes ; ibi ipse quintus
curru præcipitatus obruente,
montem multiplici facit ruina,
turpans prociduam cruore frontem.

Caius Sollius Apollinaris Sidonius, *Carmina*.

Tandis que le sixième tour était déjà bouclé et que la foule réclamait avec insistance l'attribution des prix, tes adversaires qui ne craignaient plus du tout une attaque venant de toi roulaient en tête sans s'inquiéter [...]. À ce moment, alors que l'un d'entre eux essaie de serrer au plus près la borne pour gagner du temps, talonné par toi, il n'est plus en état de faire tourner, une fois le virage atteint, son attelage à quatre chevaux emportés par leur élan. [...] Un autre, pendant qu'il se réjouit des applaudissements du public, se mit à courir trop à droite au pied des gradins. [...] Alors cet adversaire qui veut trop imprudemment te rattraper, espérant te dépasser pour être le premier, coupe en oblique pour se lancer avec audace sur ton char. Ses chevaux s'effondrent, une multitude désordonnée de jambes, emportée par un élan violent, pénètre dans les roues, et les douze rayons sont freinés, jusqu'à ce que les essieux obstrués fassent entendre un craquement et que la jante qui tourne brise les pattes [des chevaux] ; alors [le cocher] lui-même, le cinquième [élément de l'attelage], tombe la tête la première de son char qui l'écrase : il fait une montagne de cet écroulement multiple, souillant de sang son front qui a heurté le sol.

Sidoine Apollinaire (430-486 après J.-C.), *Poèmes*, XXIII, « À Consentius », vers 385-388, 394-397, 400-401 et 405-415.

→ LIRE LE TEXTE

1. À quel moment de la course en est le récit ? Citez les mots en français et en latin.
2. Quelle trajectoire est la plus rapide, mais aussi la plus risquée ?
3. Combien d'adversaires de Consentius sont évoqués ? Que leur arrive-t-il ?
4. Quels sont leurs défauts ? Quelle erreur ont-ils commise ?
5. Quels détails le poète a-t-il choisis pour montrer la violence de l'accident ?

Reconstitution d'une course de chars au Puy du Fou.

Tour de piste

Course de chars, mosaïque, IIe siècle après J.-C., Lyon, Musée de la civilisation gallo-romaine.
Les esclaves ❶ et ❺ sont chargés d'entretenir la piste.

Gros plan sur…

Une course compte sept tours de piste, soit 4 km dans le Grand Cirque de Rome, parcourus dans le sens inverse des aiguilles d'une montre. Sur la **spina** *(mur central, p. 94),* **sept dauphins de bronze** *sont abaissés l'un après l'autre en guise de compte-tour. On fait de même avec sept grosses boules en forme d'œuf.*

→ LIRE L'IMAGE

1. À quoi servent les bornes coniques ❶ ?
2. Combien de chars comptez-vous ? Combien de chevaux sont attelés à chaque char ? Quelles couleurs de vêtement portent les conducteurs de char ?
3. Qu'arrive-t-il au char ❷ ? Comparez avec le récit de Sidoine Apollinaire : quels vers pourraient décrire ce qui est montré ?
4. Que font les esclaves ❸, ❹ et ❺ ? Pourquoi le cavalier ❻ accompagne-t-il le char ?

Découvrir **les mots-clés**

Les Jeux (3) : les spectacles du Cirque

Au fil du temps, les Jeux deviennent de gigantesques divertissements populaires : les courses du Grand Cirque attirent jusqu'à 250 000 personnes.

Circus Maximus

1. *Carceres : douze stalles de départ.*
2. *Pulvinar : tribune d'honneur et loge impériale.*
3. *Spina : mur central (344 m), bas et large, décoré de statues, colonnes et obélisques.*
4. *Metae : bornes coniques autour desquelles tournent les chars.*
5. *Cavea : gradins.*

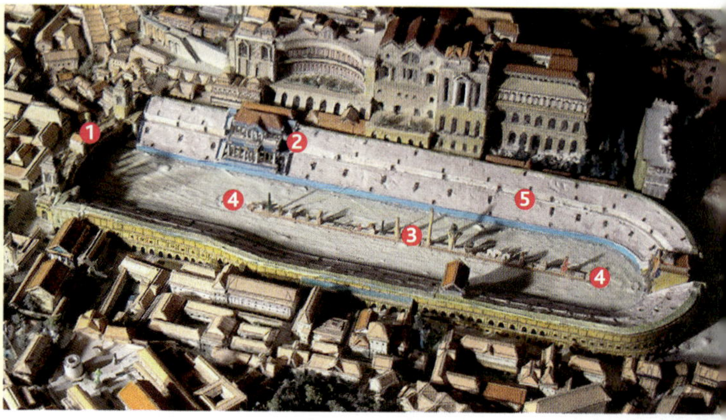

Reconstitution du Cirque Maxime sous l'Empire (600 m sur 200 m), maquette d'André Caron, 2000.

Jours de fête

D'abord célébrés comme des cérémonies religieuses (p. 76), les Jeux sont des fêtes collectives se déroulant dans des **feriae**, *arum*, f. pl., des journées officiellement consacrées au repos (**otium**, *ii*, n.) pour honorer les dieux. Les citoyens ambitieux et les empereurs les utilisent comme un outil de propagande en dépensant des sommes extraordinaires pour gagner la faveur du peuple : « C'est ce peuple qui, jadis, accordait les pleins pouvoirs, les faisceaux, le commandement des légions, tout enfin. Aujourd'hui, il se limite à deux choses, les seules qu'il souhaite et dont il se préoccupe : **panem et circenses** (du pain et des jeux). » (**Juvénal**, *Satires*, X, vers 78-81)

Au IIe siècle après J.-C., les Jeux occupent 175 jours par an, dont 64 consacrés aux seules courses de chars, au rythme de 24 compétitions quotidiennes.

Le cirque

Tiré du grec *kirkos* (anneau), le nom **circus**, *i*, m. désigne l'espace **circu**laire aménagé en hippodrome (du grec *hippos*, cheval, et *dromos*, course) : le **cir**que, où se tiennent les ludi **circ**enses.

À Rome, le premier cirque est créé par le roi Tarquin l'Ancien (p. 9) : nommé Circus Maximus (le Très grand Cirque), il est somptueusement aménagé sous l'Empire.

mots-clés : circus, feriae, otium.

Étymologie

1 Que signifient le nom *féria* (par exemple, la féria de Nîmes) et l'expression *jours fériés* ? D'où sont-ils issus ?

2 Cherchez l'origine du mot *foire*. Que constatez-vous ?

3 L'accusatif singulier de circus a été utilisé comme adverbe et préposition. Écrivez-le et expliquez ses différents sens.

4 Que signifie le nom *oisiveté* ? Quelle est son origine ?

Jouez avec les mots

5 Quel est le point commun des mots de la liste ? Replacez-les dans la phrase qui convient.

Circulation – circonférence – circonscriptions – circonflexe – circuit – circulaires – circonscrit – circonspect – circonstances – cercle.

a. Grâce à l'intervention des pompiers, le feu a pu être … rapidement. **b.** Les pilotes s'entraînent sur un nouveau … **c.** Vous avez oublié l'accent … sur *être*. **d.** Sur cette route, il y a toujours beaucoup de … **e.** Nous ne connaissons pas toutes les … de cet accident. **f.** Savez-vous calculer la … du … ? **g.** On a voté dans plusieurs … électorales. **h.** Avant de rendre un verdict, il faut être … **i.** Le ministre a envoyé de nouvelles … .

Observer

Je n'irai pas aux courses...

1 – Amice, **cur** numquam in circum venis? – Mon ami, **pourquoi** ne viens-tu jamais au cirque?

2 **Nonne** equos currusque videre cupis? Tu **ne** veux **pas** voir des chevaux et des chars?

3 **a.** Veni te oro! Mihi pare! Cape consilium meum!
Viens, je t'en prie! Obéis-moi! Adopte [suis] mon conseil!
b. Tu**ne** haec spectacula despicis? **Est-ce que** tu méprises ces spectacles?

4 – **Quare** tecum ibo? Quid est novum, quid varium in circi spectaculo?
Qua ratione cursus homines delectant?
– **Pourquoi** irai-je avec toi? Qu'y a-t-il de neuf, de varié dans le spectacle du cirque?
Pour quelle raison les hommes aiment-ils les courses?

5 Omnes agitatoribus clamant: « Currite! Advolate! Manibus tendite lora! »
Tous crient aux conducteurs: « Courez! Volez! Tendez les rênes avec les mains! »

6 **Num** aut velocitate equorum aut agitatorum arte trahuntur?
Est-ce que par hasard ils sont attirés par la rapidité des chevaux ou l'habilité des conducteurs?

7 Minime vero: vel factioni venetae favent, vel russatae, vel prasinae vel albatae.
Non, pas du tout: c'est à la faction bleue ou rouge ou verte ou blanche qu'ils s'intéressent.

D'après **Pline le Jeune**, *Lettres*, IX, 6.

Reconnaître l'interrogation directe

1 Dans les phrases en français, quel est le rôle des mots en gras? Sont-ils variables ou invariables?

2 Relevez les mots latins correspondants: que remarquez-vous à la phrase 3 b?

3 Relevez les mots en vert en français et en latin (phrase 4). Quelle est la classe grammaticale et la fonction de chacun d'eux?

Identifier l'impératif présent actif

4 Identifiez les temps primitifs des verbes en orange.

5 Isolez le radical du présent et les terminaisons de ces verbes (2e pers. sg. et pl.). Que remarquez-vous à la 2e personne du singulier ?

6 En vous aidant du lexique, retrouvez l'impératif présent (2e pers. sg. et pl.) de ces verbes: clamare – cupere – videre – finire – trahere.

Observer l'image

Verum aut falsum?

1. Statua obeliscusque in spina sunt.
2. Auriga e manibus lora dimittit.
3. Currus biga est: duo equi eum trahunt.
4. Servus victoriae palmam adfert.
5. Septem delphinos videre potes.
6. Auriga metas curru premit.
7. Servum in arenam aquam spargentem videre potes.
8. Aurigae toga galeaque sunt.

Course de chars, bas-relief funéraire, IIe siècle après J.-C., Rome, Musées du Vatican.

1 L'interrogation directe

- Pour poser une question, une simple intonation peut être suffisante à l'oral. Elle est marquée par le **point d'interrogation** à l'écrit. Exemple ▸ Venis ? Tu viens ?
- On peut aussi utiliser une **particule interrogative**, selon la réponse attendue.

Particule interrogative	Exemple	Réponse attendue
-ne... ? est-ce que... ?	Venis**ne** ? Est-ce que tu viens ?	**oui** *ou* **non**
num... ? est-ce que (par hasard) ?	**Num** deliras ? Est-ce que tu perds la tête ?	**non, pas du tout**
nonne... ? est-ce que... ne... pas... ?	**Nonne** ad circum venis ? Tu ne viens pas au cirque ?	**oui, si bien sûr**

- La phrase interrogative peut commencer par :

– un **adverbe interrogatif** : **ubi** ? où ? (lieu où l'on est) – **quo** ? où ? (lieu où l'on va) – **quare, cur** ? pourquoi ? – **quomodo** ? comment ?

– un **pronom-adjectif interrogatif** :

	Pronom interrogatif *(qui, lequel, laquelle, que, quoi, qu'est-ce que ?)*			Adjectif interrogatif *(quel, quelle ?)*			Pronom-adjectif interrogatif *(qui, lesquels, lesquelles / quels, quelles ?)*		
	Singulier						Pluriel		
	M.	F.	N.	M.	F.	N.	M.	F.	N.
N.	quis	quae	quid	qui	quae	quod	qui	quae	quae
Acc.	quem	quam	quid	quem	quam	quod	quos	quas	quae
G.	cujus			cujus			quorum	quarum	quorum
D.	cui			cui			quibus		
Abl.	quo	qua	quo	quo	qua	quo	quibus		

Exemples ▸ **Quis** venit ? **Qui** vient ? **Quid** vides ? **Que** vois-tu ? **Quem** currum vides ? **Quel** char vois-tu ?

2 L'impératif présent actif

- En latin, l'impératif présent actif est conjugué uniquement à la **2e personne** du singulier et du pluriel. Les autres personnes se mettent au mode subjonctif.
- L'impératif s'emploie pour donner un **ordre** ou un **conseil**.

	1re conjugaison	2e conjugaison	3e conjugaison	3e conjugaison mixte	4e conjugaison	sum	eo
Radical	ama-	vide-	leg- / legi-	capi-	audi-		i-
2e pers. du singulier	ama *aime*	vide *vois*	lege *lis*	cape *prends*	audi *entends*	es *sois*	i *va*
2e pers. du pluriel	ama**te** *aimez*	vide**te** *voyez*	legi**te** *lisez*	capi**te** *prenez*	audi**te** *entendez*	es**te** *soyez*	i**te** *allez*

Exemples ▸ Curre ! Currite ! Cours ! Courez ! – Abi ! Abite ! Va-t-en ! Allez-vous-en !

VOCABULAIRE à retenir

Noms

auriga, *ae*, m. — conducteur
currus, *us*, m. — char
cursus, *us*, m. — course
factio, *onis*, f. — faction, équipe de cochers au cirque
impetus, *us*, m. — assaut, élan

Adjectifs

albatus, a, um — blanc
prasinus, a, um — vert
russatus, a, um — rouge
varius, a, um — varié
venetus, a, um — bleu

Verbes

curro, is, ere, cucurri, cursum — courir
mitto, is, ere, misi, missum — faire partir (equos, les chevaux)
plaudo, is, ere, plausi, plausum — applaudir
revoco, as, are, avi, atum — rappeler (equos, les chevaux)

S'exercer

Lire et apprendre

1 Lisez à voix haute. Apprenez la phrase en latin.

> Non in cursu tantum circique certamine, sed in his spatiis vitae interius flectendum est.
> Ce n'est pas seulement dans la course et dans la compétition du cirque, mais dans la carrière de la vie qu'il faut savoir suivre une ligne de parcours plus vers l'intérieur.
>
> **Sénèque**, *De la tranquillité de l'âme*, IX, 3.

Décliner

2 Identifiez ces pronoms et adjectifs interrogatifs (genre, nombre, cas). Donnez toutes les possibilités.
cui – quae – quid – quo – quis – qui.

3 Formez des groupes adjectif interrogatif + nom en tenant compte du cas et du genre.
Noms : consilium – cursu – verba – currus – manui – impetuum – causae. **Adjectifs interrogatifs :** cui – quod – quo – qui – quos – quorum – quae.

Conjuguer

4 **a.** Identifiez la personne, la voix et le temps de ces verbes à l'indicatif : rapiebat – jussisti – fugimus – cogitabant – relinquis – adit – invenitis – absunt.
b. Mettez chaque verbe à l'impératif présent actif (2e pers. sg. et pl.) et traduisez les formes obtenues.

Interroger et donner des ordres

5 **a.** Posez la question correspondant au mot ou au groupe en gras. Ex. : **In circo** sunt. → Ubi sunt ?
1. Amici in circum eunt. **2. Ab agitatoribus** omnes delectantur. **3.** Homines **cursus** amant. **4.** Magistratus mappa **signum** dat. **5.** Consul **mappa** signum dedit.
b. Traduisez les phrases obtenues.

6 **a.** Traduisez ces phrases.
1. Spectabitis cursus, clamores audietis. **2.** Clamitabis equosque revocabis. **3.** Omnes plauditis. **4.** A circo abibas. **5.** Equos misisti.
b. Mettez les verbes à l'impératif présent. Traduisez les phrases obtenues.

Sententias Mittere Subito

SMS

7 Novum nuntium habes. Responde bonamque litteram pulsa.

Biga currus est cum :

A duobus aurigis B parvis rotis
C duobus equis D bicoloribus loris

S'initier à la traduction

8 **a.** Choisissez la solution correcte.
1. Circenses erant praetorque *(ludis, ludorum, ludos)* praeerat.
2. In *(circo, circum, circus)* veni : *(cursus, cursui, cursu)* signum dari audivi.
3. Magistratus *(clamabit, clamat, clamavit)* : « Equos mittite ! »
4. Quadrigae in arenam provolaverunt et circum *(spinam, spinae, spina)* multos circuitus confecerunt.
5. Agitatores *(equis, equos, equorum)* incitabant.
6. Quae nomina omnes clamabant ? *(Qui, quos, quis)* vincebat ?
b. Identifiez les cas et les fonctions des mots en orange. **c.** Traduisez.

9 Suivez ce guide et traduisez les phrases.

Petit guide pour traduire
- *À l'aide du lexique, trouvez le sens des verbes conjugués. À quels temps sont-ils ?*
- *Quel est le sujet de la plupart des verbes ? Que remarquez-vous à la phrase 2 ?*
- *Donnez le cas et la fonction des mots en couleur.*
- *Repérez les verbes à l'infinitif et identifiez leur voix et leur fonction.*

1. Equorum studio a pueritia Nero flagravit. **2.** Ei autem sermo de circensibus saepe erat. **3.** Et quondam casum agitatoris prasini apud condiscipulos doluit. **4.** Inter initia imperii eburneis quadrigis cotidie in abaco ludebat. **5.** Ad circenses saepe commeabat, primo clam, deinde propalam. **6.** Mox et *ipse* [lui-même] aurigare atque etiam spectari cupivit et oculis omnibus in Circo Maximo *se* [se] praebuit.

D'après **Suétone**, *Vie de Néron*, XXII.

Comprendre le sens des mots

10 Classez ces mots selon l'origine de l'élément équ-.
équilibre – équité – équestre – équidé – équation – équitation – équivalent – équinoxe.

équ- = cheval (< equus, *i*, m.)	
équ- = égal (< aequus, a, um)	

Chassez l'intrus !

11 À l'aide d'un dictionnaire, trouvez quels mots de la liste ne viennent pas du nom spina : épine – épineux – épinard – épique – épinière – épieu – épingle.

Du grand spectacle

La passion des courses

Triomphe de Junius Bassus (consul en 331 après J.-C.), mosaïque en *opus sectile*, Rome, Musée national.

Les courses de chars sont très anciennes : pendant la guerre de Troie, Achille en organise une pour les funérailles de son ami Patrocle (**Homère**, *Iliade*, chant XXIII, vers 257-650). Elles passionnent les Romains qui adorent parier sur leurs attelages favoris. Comme les gladiateurs, les conducteurs de chars (aurigae) sont des professionnels : les meilleurs sont des idoles qui peuvent gagner des fortunes. Martial évoque la gloire de Scorpus, mort dans un accident à 27 ans après avoir remporté 2 048 victoires (*Épigrammes*, X, 53).
Chaque aurige porte un casque de métal et une courte tunique qui affiche la couleur de son équipe (factio, *onis*, f.). Organisées comme les clubs sportifs modernes, quatre factiones entraînent dans leurs haras les attelages (auriges et chevaux) qu'elles louent à l'organisateur des jeux.

1. Retrouvez sur cette mosaïque et dans le commentaire de Pline (p. 95) les quatre couleurs des factiones. Nommez-les en latin.
2. Quel est le sens du nom *faction* ? D'où est-il issu ?

La plus célèbre course de chars du cinéma est à voir dans *Ben-Hur*, film de William Wyler, 1959.

À bride abattue

Les courses de chars sont très spectaculaires. Depuis la loge d'honneur, l'editor qui offre et préside les jeux (p. 88) donne le départ en laissant tomber un carré de tissu (mappa). Les chars jaillissent des carceres (p. 94) pour tourner sur la piste à un train d'enfer. Les collisions et les accidents mortels sont fréquents, d'autant que tous les coups sont permis pour doubler un adversaire. Le gagnant est couronné de la palme de la victoire et fait un tour de piste sous les ovations des spectateurs.

3. Comment appelle-t-on les attelages à deux chevaux et à quatre chevaux (les plus fréquents) ?

Bataille navale

La surenchère dans le spectaculaire semble sans limites : on va jusqu'à reconstituer les grandes batailles de l'histoire en faisant lutter à mort des milliers de combattants dans l'arène. Le clou du spectacle est la **naumachie** (du grec *naus*, navire et *machè*, combat), où de véritables galères se donnent l'assaut sur de grands bassins d'eau aménagés pour la circonstance.

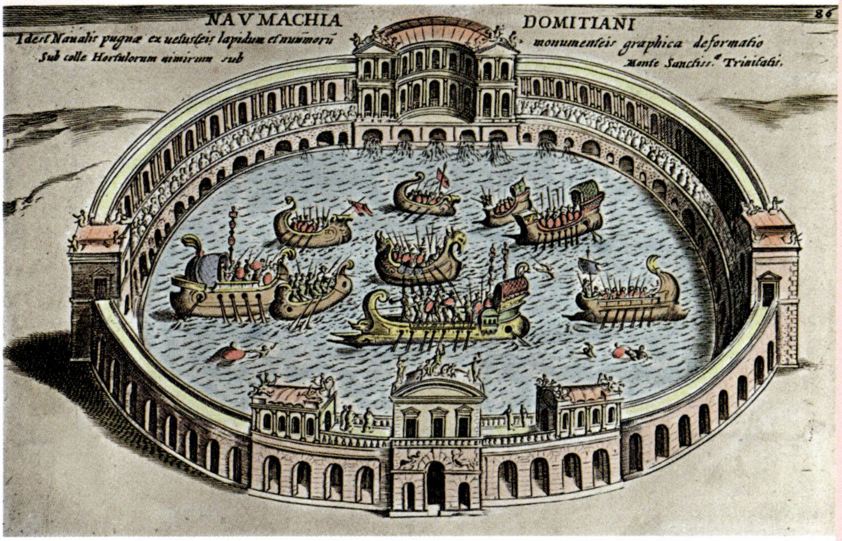

Bataille navale, gravure, XVIIe siècle. La bataille a lieu sur le lac entouré de gradins que l'empereur Domitien avait fait aménager près du Tibre en 89 après J.-C.

En 52 après J.-C., l'empereur Claude, général en chef des armées, fait donner une naumachie sur le lac Fucin, près de Rome : 19 000 hommes doivent livrer bataille.

Comme les combattants s'étaient mis à crier : « Ave, imperator, morituri te salutant ! »
« Bonjour, général, ceux qui vont mourir te saluent ! »,
Claude répondit pour plaisanter : « Aut non ! »
« Ou bien pas ! » [= ou alors ils ne mourront pas]

À ces mots, les hommes crurent qu'il leur faisait grâce et ils refusèrent de se battre. Après s'être longtemps demandé s'il les ferait tous périr par le fer et par le feu, Claude bondit de son siège et se mit à courir autour du lac en se dandinant de manière ridicule pour les pousser au combat, tantôt en les menaçant, tantôt en les encourageant. Dans ce spectacle on vit s'affronter deux flottes : chacune comptait douze navires de guerre à trois rangées de rames.

Suétone (env. 69-130 après J.-C.), *Vie de Claude*, XXI.

4 Quel est le titre de la gravure ? Traduisez-le.

5 Décrivez la scène. Combien de navires s'affrontent ? Qu'arrive-t-il aux personnages dans l'eau ?

6 Nommez en latin et en français l'élément qui orne la proue des grands navires de guerre.

B2i Choisir des documents

Courses de chars : de l'écrit à l'écran

1. Recherchez ces récits de courses de chars et recopiez un extrait de votre choix : la course organisée par Achille (*Iliade*), la course de Ben-Hur (*Ben-Hur*, Lewis Wallace, 1880), la course de Néron (*Acté*, Alexandre Dumas, 1838).

2. Faites une courte fiche pour présenter des courses de chars célèbres au cinéma : *Ben-Hur, Gladiator, Astérix aux Jeux olympiques*, sans oublier leur équivalent dans *StarWars* (Épisode 1, *La Menace fantôme*).

3. Recherchez l'histoire des factions du cirque avec leurs couleurs sous l'Empire.

Pour aller plus loin À LIRE

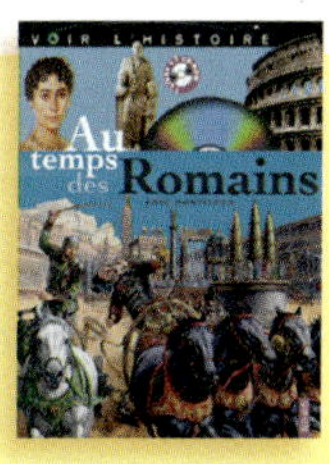

Au temps des Romains
d'Éric Morvillez, © Fleurus, 2008.

Gladiateurs et jeux du cirque
de Madeleine Michaux, © Milan, 2001.

Dossier

Le Colisée

Inauguré par Titus en 80 après J.-C. (p. 82), cet immense amphithéâtre qui pouvait accueillir jusqu'à 80 000 spectateurs préfigure les stades modernes.

1 Le Colisée au Ier siècle après J.-C.

Les Romains l'appelaient amphitheatrum Flavium car sa construction avait été décidée par l'empereur Vespasien (père de Titus), né dans la gens Flavia.
Au Moyen Âge, on a pris l'habitude de le nommer **Colosseum** (Colisée), par confusion avec une statue **colossale** de Néron qui se dressait près de lui.

1. *Reconstitution du Colisée*, illustration de Giorgio Albertini, 2006.

1. Associez chaque phrase au numéro qui lui correspond sur la reconstitution.
- Sous l'arena, tout un système de couloirs et de salles permet de stocker le matériel nécessaire au spectacle (décors, fauves, hommes).
- La plèbe doit se contenter des gradins en bois.
- Au centre de l'amphitheatrum, l'arena est entretenue en permanence par des centaines d'esclaves.
- Les spectateurs se pressent sur les gradins de la cavea.
- Pour protéger les spectateurs du soleil, on tire le velum.
- L'empereur trône dans le pulvinar.
- Pour la venatio, les bêtes féroces sont amenées par des monte-charges.
- Les sénateurs et leurs invités sont assis dans des sièges individuels aux premiers rangs de la cavea.

2. Quels spectacles ont lieu dans l'amphithéâtre le matin ? l'après-midi ? Donnez les noms en latin et en français.

3. Retrouvez le Colisée sur le plan de Rome en intérieur de couverture (au début du manuel). Sur son côté est, se dresse le Ludus Magnus, relié à l'arena par un tunnel souterrain. Que fait-on dans un ludus ?

B2i **Rédiger une fiche**

Recherchez des informations sur le déroulement des Jeux donnés par Titus pour l'inauguration du Colisée et rédigez une fiche de présentation.

2 Le Colisée aujourd'hui

2. Vues extérieure et intérieure.

Confrontez le Colisée dans son état actuel avec sa reconstitution (p. 100) : quels éléments ont subsisté ? Dans quel état sont-ils ?

B2i Faire une recherche sur Internet

Recherchez des sites proposant des reconstitutions virtuelles du Colisée, comme le plan de l'Université de Caen, celui de Rome Reborn Project (UCLA, University of California, Los Angeles) ou de la Rome en 3D de Google Earth. Présentez leurs réalisations.

▶ Les mots de l'arène

Latinis verbis

Un ami vous a invité(e) à le rejoindre au Colisée : préparez-vous à affronter les cris de la foule. Voici les gladiateurs : vous connaissez déjà leur salut (p. 99) ; répétez-le et ne plaisantez pas comme l'empereur Claude (p. 99) ou comme Astérix… ce serait mal vu !

- Les adversaires manquent d'énergie. Quelques impératifs, cités par Sénèque (*Lettre à Lucilius*, VII), sont destinés à les exciter :
  Age ! (Vas-y !), **Occide !** (Tue-le !)
- Mais la foule déchaînée réclame aussi l'intervention d'esclaves chargés de pousser les récalcitrants avec un fouet ou une pique passée au feu :
  Verbera ! (Fouette-le !), **Ure !** (Brûle-le !)
- Le combat est fini. Le vaincu demande grâce. Vous refusez d'écouter vos voisins qui hurlent **Jugula !** et vous levez le pouce en criant **Missus !** (p. 83)
- **Pollice verso…** Le vaincu gît dans l'arène et il n'y a plus qu'à constater : **Hoc habet !** (Il l'a = il a son compte).
- Mais voici une nouvelle paire de gladiateurs : après un combat acharné, ils sont encore debout (**stantes**). Vous décidez de crier encore pour qu'ils obtiennent la grâce tous les deux : **Stantes missi !**
- Vous préférez le cirque ? Allez acclamer les **Veneti** (« Allez les Bleus ! ») ou choisissez une autre **factio** et une autre couleur.
- Vous méprisez les Jeux ? Exclamez-vous en soupirant : **Panem et circenses !** (p. 94)

Astérix gladiateur, **www.asterix.com**

Pour vérifier vos connaissances et vos compétences

Reconnaître les formes verbales

1 Recopiez le tableau. À l'aide du lexique, complétez la carte d'identité de chaque verbe selon le modèle : agemus – dicent – terreberis – vocabis – rapiar – accipies.

Le verbe	ducentur
Terminaison	**-ntur** (3e pers. pl., voix passive)
Suffixe	**-e-** (futur)
Radical	**duc-** (radical du présent)
Le verbe dans le lexique	duco, is, ere, duxi, ductum (3e conjugaison)
Traduction	ils / elles **seront conduit(e)s**

2 **a.** Classez ces composés de **eo** selon leur radical (présent ou parfait) : obiit – adibit – redibimus – perii – transiverunt – exibat – subite – ineunt.

b. Isolez le préfixe verbal et traduisez chaque verbe.

3 Au XVIIIe siècle, Voltaire, célèbre écrivain et philosophe, fit avec l'un de ses adversaires, le journaliste Fréron, le pari suivant : rédiger la phrase latine la plus courte. Fréron écrivit à Voltaire : « Eo rus » (je vais à la campagne).
Sachant que Voltaire lui répondit d'y aller, retrouvez sa phrase en latin et dites qui a gagné le pari.

Déjouer les pièges des déclinaisons

4 À quelle déclinaison appartient chaque nom au nominatif en **-us** ? Recopiez et complétez le tableau selon le modèle, en vous aidant du lexique.
virtus – genus – impetus – magistratus – tribunus – servitus – servus – pecus – exitus.

Nominatif singulier	Génitif singulier	Genre	Déclinaison
corpus	corpor**is**	neutre	3e déclinaison

5 Reconstituez les groupes nom + adjectif en tenant compte du cas, du genre et du nombre.
Noms : homine – servitutem – impetuum – genera – virtuti – exitu.
Adjectifs : nobilia – magnae – sapiente – illustri – audacium – saevam.

Poser une question

6 On attribue au célèbre orateur Quintilien une formule qui résume en un vers toutes les questions à poser lorsqu'on mène une enquête :
Quis ? Quid ? Ubi ? Quibus auxiliis ? Cur ? Quomodo ? Quando ?

a. Traduisez ces questions.

b. Associez chacune d'elles à l'information que devra apporter la réponse :
la manière – le fait – le temps – les moyens – la personne – les motifs – le lieu.

S'initier à la traduction

7 **a.** À la fin de la République, une catégorie de gladiateurs est appelée Galli (Gaulois), puis murmillones (mirmillons). Lisez l'explication donnée par le grammairien Sextus Pompeius Festus puis traduisez le texte.

Retiario pugnanti adversus murmillonem, cantatur : « Non te peto, piscem peto. *Quid* [pourquoi] me fugis, Galle ? » *quia* [parce que] murmillonum armaturae genus Gallicum est, *ipsi*que [eux-mêmes] murmillones ante Galli appellabantur ; *in quorum galeis* [sur les casques desquels] piscis effigies inerat.
[Le nom murmillo désigne un poisson de mer, identifié à la dorade.]

Sextus Pompeius Festus (fin du IIe siècle après J.-C.), *De la signification des mots*, 285 M.

b. Selon Festus, qui était l'adversaire habituel du mirmillon ? Pourquoi ce genre de duel pouvait-il amuser le public ?

Comprendre le sens des mots

8 Le verbe français *aller* comporte trois radicaux différents, issus de trois verbes latins.
Recopiez le tableau et placez-y les formes suivantes selon leur origine (en indiquant la personne, le temps et le mode, selon le modèle) : je vais – nous irons – il allait – ils vont – j'allai – j'irai – ils allèrent – va.

Latin	**ambulo, as, are, avi, atum**	**vado, is, ere**	**eo, is, ire, ii, itum**
Français	il alla (3e pers. sg. passé simple, indicatif)		

Analyser des informations culturelles, confronter des documents

9 a. Décrivez le casque ❶ : d'où provient-il ? À quel type de gladiateur (pp. 90-91) a-t-il pu appartenir ?
b. D'où provient le casque ❷ ? Est-ce un document authentique comme le ❶ ? Rédigez sa notice.
c. Que fait le gladiateur qui porte ce casque ? Quel est son adversaire ?
d. Comparez les documents ❶ et ❷ : que remarquez-vous ?

❶ *Casque de gladiateur trouvé à Pompéi*, Ier siècle après J.-C., Naples, Musée archéologique.

❷

10 Ce graffiti découvert à Pompéi peut se lire comme le compte rendu d'un spectacle qui a eu lieu dans la ville voisine de Nola. Observez-le bien et répondez aux questions en latin.

❶ Lege scribeque.
______ de quadridu[o] M. Cominii Heredi[s]
______ (d'une durée de) quatre jours, (don de) ______ Cominius l'Héritier.

❷ Spectatores sunt. Quid spectant ?
a. quadrigas agitantes aurigas b. mimum agentes histriones c. in arena pugnantes gladiatores.

❸ Litteras inscriptas lege.
▶ Gladiatoris cognomen : **PRI[N]CEPS** (= qui primus est).
▶ Gladiatoris familiae ludique nomen : **NER**[onianus] = Nero familiam ludumque gladiatorum possidet.
▶ Gladiator jam pugnavit : **XII** = pugnarum numerus ; ↃX = victoriae coronas (Ↄ) decem (X) jam recepit.
▶ Gladiator in Nolae munere fuit : **V** = v[ictor].

Memento : discriminis finis ▶ **V**[ictor] vel **vicit** // **M**[issus] (p. 83) // **Ø** = **o**[biit] (p. 89).

❹ et ❺ : Quas litteras inscriptas nunc legere potes ?

❻ Armaturam specta : qui sunt gladiatores ?
a. retiarii b. secutores c. Thraces.

Bilan 3

CHAPITRE 11

Les Gaulois

► Pour les Romains, les Gaulois sont des guerriers féroces aux coutumes barbares.

Découvrir le texte

Une race de barbares

En 189 avant J.-C., Rome mène une campagne militaire en Asie (en Turquie aujourd'hui). Les légionnaires redoutent de se retrouver face aux hordes gauloises qui ont envahi la région un siècle auparavant. Mais leur général les rassure.

« **Non me praeterit, milites, omnium quae Asiam colunt gentium Gallos fama belli praestare.** Inter mitissimum genus hominum ferox natio pervagata bello prope orbem terrarum sedem cepit. Procera corpora, promissae et rutilatae comae, vasta scuta, praelongi gladii, ad hoc cantus ineuntium proelium et ululatus et tripudia, et quatientium scuta in patrium quemdam modum horrendus armorum crepitus, omnia de industria composita ad terrorem. Sed haec, quibus insolita atque insueta sunt, Graeci et Phryges et Cares, timeant ! Romanis Gallici tumultus adsueti, etiam vanitates notae sunt. **Semel primo congressu ad Alliam eos olim fugerunt majores nostri.** »

Titus Livius, *Ab Urbe condita libri*.

« ______ . C'est au milieu de la race d'hommes la plus pacifique que s'est installé ce peuple plein de fougue violente, après avoir parcouru presque toute la terre en faisant la guerre. Taille élevée, cheveux longs et roux, boucliers immenses, épées très longues, chants de circonstance au moment d'engager le combat, hurlements, sauts, fracas effroyable des armes qu'on frappe sur les boucliers d'après une coutume ancestrale, tout est organisé volontairement pour inspirer la terreur. Mais que ceux qui n'ont pas l'habitude de ces pratiques insolites, les Grecs, les Phrygiens et les Cariens, en aient peur ! Pour les Romains, ces vacarmes gaulois sont habituels, et même ils ne sont plus connus que comme des fanfaronnades. ______ . »

Tite-Live (59 avant J.-C.-17 après J.-C.), *Histoire romaine*, livre XXXVIII, chapitre 17, 2-6.

VOCABULAIRE

Allia, *ae*, f. : rivière qui se jette dans le Tibre, à une quinzaine de kilomètres de Rome – colo, is, ere, colui, cultum : habiter – congressus, *us*, m. : rencontre, combat – me non praeterit (+ prop. infinitive) : il ne m'échappe pas que [je sais bien que] – praesto, as, are, stiti, statum : l'emporter sur, se distinguer – semel : une seule fois.

- 390	- 290 / - 270	- 189	- 125 / - 118	- 58 / - 51
Bataille de l'Allia Pillage de Rome par le Gaulois Brennus (p. 110)	Des tribus gauloises envahissent la Grèce puis s'installent en Asie	Campagne romaine en Asie Défaite des Gaulois	Campagnes romaines en Gaule transalpine Fondation de la Provincia Romana	Conquête de la Gaule par Jules César

→ LIRE LE TEXTE

1. Traduisez les mots en gras.
2. Quel adjectif qualifie les Gaulois en tant que peuple pris comme une race (natio, ligne 4) ?
3. Relevez en français et en latin les mots et expressions qui décrivent les Gaulois : leur apparence physique, leurs armes, leur comportement au combat.
4. Que cherchent-ils à produire chez leurs adversaires ?
5. Comment les Romains les considèrent-ils ?

Découvrir l'image

Des géants roux

❶ **Paul-Joseph Jamin** (1853-1903), *Le Brenn et sa part de butin* (détail), huile sur toile (162 x 118 cm), 1893, La Rochelle, Musée des Beaux-Arts.

En latin, ce chef est appelé **Brennus**.

❷ *Guerrier gaulois combattant*, statuette en bronze, 250 avant J.-C., Berlin, Musée des Antiquités.

Gros plan sur...

*Le **casque orné de petites ailes** et le **torque**, collier de métal torsadé, sont les principaux marqueurs de l'identité gauloise : ils font partie d'une panoplie que la peinture puis la bande dessinée (p. 107) ont rendue très populaire.*

→ LIRE L'IMAGE

1. Faites la liste de tous les éléments cités par Tite-Live (p. 104) que vous retrouvez dans la représentation du chef gaulois ❶.

2. Décrivez le visage et l'attitude de ce personnage. Quels traits de caractère le peintre a-t-il mis en valeur ?

3. Consultez la frise chronologique p. 104 : à quel épisode dramatique le tableau fait-il référence ?

4. Quel édifice permet de savoir où se passe la scène ?

5. Quel est le geste de la statuette ❷ ? Comparez les documents : quels sont leurs points communs ?

Découvrir les mots-clés

Romains et barbares

Les Romains considèrent souvent les étrangers (peregrini) comme des barbares (barbari) quand ils ne partagent pas leur culture.

Le Seigneur de la Forêt

Un magnifique chaudron en argent martelé témoigne de la culture des Celtes (p. 110). On y voit le dieu Cernunnos représenté en « Maître des animaux ». Doté de cornes de cerf, entouré de bêtes sauvages, il porte un torque et en tient un autre (p. 105).

Chaudron de Gundestrup, Ier siècle avant J.-C., Copenhague (Danemark), Musée national.

Le non-Romain : étranger et barbare

L'adjectif **peregrinus**, a, um désigne l'étranger : celui qui vient du dehors (peregre), par delà les champs (agros). Il se distingue du citoyen (civis, p. 16), dont les droits sont reconnus dans la cité.

L'adjectif **barbarus**, a, um vient du grec *barbaros*, formé sur une onomatopée imitant des sons qui n'ont pas de sens (*bar-bar*). À l'origine, le barbare est donc celui qui parle de manière incompréhensible pour un homme civilisé. De là, le terme a pris un sens très péjoratif : il est synonyme d'inculte et de sauvage (de silva, *ae*, f. : forêt), car les barbares sont supposés vivre dans la nature comme les animaux dans les bois.

Le barbare : une bête féroce

Considéré comme une bête sauvage (**fer**a, *ae*, f.), le barbare est qualifié de **fer**us, a, um (non apprivoisé) et de **fer**ox, ocis (fougueux). Il fait preuve de **ferocitas**, *atis*, f. (violence). Il est donc dépourvu de la qualité qui distingue l'homme (homo) de l'animal : l'**humanitas**, *atis*, f. (humanité), un savoir-vivre en société fondé sur la culture et la bienveillance entre individus (p. 66). Pour les Romains, traumatisés par l'invasion gauloise, les tribus celtes qu'ils nomment Galli (Gaulois) constituent une ferox natio (p. 104), un peuple sauvage et indiscipliné.

mots-clés : barbarus, ferocitas, humanitas, peregrinus.

Étymologie

1 Que signifient les noms *pèlerin*, *barbarisme* et *inhumanité* ? D'où viennent-ils ?

2 Quelle est l'origine des adjectifs *féroce* et *fier* ? Expliquez leur sens selon l'étymologie.

3 Quel est le point commun entre les adjectifs *sauvage* et *sylvestre* ?

Jouez avec les mots

4 Rédigez le portrait type du Gaulois vu par les Romains. Commencez par recopier les phrases ❶, ❷, ❸ et ❹ puis complétez-les en choisissant parmi les éléments proposés (aidez-vous du texte p. 104).

sa taille (statura, *ae*, f.)	❶ Gallus est		
	a. brevis	**b.** altus	**c.** procerus
sa chevelure (coma, *ae*, f.)	❷ Gallus est		
	a. calvus	**b.** rufus	**c.** cincinnatus
	❸ Gallorum coma est		
	a. promissa	**b.** nodata	**c.** tonsa
sa tenue (cultus, *us*, m.)	❹ Gallus bracatus, sagatus, torquatus dicitur ex eo quia Gallis sunt :		
	a. caligae	**a.** sagum	**a.** persona
	b. bracae	**b.** pallium	**b.** tunica
	c. cothurni	**c.** toga	**c.** torquis

5 Retrouvez le nom latin correspondant à chacune de ces définitions.
A un manteau grossier (sayon ou saie) **B** une sorte de pantalon ample resserré dans le bas (braies) **C** un collier de métal torsadé (torque).

Observer

La Gaule et ses chefs

1 Dux Gallorum, qui facile militibus persuadet, de imperio decertat.
Le chef des Gaulois, qui persuade facilement les soldats, lutte pour le pouvoir.

2 Dux, quem frater ex oppido expellit, imperium in suos tenet.
Le chef, que son frère chasse de la place forte, conserve son pouvoir sur les siens.

3 Dux, cujus pater quoque expellitur, victoriam a fratre reportat.
Le chef, dont le père aussi est chassé, remporte la victoire sur son frère.

4 Dux cui multi Galli parebant bellum adversus Romanos parabat.
Le chef à qui de nombreux Gaulois obéissaient préparait la guerre contre les Romains.

5 Dux, de quo multas fabulas audivimus, severitate ingenti Gallis imperabat.
Le chef, à propos duquel nous avons entendu de nombreuses histoires, commandait aux Gaulois avec une très grande sévérité.

Identifier le pronom relatif et la subordonnée relative

1 Lisez les phrases en français. Délimitez les propositions subordonnées relatives.

2 Dans les phrases en latin, repérez le sujet et le verbe de la proposition principale en vous aidant de la traduction.

3 Délimitez ensuite la proposition subordonnée relative (mot subordonnant, verbe de la subordonnée).

4 Dans chaque phrase en français, relevez le pronom relatif et donnez sa fonction. Quel est le cas correspondant en latin ?

5 À l'aide des observations précédentes, délimitez les subordonnées relatives dans ces phrases.

1 Dux Romanus, cui milites non parent, a Gallis vincitur.

2 Miles Gallicus, cujus gladius acutus erat, ducem interfecit.

3 Dux quem Galli ceperunt a militibus suis amatur.

6 Traduisez les trois phrases.

Observer l'image

De Gallo illustre

1. Replacez ces adjectifs dans le texte qui présente le personnage : acer – omnes – fortis – magica – brevis – callidus.
Traduisez.

2. Unam rem Asterix non habet :
a. galeam alatam
b. bracas
c. torquem
d. gladium.

Astérix, *Caelum in caput ejus cadit.*

Asterix vir _ _r_ _ _ noster est qui _ _n_ _ hos labores gerit. Statura _ _ _ _ _s, at ingenio _ a _ _ _ _ _ _ _ _e_que animo Gallus est. Vim supra hominis naturam e druidae _ _ _i_ _ potione excipit.

1 Le pronom relatif qui, quae, quod

- Le pronom relatif introduit une **proposition subordonnée** et la rattache à la proposition principale. C'est un mot **subordonnant**.
- Le pronom relatif représente un mot de la proposition principale qu'on appelle **antécédent** (placé **avant** le pronom relatif).

	Singulier			
	Masculin	Féminin	Neutre	
N.	qui	quae	quod	qui
Acc.	quem	quam	quod	que
G.	cujus			dont, de qui, duquel, de laquelle
D.	cui			à qui, auquel, à laquelle
Abl.	quo	qua	quo	(par) qui, (par) lequel, laquelle

	Pluriel			
	Masculin	Féminin	Neutre	
N.	qui	quae	quae	qui
Acc.	quos	quas	quae	que
G.	quorum	quarum	quorum	dont, de qui, desquels, desquelles
D.	quibus			à qui, auxquels, auxquelles
Abl.	quibus			(par) qui, (par) lesquels, lesquelles

- En latin, le pronom relatif s'accorde en **genre** et en **nombre** avec son antécédent. Il se met au **cas** exigé par sa fonction dans la subordonnée relative.

Exemple ▸ Senatus **duci** **qui** bellum finit triumphum decernit.

antécédent, datif masc. sg., COS de *decernit* — **pronom relatif** masc. sg., nominatif, sujet de *finit*

Le sénat décerne le triomphe au **général** **qui** termine la guerre.

Proposition principale — Proposition subordonnée relative

2 La proposition subordonnée relative à l'indicatif

- La proposition subordonnée relative à l'indicatif **complète le nom**. Elle remplace un adjectif.

Exemple ▸ **Romanos qui** audaces erant Galli non vicerunt.
Les Gaulois ne vainquirent pas **les Romains qui** étaient audacieux [= les Romains audacieux].

- Elle apporte une **information supplémentaire**.

Exemple ▸ Belgae proximi sunt **Germanis qui** trans Rhenum incolunt.
Les Belges sont très proches des **Germains qui** habitent de l'autre côté du Rhin.

VOCABULAIRE à retenir

Noms

coma, *ae*, f. — chevelure
congressus, *us*, m. — rencontre, combat
cultus, *us*, m. — genre de vie
fera, *ae*, f. — bête sauvage
natio, *onis*, f. — race, peuple, nation
pallium, *ii*, n. — manteau
tumultus, *us*, m. — trouble, tumulte, vacarme

Adjectifs

ferox, ocis — féroce
ferus, a, um — sauvage

Verbes

fugio, is, ere, fugi — s'enfuir
incolo, is, ere, colui, cultum — habiter
praesto, as, are, stiti, statum — l'emporter sur (+ D.)

Mots invariables

olim — autrefois, un jour
per — à travers
post — après
semel — une seule fois
tot — tant de

S'exercer

▶ Lire et apprendre

1 **Lisez à voix haute. Apprenez la phrase en latin.**

> Gallia est omnis divisa in partes tres quarum unam incolunt Belgae, aliam Aquitani, tertiam qui ipsorum lingua Celtae, nostra Galli appellantur.
> Toute la Gaule est divisée en trois parties, dont l'une est habitée par les Belges, l'autre par les Aquitains, la troisième par ceux qui dans leur propre langue se nomment les Celtes, dans la nôtre les Gaulois.
>
> **Jules César**, *Guerre des Gaules*, I, 1.

▶ Décliner

2 **a. Identifiez le cas, le genre et le nombre de ces pronoms relatifs. Donnez toutes les possibilités.**
quos – cujus – qui – quae – cui – quibus.
b. Par quels pronoms relatifs peut-on les traduire ?

▶ Reconnaître cas et fonctions

3 **Mettez chaque nom de la première liste devant la relative dont il est l'antécédent.**
1. sapientes – vulnera – dux – fama – cum equis – Publius Cornelius Scipio.
2. quae milites acceperunt – cui exercitus paret – qui veloces erant – cujus gens nobilis fuit – quam omnes timent – quorum consilia audivimus.

4 **Traduisez les membres de phrase obtenus à l'exercice 3.**

▶ Distinguer relatifs et interrogatifs

5 **a. Analysez les mots en couleur selon le modèle.**
1. Cui paretis, milites? Vir illustris famae paret quae semper milites ducit.
cui = pronom interrogatif, D. masc. sg., COI de *paret* – quae = pronom relatif, antécédent *famae*, N. fém. sg. sujet de *ducit*.
2. Quae bella cum Germanis quos timebant Galli gesserunt?
3. Germani, quibus Romani praestant, boni milites sunt : a quibus ducibus vincuntur?
4. Quis Gallos vicit?
5. Quid agunt Galli quod non scimus?
b. Traduisez les phrases.

Sententias Mittere Subito

SMS

6 **Novum nuntium habes. Responde bonamque litteram pulsa.**

Magnam insulam Celti coluerunt : quam insulam?	**A** Corsicam **B** Siciliam **C** Britanniam **D** Cretam

▶ S'initier à la traduction

7 **a. Choisissez la solution correcte.**
1. Galli colebant deos multos *(quibus, quorum, quos)* animalia capta immolabant. **2.** Bellorum deo *(quem, qui, cujus)* iram timebant praedam dabant. **3.** Milites Gallici *(qui, quos, quorum)* ab audaci viro ducebantur fortes erant. **4.** Sed castra *(qua, qui, quae)* Romani occupabant delere non potuerunt. **5.** Gallos *(quae, quos, quorum)* vasta scuta non timebant Romani vicerunt. **6.** Dux illustris *(quem quo, cui)* Galli parebant interfectus est [fut tué].
[Les adjectifs en -ax, -ix, -ox ont l'ablatif en -i, même accordés avec un nom d'animé]
b. Traduisez les phrases.

8 **Suivez ce guide et traduisez les phrases.**

Petit guide pour traduire
- *Repérez les pronoms relatifs et délimitez les subordonnées relatives.*
- *Trouvez l'antécédent de chaque pronom relatif (mêmes genre et nombre que le relatif).*
- *Identifiez le cas du relatif et sa fonction dans la relative.*

1. Ad Britanniam insulam, cujus unum latus est contra Galliam, Romani non facile accesserunt. **2.** Britanniae pars interior ab hominibus incolitur quorum patres in insula semper vixerunt. **3.** Britanniae maritima pars, de qua multi scripserunt, ab hominibus incolitur qui ex Belgio transiierunt. **4.** Britanni, qui frumenta non serunt, lacte et carne vivunt. **5.** Omnes Britanni se vitro inficiunt, quod caeruleum efficit colorem, atque in pugna horridi sunt.

Vocabulaire : Britannia, *ae*, f. : Bretagne (= Angleterre) – latus, *eris*, n. : côté – interior, *oris* : intérieur – Belgium, *ii*, n. : Belgique – Britanni, *orum*, m. : Bretons – sero, is, ere, sevi, satum : semer – vitrum, *i*, n. : pastel – inficio, is, ere, feci, fectum : teindre – se : soi-même, se – caeruleus, a, um : bleu.

▶ Comprendre le sens des mots

9 **Remplacez *barbare* par le bon synonyme :**
inculte – cruel – brutal – féroce – sauvage.
1. On prétend que le tigre peut être **barbare**. **2.** Ces hommes ne sont pas civilisés, ce sont des **barbares**. **3.** Cet individu **barbare** déforme la langue française. **4.** C'est un gardien **barbare** qui distribue les coups. **5.** Le comportement de ces soldats est **barbare**.

Chassez l'intrus !

10 **Retrouvez les mots « intrus » :**
barbarie – barbare – barbecue – barboteuse – barbarisme.

Des Celtes aux Gaulois

Une grande civilisation

On appelle Celtes un ensemble de peuples de même culture et parlant une même langue d'origine indo-européenne. Leur civilisation est apparue au IIe millénaire avant J.-C. en Europe centrale. Les Celtes forment des tribus, dirigées par un chef de clan (le *brenn*), où des prêtres, les druides, exercent une importante autorité. Leur culture est orale, car ils ne pratiquent pas l'écriture.
De nombreux objets, tel le chaudron de Gundestrup, témoignent de la grande maîtrise des celtes dans le travail des métaux (armes, bijoux).
Au fil des migrations, diverses tribus d'origine celte développent cette civilisation : les Romains les nomment Galli (Gaulois, en Belgique et en France), Britanni (Bretons, en Grande-Bretagne), Celtiberi (Celtibères, en Espagne), Galatae (Galates, en Turquie).

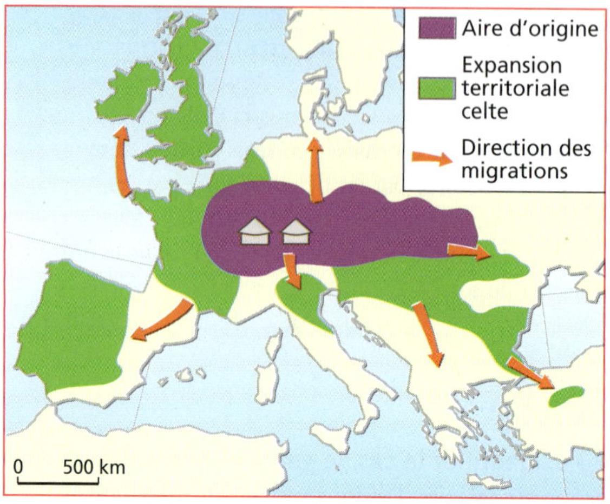

L'expansion des Celtes du Ve au Ier siècle avant J.-C.

1 Plusieurs mots français viennent de la langue parlée par les Gaulois, comme *caillou* ou *mouton*. Cherchez d'autres exemples sur Internet (inscrivez « mots gaulois » dans un moteur de recherche).

2 Les Romains faisaient un jeu de mots entre le nom propre Gallus et le nom commun gallus. Quel animal, désigné par ce nom, est pour cette raison devenu l'emblème de la France ?

Tumultus Gallicus

Le premier choc entre les Romains et ceux qu'ils nomment Galli est un véritable traumatisme national, car Rome a bien failli disparaître lors d'un épisode raconté en détails par l'historien Tite-Live (*Histoire romaine*, livre V, 33-55).
Le 18 juillet 390 avant J.-C., une horde de « barbares » venue du Nord de l'Italie écrase l'armée romaine au bord de l'Allia (p. 104), puis envahit et pille Rome. Après avoir assiégé sans succès la forteresse du Capitole, le chef gaulois Brennus (nom latin tiré du celte *brenn*) accepte de se retirer moyennant rançon. Ultime humiliation pour les Romains : Brennus les insulte en rajoutant son épée dans la balance qui détermine le poids d'or à payer.
Jusqu'à la conquête complète de la Gaule par Jules César, les Romains se méfieront de ce peuple qui avait suscité terreur et tumulte (tumultus Gallicus, p. 104).

Jacques Martin, *Alix, Les Légions perdues*, © Casterman.

3 Que signifient les deux mots latins prononcés par Brennus, selon Tite-Live, et repris par la bande dessinée ?

Par Teutatès

La décoration du chaudron de Gundestrup a suscité bien des interprétations. Certains y voient un sacrifice au dieu celte Teutatès (aussi nommé Toutatis), d'autres un baptême pour ressusciter les valeureux guerriers morts au combat.

Tout le peuple gaulois est absorbé par des croyances religieuses ; pour cette raison, ceux qui sont atteints de maladies graves ou qui vivent au milieu des dangers de la guerre font vœu de sacrifier des victimes humaines et ils en confient le soin aux druides. Ils pensent en effet que la seule manière d'apaiser les dieux c'est d'offrir la vie d'un homme à la place de celle d'un autre homme et ils ont institué des sacrifices publics de ce genre. Certains ont d'immenses mannequins tressés en osier qu'ils remplissent d'hommes vivants : ils y mettent le feu et font périr leurs victimes dans les flammes. [...] Le dieu qu'ils honorent le plus est Mercure.

Jules César (100-44 après J.-C.), *Guerre des Gaules*, VI, 16, 1-4 et 17, 1.

Un grammairien du IVe siècle après J.-C. précise :

Dans la langue des Gaulois, Mercure est appelé Teutatès : ce peuple l'honore par des sacrifices humains. Pour apaiser Teutatès, un homme est plongé tête la première dans un demi-tonneau rempli d'eau jusqu'à ce qu'il s'étouffe.

Commentaire sur la *Pharsale* de Lucain, I, vers 445.

Scène rituelle, intérieur du chaudron de Gundestrup, Ier siècle avant J.-C., Copenhague, Musée national.

4 Quelle est la principale caractéristique des Gaulois selon César ? Quel genre de sacrifices pratiquent-ils ? Qui en est chargé ?

5 Quel rite décrit par le grammairien fournit une hypothèse pour interpréter la scène sur le chaudron ? Qui serait le grand personnage ?

6 Qu'est-ce qui prouve la barbarie des Gaulois selon les Romains ? Peut-on considérer leur point de vue comme totalement objectif ? Pourquoi ?

B2i Choisir des documents

Les Celtes

1. Faites une fiche illustrée pour présenter le chaudron de Gundestrup.

2. Documentez-vous sur un aspect de la civilisation des Celtes : le panthéon, les druides, le mythe du chaudron magique, les langues celtiques, etc.

Rome envahie par les Gaulois

3. Pendant le siège du Capitole, quels animaux ont sauvé les Romains ? Résumez ce célèbre épisode.

@ Pour vous aider, retrouvez des liens utiles sur : www.4e.latin.magnard.fr/liens

Pour aller plus loin À LIRE

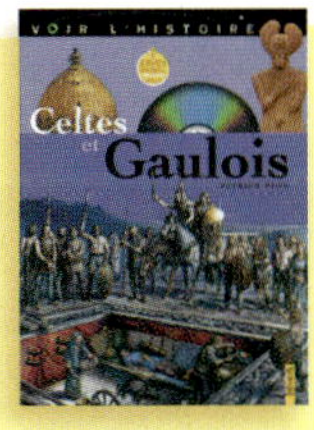

Celtes et Gaulois de Patrick Pion, « Voir l'histoire », © Fleurus.
Un livre et un DVD pour découvrir l'essentiel de la civilisation celte.

Des Gaulois aux Gallos Romains de Gérard Coulon, « Les Yeux de la découverte », © Gallimard Jeunesse.

CHAPITRE 12

Les Grecs

▶ Au fil du temps, les Romains ont adopté et adapté la culture des Grecs.

Découvrir le texte

Rome : une ville grecque ?

Au IIIe siècle avant J.-C., Rome étend sa domination sur l'Italie du sud où s'est développée la culture grecque.

Marcellus, captis Syracusis, [...] **ornamenta urbis, signa tabulasque quibus abundabant Syracusae, Romam devexit**, hostium quidem illa spolia et parta belli jure ; ceterum inde primum initium mirandi Graecarum artium opera.

Titus Livius, *Ab Urbe condita libri.*

Marcellus, après la prise de Syracuse, [...] ______ ______ ______, des chefs d'œuvre pris comme butin sur les ennemis, c'est vrai, et acquis selon le droit de la guerre ; mais en réalité ce fut là l'occasion d'admirer pour la première fois les productions des arts grecs.

Tite-Live (59 avant J.-C.-17 après J.-C.), *Histoire romaine*, livre XXV, chapitre 40, 1-2.

Toujours prêt à vitupérer contre ses contemporains, Juvénal ironise sur la manière dont les Grecs ont envahi Rome.

Quae nunc divitibus gens acceptissima nostris
et quos praecipue fugiam, properabo fateri,
nec pudor obstabit. **Non possum ferre, Quirites,**
Graecam Urbem. [...]
Ingenium velox, audacia perdita, sermo
promptus et Isaeo torrentior – ede quid illum
esse putes? Quemvis hominem secum attulit ad
nos : **grammaticus, rhetor, geometres, pictor,**
aliptes, augur, schoenobates, medicus, magus,
omnia novit Graeculus esuriens; **in caelum**,
jusseris, **ibit**.

Decimus Junius Juvenalis, *Satura.*

Quelle espèce de gens est aujourd'hui la préférée de nos richards, celle que je fuis avant tout le reste, je vais vous le dire, et je ne vais pas me gêner. ______ ______ ______, un torrent de paroles toujours prêt à se répandre, plus impétueux que le débit d'Isée* – dis, c'est quoi, à ton avis, cet homme-là ? N'importe quel homme à volonté, c'est ça qu'il nous a amené avec lui : ______ ______ ______, il sait tout faire le petit Grec affamé ; ______, si tu le lui commandes.

Juvénal (env. 65-130 après J.-C.), *Satires*, III, vers 58-61 et 73-78.

VOCABULAIRE

Quirites : Quirites ; ce nom désigne les citoyens romains de la plus ancienne origine.

*Isée est un célèbre orateur grec.

- 750 / - 450	- 275	- 212	- 146
Des colons venus de Grèce fondent diverses cités en Sicile et dans le Sud de l'Italie (Magna Graecia, p. 118)	Défaite du roi d'Épire Pyrrhus venu secourir les cités de Grande Grèce contre les Romains	Marcellus s'empare de la cité grecque de Syracuse (Sicile) après trois ans de siège	Sac de Corinthe par les Romains L'ensemble des cités grecques passe sous domination romaine (Achaia Provincia)

→ LIRE LES TEXTES

1. Traduisez les mots en gras.
2. Comment Rome découvre-t-elle l'art grec ?
3. Quel portrait des Grecs Juvénal trace-t-il ? Quel nom emploie-t-il pour les ridiculiser ? (ligne 10)
4. Observez le titre de son œuvre. Que signifient les expressions *faire une satire*, *un ton satirique* ?

Beauté divine

1 **Henryk Siemiradzki** (1843-1902), *Phryné aux fêtes de Poséidon à Éleusis*, (390 x 763,5 cm), 1889, Saint-Pétersbourg, Musée russe.

2 *Statue d'Aphrodite* dite *Vénus de l'Esquilin*, marbre de Paros (155 cm), Ier siècle avant J.-C., Rome, Musées capitolins.

Lors des fêtes d'Éleusis, Phryné enleva ses vêtements, dénoua ses cheveux et se baigna dans la mer devant tous les Grecs assemblés. […] Praxitèle, son amant, sculpta sur son modèle l'*Aphrodite* de Cnide.

Athénée (IIIe siècle après J.-C.), *Le Banquet des sophistes*, XIII, 59.

Gros plan sur...

Avec les chefs-d'œuvre grecs, les Romains découvrent l'exaltation de la beauté du corps. ***Premier nu féminin*** *de l'histoire de l'art, l'****Aphrodite*** *de Praxitèle, achetée par les habitants de Cnide (env. 340 avant J.-C.), est le modèle le plus admiré et copié de l'Antiquité.*

→ LIRE L'IMAGE

1 Quel geste de la main gauche fait la statue de Vénus ? Comparez avec le tableau.

2 Que suggère la pièce d'étoffe posée près d'elle ?

3 Quelle anecdote le peintre a-t-il reconstituée ? Quels détails précis a-t-il empruntés à la statue antique ?

4 Quelles forces incarne la déesse Aphrodite / Vénus ?

Découvrir les mots-clés

Romains et Grecs

Les Romains admirent la culture des Grecs, mais ils s'estiment supérieurs à eux grâce à leurs traditions ancestrales.

Les maîtres de l'art

Si les Romains sont fiers de leurs ancêtres, paysans peu cultivés à l'origine, ils se sentent aussi complexés face aux Grecs dont ils ont adopté la culture.

Graecia capta ferum victorem cepit et artes
intulit agresti Latio.

La Grèce conquise a conquis son sauvage vainqueur et ce sont les arts qu'elle amena dans le Latium inculte. **Horace**, *Épîtres*, II, 1, vers 156-157.

Aphrodite dite *Vénus d'Arles*, copie romaine d'un original de Praxitèle, Ier siècle avant J.-C., Paris, Musée du Louvre.

Les Grecs vus par les Romains

Les Romains ont donné le nom de Graeci, *orum*, m. pl., tiré du grec *Graikoi* (désignant certains habitants de Grèce du Nord), à ceux qui s'appelaient eux-mêmes *Hellènes* (p. 192). Ce choix marque une forme de mépris à l'égard d'un peuple dont la civilisation a pourtant pénétré très tôt en Italie.
Dans le langage familier, le diminutif **Graeculus** (petit Grec, Grécaillon, pp. 112 et 117) est utilisé comme un cliché, voire une insulte, car les Grecs, inventeurs de la philosophie, experts en éloquence, passent pour des « baratineurs », cultivés certes, mais volontiers efféminés, menteurs et voleurs.

Restons sérieux !

Les Romains reconnaissent qu'ils ont appris des Grecs la pratique de tous les arts, **artes** (ars, *artis*, f., p. 56), comme la littérature, le théâtre, la peinture et la sculpture. Cependant, ceux qui sont attachés aux valeurs qui fondent l'idéal romain (courage, honnêteté, dévouement) condamnent leur genre de vie (mos, *moris*, m.) au nom du **mos majorum**, l'ensemble des traditions et principes hérités des ancêtres. Plaute invente le verbe pergraecari (vivre complètement à la grecque) pour se moquer de ceux qui « se la coulent douce » en faisant la fête, alors qu'un « vrai » Romain se doit d'être un modèle de gravitas (dignité de caractère, fermeté et sérieux), méprisant le luxe et les plaisirs.

mots-clés : artes, Graeculus, mos majorum.

Étymologie

1 Toutes les langues romanes ont conservé la racine latine *graec-*, mais certains mots savants plus récents ont été tirés du grec *hellen-*. Recherchez-en des exemples.

2 Quel nom latin retrouvez-vous dans *mœurs* et *morale* ? Expliquez leur sens.

3 Quels sont les différents sens de l'adjectif *grave* ? D'où est-il issu ?

4 Isolez le suffixe qui fait de Graeculus un diminutif. Recherchez des mots français où apparaît ce suffixe.

Jouez avec les mots

5 Inscrivez les mots latins correspondant aux définitions dans la grille.

Les Grecs les ont apportés aux Romains.	1			9	10		
Professeur d'éloquence.	2	4	7				
Il soigne les malades.	6		8	5	3		

6 Reportez les lettres numérotées et vous obtiendrez le nom d'un savant grec qui a inventé d'extraordinaires machines de guerre pour défendre sa ville contre Marcellus (p. 112).

1	2	3	4	5	6	7	8	9	10

Observer

Sculpteurs et peintres grecs

1 Bucula sculpta, saepe laudata, Myronem Eleutheris natum nobilitavit.
Une génisse sculptée, souvent célébrée, a fait connaître Myron, né à Eleuthères.

2 Polyclitus fecit nudum hominem telo incessentem puerosque talis ludentes.
Polyclète a fait un homme nu s'avançant avec un javelot et des enfants jouant aux osselets.

3 Zeuxis puerum uvas tenentem pinxit : **operibus** perfectis in pergula **propositis**, aves ad uvas advolaverunt.
Zeuxis ...... : **ses œuvres** ...... **ayant été exposées** sur une terrasse, ...

4 Magnificus est Jupiter ejus in throno, **adstantibus diis**.
Son Jupiter sur le trône, **les dieux étant présents** [en présence des autres dieux], est magnifique.

5 Magnificus etiam [est] Hercules infans dracones strangulans, Alcmena matre coram pavente et Amphitryone.
Magnifique encore l'Hercule enfant, qui étouffe des serpents fabuleux en présence de sa mère Alcmène qui s'effraie et d'Amphitryon.

D'après **Pline l'Ancien**, *Histoire naturelle*, livre XXXV, 36.

Identifier les participes présent et parfait passif

1 **a.** À l'aide de la traduction, donnez la classe grammaticale des mots en rose dans la phrase 2.
b. À quels noms se rapportent-ils ? Donnez leur genre, nombre, cas et fonction.

2 Même consigne pour la phrase 5. Que remarquez-vous dans la traduction de cette phrase ?

3 Même exercice avec les mots en vert dans les phrases 1 et 3.

4 Complétez la traduction de la phrase 3.

Reconnaître l'ablatif absolu

5 Analysez propositis et adstantibus dans les phrases 3 et 4 (classe grammaticale, genre, nombre, cas).

6 Observez la traduction des groupes de mots en gras. Quelle est leur fonction ?

Observer l'image Zeuxis a beaucoup inspiré les artistes romains. Retrouvez sur cette fresque les personnages d'un tableau décrit par Pline (phrase 5).
a. Associez chaque nom propre (au nominatif) au numéro qui lui correspond :
Alcmena, *ae*, f. – Amphitryo, *onis*, m. – Hercules, *is*, m.
b. Décrivez à votre tour la scène en rédigeant de courtes phrases en latin au présent de l'indicatif.

Fresque de la maison des Vettii à Pompéi, env. 50 après J.-C.

1 Les participes présent et parfait passif, l'indicatif parfait passif

- Le **participe présent** se forme en ajoutant **-(e)ns /, -tis** au **radical du présent**.
  Il se décline comme **ingens** (→ p. 36). Le verbe **sum** n'a pas de participe présent.

1re conjugaison	2e conjugaison	3e conjugaison	3e conjugaison mixte	4e conjugaison	eo, is, ire, ivi, itum
amans, amantis	videns, videntis	legens, legentis	capiens, capientis	audiens, audientis	iens, euntis
aimant	*voyant*	*lisant*	*prenant*	*entendant*	*allant*

- Le participe présent s'accorde en genre, en nombre et en cas avec le nom qu'il accompagne.
  Exemple ▶ Video **hominem** libros **legentem**. Je vois un homme **lisant** [qui lit] des livres.
- Le **participe parfait passif** se forme à partir du **radical du supin** (5e forme des temps primitifs du verbe → p. 28). Il se décline comme les adjectifs en **-us**, **-a**, **-um**.
- Souvent employé comme **adjectif épithète**, il s'accorde en genre, en nombre et en cas avec le nom auquel il se rapporte.
  Exemple ▶ Signum olim **raptum** restituit. Il rend la statue **enlevée** jadis.
- Employé avec le présent de l'indicatif du verbe **sum**, le participe parfait passif forme l'**indicatif parfait passif**. Le participe s'accorde en genre et en nombre avec le sujet.

		1re pers.	2e pers.	3e pers.
Singulier	amatus, a, um	sum	es	est
Pluriel	amati, ae, a	sumus	estis	sunt

2 L'ablatif absolu

- On appelle ablatif absolu un groupe indépendant, comme détaché du reste de la phrase. Il est à l'**ablatif** et peut se traduire par un **complément circonstanciel** (temps, cause…). Il est composé :
  – d'un **participe parfait passif** et d'un **nom sujet** ;
  Exemple ▶ **Urbe capta**, Romani signa ceperunt. [La ville ayant été prise] **Une fois la ville prise / Après la prise de la ville / Quand la ville fut prise**, les Romains s'emparèrent des statues.
  – d'un **participe présent** (toujours en **-e** au singulier) et d'un **nom sujet** ;
  Exemple ▶ **Matre adstante**, infans dracones strangulat. [Sa mère étant présente] **Sous les yeux de sa mère**, l'enfant étouffe les serpents.
  – d'un **nom sujet** et de son **attribut**, sans verbe.
  Exemple ▶ **Cicerone consule** [Cicéron étant consul] **Sous le consulat de Cicéron**.
- Le participe **présent** indique que l'action à l'ablatif absolu se passe **en même temps** que celle du verbe principal, le participe **parfait** passif qu'elle se passe **avant**.

VOCABULAIRE à retenir

Noms

laus, *laudis*, f.	louange
monumentum, *i*, n.	monument
signum, *i*, n.	statue
spolia, *orum*, n. pl.	dépouilles, butin de guerre
sumptus, *us*, m.	dépense

Adjectifs

egregius, a, um	éminent
elegans, antis	élégant
nitidus, a, um	brillant
praeclarus, a, um	remarquable, supérieur
venustus, a, um	plein de charme

Verbes

delecto, as, are, avi, atum	plaire
orno, as, are, avi, atum	orner
pingo, is, ere, pinxi, pictum	peindre
praebeo, es, ere, bui, bitum	offrir
sumo, is, ere, sumpsi, sumptum	prendre en charge

S'exercer

▸ Lire et apprendre

1 Lisez à voix haute. Apprenez le texte en latin.

Quid ? Mihi vos nunc, inquit Crassus, tamquam alicui Graeculo otioso et loquaci et fortasse docto atque erudito quaestiunculam ponitis ?
Eh quoi ? C'est à moi maintenant, dit Crassus, que vous venez poser une espèce de petite question ridicule comme si j'étais un Grécaillon paresseux et bavard, peut-être bien savant et habile ?

Cicéron, *De l'orateur*, I, 22, 102.

▸ Conjuguer le participe

2 a. **Formez le participe présent de ces verbes aux cas, genre et nombre demandés.**
ornare (N. n. sg.) – relinquere (N. fém. pl.) – habere (Acc. masc. pl.) – spectare (G. masc. pl.) – tenere (Acc. masc. sg.) – venire (D. masc. pl.) – accipere (D. fém. sg.) – terrere (N. n. pl.).
b. **Associez chaque nom au participe présent qui convient :** statuae – civium – spolia – urbi – Graecis – puerum – Romanos – signum.

3 a. **Transformez ces expressions en phrases à l'indicatif parfait actif.**
Modèle : Laudes a populo auditae
→ Populus laudes audivit.
1. Bella a Graecis gesta.
2. Signa a civibus servata.
3. Urbes Graecae a Romanis captae.
4. Syracusanorum domus pulchris statuis ornatae.
5. Spectaculum civibus a consule praebitum.

b. **Traduisez les phrases obtenues.**

4 a. **Formez des phrases à l'indicatif parfait passif (attention au sujet et au complément d'agent).**
b. **Traduisez.**
Modèle : templum-puer-video → templum a puero visum est (le temple a été vu par l'enfant).
1. urbs-signa-ornare **2.** cives-monumenta-delectari **3.** opus-pictor-perficere **4.** statua-omnes-laudare.

▸ Reconnaître l'ablatif absolu

5 a. **Analysez les groupes à l'ablatif absolu.**
1. Aedificiis deletis, consul fugit.
2. Marcello consule, cives felices erant.
3. Incolis spectantibus, templum deletur.
4. Syracusarum *tyranno* [tyran] regnante, omnes terrebantur.
5. Templo aedificato, cives *laetati sunt* [se réjouirent].

b. **Traduisez les phrases.**

Sententias Mittere Subito

SMS

6 Novum nuntium habes. Responde bonamque litteram pulsa.

Heros unus Graecus non est.

A Hercules **B** Achilles **C** Cocles **D** Iason

▸ S'initier à la traduction

7 a. **Formez un ablatif absolu en donnant au verbe la forme qui convient.**
1. Urbe ab hostibus *(vastare)*, incolae signa statim celaverunt. **2.** Marcello Romam *(redire)*, statuae ac tabulae, quibus Syracusae abundant, in Italiam reportabuntur. **3.** Graecorum operibus *(conservare)*, Marcelli gloria apud populum Romanum magna fuit. **4.** Marcellus, Syracusis *(capere)*, urbis ornamenta Romam devexit.
b. **Analysez les groupes à l'ablatif absolu (genre, nombre, rapport de temps avec la principale).**
c. **Traduisez.**

8 **Suivez ce guide et traduisez les phrases.**

Petit guide pour traduire

- *Identifiez le mode et le temps des verbes. Délimitez principales et subordonnées (relatives).*
- *Identifiez les participes parfaits passifs et les compléments d'agent.*
- *Repérez et analysez l'ablatif absolu.*

1. Marcellum cum Verre comparate ! Aedes Minervae est Syracusis, quam Marcellus plenam atque ornatam reliquit. **2.** At Verres omnes tabulas sustulit et parietes quorum ornatus tot saecula manserunt, tot bella effugerunt, deformatos reliquit. **3.** Aede autem a Verre spoliata atque direpta, non ut ab hoste, sed ut a barbaris praedonibus, parietes nudi nunc relinquuntur.
[Verres, *is*, m. : Verrès, gouverneur de la Sicile, en 70 avant J.-C.].

D'après **Cicéron**, *Verr.*, 2, 54-55.

▸ Comprendre le sens des mots

9 **Quel est le sens de ces mots ? Ont-ils la même origine ?**
somptuosité – consomption – présomption – présomptueux – présomptif – somptuaire.

Chassez l'intrus !

10 **Trouvez les deux « intrus » :**
moralité – immoral – moratoire – moraliste – morigéner – morille.

Culture grecque, pouvoir romain

Rome à l'école de la Grèce

Dès la période royale, les Romains sont au contact de la culture grecque, déjà développée par les Étrusques : « Pour la première fois, sous Tarquin l'Ancien, la cité devint plus savante grâce à un mode d'éducation venu de l'étranger. En effet, ce n'est pas un petit ruisseau qui s'est mis à couler dans notre ville, mais un fleuve immense qui nous a apporté à grands flots les sciences et les arts venus de la Grèce » (**Cicéron**, *De la République*, II, 19, 34).
La conquête des cités de Grande Grèce, puis celle de la Grèce elle-même (p. 112), renforcent l'influence de la culture grecque à Rome. L'élite romaine parle le grec, langue des savants et des fins lettrés, plus que le latin ; elle se fait construire des demeures à la grecque (p. 119). Les esclaves grecs sont très recherchés comme professeurs, médecins, artistes.

La Grèce et la Grande Grèce (Italie du Sud et Sicile en jaune).

Initiation au grec
pp. 190-193

1 Pour définir l'influence grandissante de la culture grecque à Rome, on utilise le terme d'*hellénisation*. Quelle est son origine (p. 114) ?

Ni barbare ni grec : tertium genus

Pour les Grecs, le monde se divise en deux : d'un côté eux-mêmes, champions de la civilisation, de l'autre les barbares qu'ils méprisent (p. 106).
Les Romains doivent défendre leur différence pour affirmer leur supériorité : ils ont l'énergie guerrière des barbares, mais ils ne sont pas barbares ; ils ont adopté la culture des Grecs, mais ils ne sont pas grecs. Ils se voient donc comme un tertium genus, une « troisième race », capable de réunir le meilleur des deux autres.
En devenant les maîtres du monde antique, les Romains transmettent la culture qu'ils ont assimilée et développée selon leurs propres modes de pensée : cette culture, que nous appelons gréco-romaine, constitue l'une des sources fondamentales de la culture européenne.

Diane de Gabies, marbre, copie romaine du Ier siècle après J.-C. d'après un original grec attribué à Praxitèle, Paris, Musée du Louvre.

2 À quel nom latin se rattache le terme *civilisation* ?

3 De quel verbe latin vient le nom *culture* ? Donnez ses différents sens.

Originaux grecs, copies romaines

Les riches Romains ont vite acquis le goût du luxe : ils collectionnent les chefs-d'œuvre venus de Grèce, dont beaucoup ont été pillés, ou, à défaut, leurs copies. Pour « faire chic », ils décorent leurs vastes demeures d'une multitude de statues. On peut en voir aujourd'hui de nombreux exemplaires dans les musées.

Cicéron écrit souvent à son meilleur ami Atticus, qui s'est installé à Athènes : celui-ci l'approvisionne régulièrement en œuvres d'art.

J'attends avec beaucoup d'impatience les statues de Mégare et les Hermès, dont tu m'as parlé dans tes lettres. Tout ce que tu trouveras de ce genre, tout ce qui te paraîtra digne de mes péristyles et de mon gymnase, envoie-le-moi sans craindre d'épuiser les ressources de mon coffre. Voilà le genre de plaisir qui fait ma passion.

Cicéron (106-43 avant J.-C.), *Lettres à Atticus*, I, 9 (extrait).

Sir Lawrence Alma-Tadema (1836-1912), *Marchand de statues*, huile sur toile (62,2 x 47 cm), 1867, Montréal (Canada), Musée des Beaux-arts.

4 Quelle est la passion de Cicéron ?

5 Décrivez le décor et les objets du tableau. À quel goût romain correspondent-ils ?

6 Comment appelle-t-on aujourd'hui les marchands d'objets d'art et de décoration anciens ?

B2i **Choisir des documents**

Créer un musée virtuel

Choisissez une œuvre d'art antique célèbre (la Vénus de Milo, par exemple) et présentez-la sous forme de fiche illustrée : caractéristiques (original grec ? copie romaine ?), importance dans l'histoire des arts. Créez un dossier « Musée virtuel » où vous rangerez vos œuvres préférées au gré de vos découvertes.

Pour aller plus loin À VOIR

Musée du Louvre : département des Antiquités grecques et romaines. Sans vous déplacer, vous pouvez aussi faire un tour sur le site du musée :

@ www.louvre.fr

L'influence de l'art grec à Rome : la sculpture

À la fin de la République, la culture et les arts romains sont profondément hellénisés. Voici trois célèbres sculptures pour comprendre l'importance des modèles grecs.

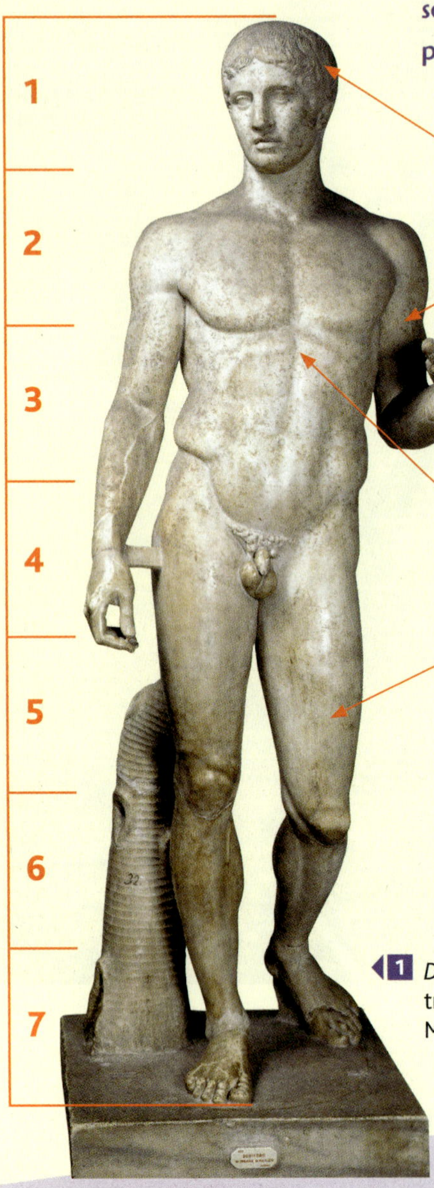

1. Règle de proportion : la tête est contenue sept fois dans le corps.

2. Les bras : ils sont bien détachés du corps ; le plus écarté marque le geste (ici, le gauche, qui portait la lance).

3. Le torse : les muscles bien marqués forment des lignes harmonieuses.

4. Les jambes : le poids du corps repose sur une seule jambe, bien droite, l'autre étant légèrement repliée vers l'arrière, avec un talon tourné et soulevé. On appelle cette pose *contrapposto*.

1 *Doryphore*, marbre (H. : 200 cm), Ier siècle après J.-C., trouvé dans la grande palestre de Pompéi, Naples, Musée archéologique.

COMPRENDRE : le canon grec

Né à Argos (Grèce) au Ve siècle avant J.-C., le sculpteur **Polyclète** est le premier à composer un traité sur son art, le ***Kanôn*** (règle en grec, d'où *canon*), mis en pratique par un modèle (vers 440 avant J.-C.). Il s'agit d'une statue en bronze représentant un jeune homme nu tenant une lance, connue sous le nom de **Doryphore** (« porteur de lance » en grec).
Très admirés dans l'Antiquité, le traité et la statue sont aujourd'hui perdus, mais de nombreuses répliques romaines permettent de comprendre comment le Doryphore est devenu un **archétype** fondamental dans l'histoire de l'art occidental. Le canon de Polyclète a fixé les normes de la beauté classique idéale.

SITUER LES ŒUVRES

1. Pour chaque œuvre, citez le matériau utilisé, la taille, la date d'exécution, le lieu de conservation.

2. Où pouvait-on voir dans l'Antiquité les œuvres **1** et **3** ? Pourquoi se trouvaient-elles dans ces endroits ?

3. L'œuvre **1** est-elle un original ou une copie ? Justifiez votre réponse.

4. L'œuvre **3** est-elle l'œuvre d'un seul artiste ou d'un atelier ? Est-elle grecque ou romaine ? Justifiez vos réponses.

5. Selon Pline, quelle prouesse technique rendait cette œuvre exceptionnelle ? (Retrouvez-la p. 119)

OBSERVER ET COMPARER

6. Décrivez le visage du Doryphore.

7. Quels éléments montrent l'influence de Polyclète dans la statue d'Auguste ?

8. Quel geste fait Auguste, selon vous ?

Le Laocoon, qui se trouve dans le palais de l'empereur Titus, est le chef-d'œuvre surpassant toutes les productions et de la peinture et de la sculpture ; il est d'un seul bloc, ainsi que les enfants et les admirables anneaux des serpents monstrueux. Trois excellents artistes de Rhodes l'ont réalisé ensemble : Hagésandros, Polydoros et Athénodoros.

Pline l'Ancien, *Histoire naturelle*, XXXVI, IV, 37, Ier siècle après J.-C.

2 *Auguste*, marbre, Ier siècle après J.-C. (H. : 206 cm), Rome, Musées du Vatican.

3 *Laocoon et ses fils*, marbre, Ier siècle avant J.-C. (H. : 242 cm), Rome, Vatican, Musée Pio-Clementino.

9. Décrivez Laocoon et ses fils (gestes, émotions). Quel animal les attaque ?

10. Comparez les dimensions des œuvres. Que signifie l'expression « œuvre monumentale » employée pour le Laocoon ?

11. Quelles impressions ont voulu donner les artistes aux spectateurs contemplant leur œuvre ?
Que ressentez-vous en observant chacune d'elles ?

RETROUVER L'HISTOIRE

12. Virgile raconte l'histoire du prêtre troyen Laocoon dans le livre II de l'*Énéide* (vers 201-227). Retrouvez le texte sur Internet et résumez l'épisode en un court paragraphe. Quel moment précis est mis en scène par la sculpture ?

CHAPITRE 13 Les Carthaginois

▸ Au IIIe siècle avant J.-C., Rome et Carthage se disputent la suprématie en Méditerranée. Les victoires d'Hannibal sèment la terreur chez les Romains.

Découvrir le texte

Au sommet des Alpes

Un jeune chef venu d'Afrique s'est fixé comme but d'envahir Rome, la cité qu'il hait depuis son enfance. Parti d'Espagne, il a déjà franchi les Pyrénées et le Rhône. Mais devant lui se dresse une barrière réputée infranchissable : les Alpes.

Primum agmen elephanti et equites erant; ipse, post cum robore peditum, **circumspectans sollicitusque ad omnia incedebat.** […]	_____ ; Hannibal lui-même, à l'arrière avec l'élite de l'infanterie, _____ . […]

Sur les chemins étroits et escarpés, bordés de précipices, les éléphants retardaient beaucoup la marche, mais ils assuraient la sécurité de la colonne contre les tribus gauloises ennemies qui n'osaient pas s'approcher de ces animaux qu'elles n'avaient jamais vus.

Nono die **in jugum Alpium** perventum est **per invia pleraque.** […]	Au neuvième jour de marche on arriva _____ . […]
Per omnia nive oppleta cum, signis prima luce motis, segniter agmen incederet pigritiaque et desperatio in omnium voltu emineret, praegressus signa **Hannibal** in promunturio quodam, unde longe ac late prospectus erat, consistere jussis militibus **Italiam ostentat** subjectosque Alpinis montibus circumpadanos campos, moeniaque eos tum transcendere non Italiae modo sed etiam urbis Romanae.	À travers la montagne couverte de neige, l'ordre de marche ayant été donné à la première lueur du jour, l'armée avançait avec lenteur ; tandis que la fatigue et le désespoir se manifestaient sur tous les visages, après avoir devancé les enseignes pour se placer sur un promontoire, d'où la vue s'étendait au loin de tous les côtés, _____ aux soldats qui ont reçu l'ordre de faire halte, [il leur fait voir] au pied des Alpes les plaines qui sont autour du Pô, et [il leur fait voir] qu'ils escaladent en ce moment non seulement les remparts de l'Italie, mais aussi [ceux] de Rome.

Désormais, disait-il, tout le reste du chemin serait plat, et même en pente facile ; une bataille, deux au maximum, et ils auraient sous la main, en leur pouvoir, la capitale de l'Italie, avec sa citadelle.

Procedere inde agmen coepit.	_____ .
Titus Livius, *Ab Urbe condita libri.*	**Tite-Live** (59 avant J.-C.-17 après J.-C.), *Histoire romaine*, livre XXI, chapitre 34, 5 et chapitre 35, 4 et 7-10.

- 814	- 264 / -241	- 219 / -201	- 149 / - 146
Fondation de Carthage par Didon	Première guerre entre Rome et Carthage (guerre punique) Carthage perd ses territoires en Sicile	Deuxième guerre punique Campagne d'Hannibal en Italie (- 218) Victoire de Scipion « l'Africain » à Zama (- 202) Carthage est la vassale de Rome	Troisième guerre punique Siège et destruction complète de Carthage Création de la Provincia Africa

→ LIRE LE TEXTE

1. Traduisez les mots en gras.

2. De quels éléments se compose l'armée d'Hannibal ? Relevez les termes en français et en latin. Pourquoi cette armée suscite-t-elle la stupeur ?

3. Comment se comporte Hannibal pendant la marche ? Où se place-t-il pour haranguer son armée ? Relevez les termes en français et en latin.

4. Quels arguments emploie-t-il pour redonner courage aux soldats ?

Découvrir l'image

Un exploit de légende

❶ **Angus McBride** (1931-2007), *Hannibal traversant les Alpes*, gravure, collection privée.

❷ Vase en terre cuite, période républicaine, Naples, Musée archéologique national.

Selon les historiens, l'armée carthaginoise comptait 50 000 fantassins, 9 000 cavaliers et 37 éléphants au moment de franchir les Alpes en octobre 218 avant J.-C. Elle accomplit un exploit surhumain devenu légendaire, mais subit des pertes considérables : à l'arrivée en Italie, près de la moitié des hommes sont morts et il ne reste que 21 éléphants. Un seul de ces pachydermes survivra aux intempéries d'un long hiver.

Gros plan sur...

C'est le roi grec Pyrrhus (p. 112) qui fit venir le premier vingt-neuf ***éléphants*** *de combat en Italie. Les Romains, stupéfaits, les appelèrent boves Lucae (les bœufs de Lucanie). Les Carthaginois utilisent aussi des pachydermes* ***équipés de tours (turriti)*** *comme des chars d'assaut redoutables.*

→ LIRE L'IMAGE

❶ Où se trouve Hannibal sur la gravure ? À quoi le reconnaissez-vous ? Qu'est-il en train de faire ?

❷ Décrivez le paysage : quels éléments de la description de Tite-Live met-il en valeur ?

❸ Comparez les éléphants sur les deux documents. Comment l'illustrateur moderne s'est-il inspiré du vase antique ?

Découvrir les mots-clés

Romains et Carthaginois

Les Romains considèrent les Carthaginois comme leurs pires ennemis, alliant la cruauté des barbares au luxe des orientaux.

Hannibal, l'ennemi public n° 1

Chef de guerre exceptionnel, Hannibal est aussi le modèle du Poenus foedifragus (Punique briseur de traité) haï des Romains (p. 127, exercice 1).

Charles Francis Horne, *Hannibal*, gravure, 1894.

De l'étranger à l'ennemi

Appartenant à la même famille, les noms **hos**tis et **hos**pes sont liés par leur origine.

Le nom **hostis**, *is*, m. a d'abord désigné l'étranger qui voyage (peregrinus, p. 106), puis il n'a plus été utilisé qu'au sens d'ennemi public en général, car l'étranger est souvent perçu comme un danger potentiel pour la communauté.

Le nom **hospes**, *itis*, m. désigne celui qui reçoit un étranger (au premier sens de hostis) et, par réciprocité, l'étranger qui est reçu : c'est aussi le double sens du nom **hôte** en français (tiré de hostis).

Perfides Carthaginois

Descendants des Phéniciens (p. 128), les Carthaginois ou Puniques (le nom Poenus et l'adjectif Punicus viennent du grec *Phoinix*, Phénicien) incarnent pour les Romains l'antithèse de leurs valeurs : rusés (callidi) et sanguinaires (crudeles). Ils sont surtout **perfidi**, car ils passent pour n'avoir aucun sens de la **fides**, *ei*, f. (loyauté et foi), pilier de la morale romaine. Les Romains les accusent de ne respecter aucun traité, **foedus**, *eris*, n. (pacte), qui, précisément, engage la parole (fides) des deux partis.

Selon le principe de l'antiphrase (dire le contraire de ce qu'on pense), l'expression **fides Punica**, « la (mauvaise) foi punique », est donc souvent employée pour dénoncer un traître de manière ironique.

mots-clés : fides, foedus, hospes, hostis.

Étymologie

1 Quel adjectif et quel nom, directement issus de hostis, ont pour antonymes *amical* et *amitié* ?

2 Quel est le point commun entre un *hôtel* et un *hôpital* ?

3 Que signifie l'adjectif *fiable* ? Quelle est son origine ?

Jouez avec les mots

4 Remplissez la grille avec les mots latins demandés.
Vous trouverez la phrase sans cesse répétée par un censeur romain qui voulait en finir avec les Puniques, puis le nom de cet homme lui-même en latin.

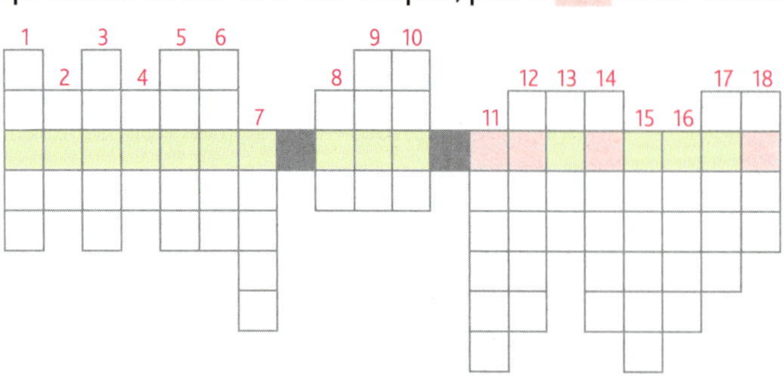

1. fantassin 2. roi 3. soldat 4. loi 5. loin 6. respect du serment 7. Hannibal les franchit 8. à travers 9. après 10. avant 11. chef de l'État et de l'armée pendant la République 12. légende 13. ville 14. l'armée d'Hannibal la voit devant elle 15. ennemi 16. armée en ordre de bataille 17. armée en marche 18. elle est le but qu'Hannibal n'atteindra pas.

Héros ou guerrier sans foi ni loi ?

1 Illis temporibus, Hannibale superante, Romani hunc laudabant simul et vituperabant :
En ce temps-là, ..., ... louaient et simultanément critiquaient [celui-ci] cet homme :

2 « Illum nonne laudabitis ? Ille vir istis adversis proeliis ultimus excessit.
« ...... cet homme-là ? Ce grand guerrier a quitté le dernier ces combats malheureux [livrés par vous].

3 In hoc certamine, huic magnus animus fuit : corpus ejus ad ea genera laborum paratum erat.
Dans ce combat-ci, [un grand courage fut à celui-ci] il a montré un grand courage : [le corps de ce guerrier] son corps était préparé pour ce genre d'épreuves.

4 Sed has magnas virtutes ingentia illius vitia aequant : inhumana crudelitas perfidiaque Punica. »
Mais les énormes défauts de ce grand homme égalent ces grandes qualités : une cruauté inhumaine et une perfidie punique. »

5 His coloribus eum Titus Livius depinxit istaque Poenorum perfidia in proverbium abiit.
C'est sous ces couleurs que Tite Live l'a dépeint et cette détestable perfidie Punique est passée en proverbe.

D'après **Tite Live**, *Histoire romaine*, XXI, 4.

Reconnaître is, ea, id

1 À l'aide de la traduction, identifiez la classe grammaticale de chaque mot en rose (pronom ou adjectif), sa fonction et son cas.

2 Quel nom reprend ejus (phrase 3) ? Comment expliquez-vous la traduction ?

Identifier hic, iste, ille

3 À l'aide de la traduction, identifiez la classe grammaticale de chaque mot en bleu (pronom ou adjectif), sa fonction et son cas. Désignent-ils un élément proche ou lointain ?

4 Même exercice pour les mots en rouge. Que remarquez-vous dans la traduction de la phrase 5 ?

5 Analysez les mots en vert : désignent-ils un élément proche ou lointain ? Que remarquez-vous dans la traduction des phrases 2 et 4 ?

6 Complétez la traduction des phrases 1 et 2.

Jacopo Ripanda, *Hannibal en Italie*, fresque (détail), XVIe siècle, Rome, Musées Capitolins.

Observer l'image

Verum aut falsum ?

1. Hannibalem in equo sedentem videmus.
2. Hannibal Romanorum agmini viam ostendit.
3. Elephantis duo magni eburnei dentes sunt.
4. Hic elephantus turritus est.
5. Hannibal barbatus est.

Vocabulaire : eburneus, a, um : qui est en ivoire – turritus, a, um : qui porte une tour.

1 Le pronom-adjectif is, ea, id

- Pour la déclinaison → **Mémento**, p. 204.
- Le pronom **is**, **ea**, **id** rappelle la personne ou la chose dont on a parlé (3e personne).
  Il est traduit par un **pronom personnel**.
  Exemple ▸ Hannibal venit : **eum** videmus. Hannibal arrive : nous **le** voyons.
- Employé au **génitif**, il est traduit par un **adjectif possessif** (*son*, *sa*, *ses*, *leur*, *leurs*).
  Exemple ▸ Hannibalis milites veniunt. Milites **ejus** videmus.
  Les soldats d'Hannibal arrivent. Nous voyons les soldats **de celui-ci** [**ses** soldats].
- **Is**, **ea**, **id** est traduit par un **adjectif démonstratif** s'il accompagne un nom.
  Exemple ▸ **Eos milites** jam vidimus. Nous avons déjà vu **ces soldats**.

2 Les pronoms-adjectifs hic, iste, ille

	hic, haec, hoc			iste, ista, istud			ille, illa, illud		
	Singulier								
	Masc.	**Fém.**	**N.**	**Masc.**	**Fém.**	**N.**	**Masc.**	**Fém.**	**N.**
N.	hic	haec	hoc	iste	ista	istud	ille	illa	illud
Acc.	hunc	hanc	hoc	istum	istam	istud	illum	illam	illud
G.	hujus			istius			illius		
D.	huic			isti			illi		
Abl.	hoc	hac	hoc	isto	ista	isto	illo	illa	illo
	Pluriel								
N.	hi	hae	haec	isti	istae	ista	illi	illae	illa
Acc.	hos	has	haec	istos	istas	ista	illos	illas	illa
G.	horum	harum	horum	istorum	istarum	istorum	illorum	illarum	illorum
D.	his			istis			illis		
Abl.	his			istis			illis		

	Emploi	Traduction
hic, haec, hoc	indique ce qui est proche dans l'espace et dans le temps	adjectif = hic liber (ce livre-ci, mon livre) pronom = hic legit (celui-ci lit)
iste, ista, istud	indique ce qui est proche de celui à qui on parle ; il peut avoir un sens péjoratif	adjectif = iste liber (ce livre-là, ton livre, ce mauvais livre) pronom = iste venit (celui-là est venu)
ille, illa, illud	indique ce qui est éloigné ; il peut avoir un sens laudatif	adjectif = ille consul (ce consul-là ; cet illustre consul) pronom = *hic legit*, ille scribit (*celui-ci lit*, celui-là écrit)

VOCABULAIRE à retenir

Noms

crudelitas, *atis*, f. — cruauté
periculum, *i*, n. — danger
vitium, *ii*, n. — défaut

Adjectifs

adversus, a, um — contraire, malheureux
ultimus, a, um — dernier

Verbes

aequo, as, are, avi, atum — égaler
excedo, is, ere, cessi, cessum — quitter
ostendo, is, ere, tendi, tentum — montrer
supero, as, are, avi, atum — surpasser, l'emporter

Mots invariables

apud + Acc. — auprès de, chez
non modo ... sed etiam — non seulement ... mais encore

S'exercer

▶ Lire et apprendre

1 **Lisez à voix haute. Apprenez la phrase en latin.**

Has tantas viri virtutes ingentia vitia aequabant : inhumana crudelitas, perfidia plus quam Punica, nihil veri, nihil sancti, nullus deum metus, nullum jus iurandum, nulla religio.
D'immenses vices égalaient ses vertus guerrières qui étaient si grandes : cruauté inhumaine, perfidie plus que punique, rien de vrai, rien de sacré pour lui, aucune crainte des dieux, aucun respect des serments, aucun sens religieux.

Tite-Live, *Histoire romaine*, XXI, 4, 9.

▶ Décliner

2 **Mettez au génitif et au datif ces groupes adjectif démonstratif + nom en conservant leur nombre.**
iste vir – hae causae – illud tempus – hoc corpus – ista domina – hi cives.

3 **Complétez chaque groupe par la forme de *hic*, *iste* et *ille* qui convient.**
Modèle : longum iter → hoc, istud, illud longum iter.
ferocem virum – clari duces – ingentium vitiorum – forti corpore – gravibus laboribus.

4 **Même exercice avec *is*, *ea*, *id*.**
bono consuli – gravia pericula – audax miles – adversorum proeliorum – magnas pugnas.

▶ Traduire les pronoms adjectifs démonstratifs

5 **a. Remplacez les noms en gras par la forme de *is*, *ea*, *id* qui convient.**
1. A **prudente** duce copiae ducuntur.
2. A Carthaginiensibus **Romani** terrentur.
3. **Hannibalis** elephanti Romanos terrent.
4. **Deo Marti** milites praedam praebent.
5. **Rex** omnes hostes interficit.

b. Traduisez les phrases obtenues.

6 **Traduisez ces phrases (attention au sens exact de l'adjectif ou du pronom).**
1. Haec domus mea est, illa amici mei.
2. In hunc locum milites conveniunt, duces in illum.
3. Illius temporis Carthaginienses feroces erant.
4. Isti viro milites non parent.
5. Illo tempore, Hannibal eos superabat.

Sententias Mittere Subito (SMS)

7 **Novum nuntium habes. Responde bonamque litteram pulsa.**

Ille dux in Italiam elephantos primus duxit.

A Hannibal **B** Romulus
C Alexander **D** Pyrrhus

▶ S'initier à la traduction

8 **a. Choisissez la solution correcte. b. Traduisez.**
1. Sicilia insula, inter Italiam et Africam posita, causa *(illa, illius, illi)* belli fuit. **2.** *(Isti, Istae, Istis)* Poeni autem insulae incolis, qui populi Romani amici erant, saepe oberant. **3.** Romani putaverunt sine auxilio *(hos, hi, horum)* socios relinqui non posse. **4.** *(Eis, Ei, Is)* praeclarus consul erat : belli curam *(illam, illius, illi)* tradiderunt.

9 **Suivez ce guide et traduisez les phrases.**

Petit guide pour traduire
- *Identifiez le temps et la voix des verbes conjugués.*
- *Repérez leur sujet et leur COD puis délimitez les principales et les subordonnées relatives.*
- *Repérez les verbes à l'infinitif (temps et voix). Délimitez les subordonnées infinitives.*

1. Q. Fabius, imperator Romanus, Carthaginiensibus epistulam dedit. **2.** In ea scripsit populum Romanum misisse ad eos hastam et caduceum, signa belli aut pacis. **3.** Ex his signis Carthaginienses eligere debebant id quod cupiebant. **4.** Illi responderunt : « Horum signorum neutrum nos eligemus ; ii qui haec signa advehent id relinquent quod cupient ». **5.** M. autem Varro non hastam *ipsam* [elle-même] neque *ipsum* [lui-même] caduceum mitti dicit, sed duas tesserulas, in quarum altera caducei, in altera hastae simulacra incidebantur.

D'après **Aulu-Gelle**, X, 27.

Vocabulaire : caduceus, *i*, m. : caducée – neuter, tra, trum : ni l'un ni l'autre – adveho, is, ere, vexi, vectum : apporter – tesserula, *ae*, f. : tablette – incido, is, ere, cisi, cisum : graver.

▶ Comprendre le sens des mots

10 **Retrouvez les synonymes et les antonymes de *confiant*** : optimiste – méfiant – hardi – soupçonneux – défiant – crédule.

Chassez l'intrus !

11 **Retrouvez le mot « intrus » :** inhospitalier – hospitalisé – hôtellerie – horloge – hospice – hôtesse.

Culture

Deux empires rivaux en Méditerranée

Carthage contre Rome

Selon la légende, la princesse phénicienne Élissa, venue de Tyr (au Liban aujourd'hui), fonda au IXe siècle avant J.-C. une cité qu'elle baptisa Nouvelle (*Kart-Hadasht* en phénicien) sur un territoire d'Afrique concédé par le roi berbère Hiarbas. Devenue la reine Didon, elle fit de sa ville le centre d'une civilisation raffinée (p. 130).
Au fil du temps, les Carthaginois développèrent leur réseau commercial dans toute la Méditerranée occidentale et bâtirent ainsi un empire maritime qui finit par se heurter aux intérêts des Romains : « avec une ambition et des forces égales, ces deux peuples visaient la domination du monde » (**Florus**, *Abrégé de l'histoire romaine*, I, 18).
Au IIIe siècle avant J.-C., deux grands conflits, appelés guerres puniques (p. 122), éclatèrent entre les cités rivales. L'expédition d'Hannibal faillit causer la perte de Rome, mais en fin de compte c'est Carthage qui disparut complètement au siècle suivant. Sur son site, les Romains victorieux édifièrent une nouvelle cité, la plus prospère d'Afrique sous l'Empire.

Amulette en verre, art punique, env. 350-280 avant J.-C., Carthage (Tunisie).

1. Une célèbre épopée raconte l'histoire d'amour entre Didon et l'ancêtre du peuple romain. Quel est le nom de cette épopée et celui de son auteur ?
2. Qui est le héros aimé de Didon ? Comment se finit cette histoire d'amour ?

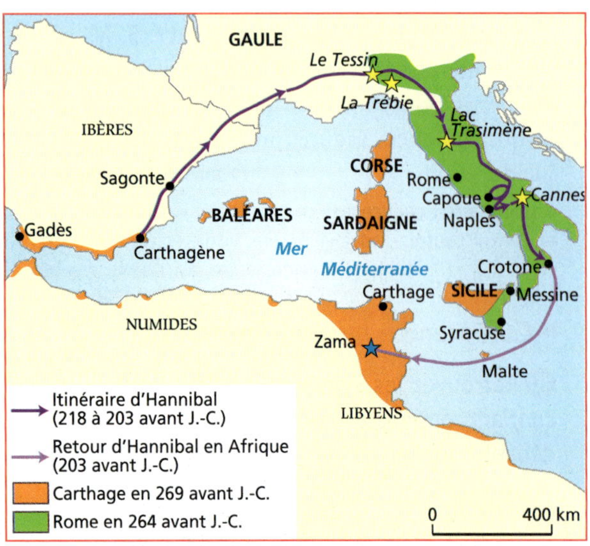

3. Retrouvez sur la carte l'itinéraire d'Hannibal et citez le nom de ses quatre grandes batailles.

Hannibal ad portas !

Fils du général carthaginois Hamilcar Barca, Hannibal (247-183 avant J.-C.) est élevé dans la haine de Rome. Il lance une expédition depuis la « nouvelle Carthage » (Carthagène en Espagne) pour aller défier l'ennemi sur son territoire (p. 122). Arrivé en Italie, il écrase en quelques mois les légions romaines lors de quatre batailles (★) où il fait preuve d'un génie militaire exceptionnel. À Rome, la nouvelle – Hannibal ad portas ! (Hannibal est à nos portes !) – répand une terreur égale au tumulte gaulois (p. 110). Mais le chef carthaginois n'exploite pas sa victoire : il reste plusieurs années dans le Sud de l'Italie sans chercher à entrer dans Rome. Quand il revient enfin en Afrique, il est battu à Zama (★) en 202 avant J.-C. par Scipion qui reçoit le surnom d'Africain.

Ennemi juré

On raconte qu'Hannibal, à peine âgé de neuf ans, couvrit son père Hamilcar de baisers et de caresses, comme le font les enfants, pour le convaincre de l'emmener en Espagne. La guerre en Afrique achevée, Hamilcar s'apprêtait en effet à passer dans ce pays avec son armée et il était en train de faire un sacrifice aux dieux. Il fait avancer son fils jusqu'à l'autel et il lui ordonne de jurer, la main sur la victime offerte, qu'il serait, dès qu'il le pourrait, l'ennemi du peuple romain (hostem populo Romano).

Tite-Live, *Histoire romaine*, livre XXI, chapitre 14, 4.

Jacopo Amigoni (1675-1752), *Hannibal jurant une haine éternelle à Rome*, collection privée.

4 Décrivez les personnages : comment sont-ils vêtus ? Quelles sont leurs attitudes ?

5 Comment reconnaît-on Hannibal et son père ?
Quelle phrase de Tite-Live vous permet de comprendre ce qu'ils sont en train de faire ?

6 Où se situe la scène ? Décrivez le décor. Quel objet symbolise Rome ?
Comment l'avez-vous reconnu ?

B2i **Préparer un exposé**

Carthaginois et Romains

Choisissez un personnage : la reine Didon, le navigateur Hannon, le consul Marcus Atilius Regulus (première guerre punique), le général Scipion (vainqueur de Zama).

Présentez-le en rédigeant un court paragraphe accompagné d'extraits de textes et d'images.

@ Pour vous aider, retrouvez des liens utiles sur : www.4e.latin.magnard.fr/liens

Pour aller plus loin À LIRE

Tumulte à Rome d'Odile Weulersse, © Hachette – Le Livre de Poche Jeunesse.
La vie quotidienne d'un jeune Romain bouleversée par l'arrivée d'Hannibal en Italie.

Les Voyages d'Alix : Carthage de Jacques Martin, © Casterman.

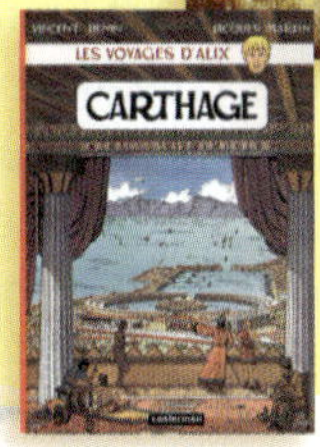

Carthage, entre histoire et légende

1 Une ville riche

Comme leurs ancêtres Phéniciens, réputés pour être d'habiles navigateurs, les Carthaginois tiraient leur richesse du commerce maritime.
Au IIe siècle avant J.-C., Carthage disposait de deux ports d'une taille et d'une modernité étonnantes pour l'époque.

Reconstitution de l'ancienne cité punique et du port de Carthage (Tunisie). Un ingénieux système de cales pouvait abriter 220 navires. Au centre, l'îlot circulaire de l'Amirauté où se trouvait le commandement de la flotte.

B2i Faire une recherche sur Internet

1. Cherchez des récits sur la destruction de Carthage.
2. Rassemblez des documents iconographiques (en particulier des mosaïques) provenant de la Carthage romaine.

Affiche du film *Cabiria* de Giovanni Pastrone (1914), dont l'action se passe pendant la deuxième guerre punique.

2 Un dieu mangeur d'enfants ?

Du fait de sa richesse, Carthage a suscité jalousie et médisance. On lui a prêté la pire des barbaries : le sacrifice d'enfants pour apaiser Baal Hammon, dieu de la fécondité. Mais les historiens modernes ont montré que ces accusations ne reposaient sur aucune preuve fiable.

Diodore de Sicile raconte comment, en 310 avant J.-C., Agathocle, tyran de Syracuse, vint assiéger Carthage.

Affolés, les Carthaginois décrétèrent une grande cérémonie dans laquelle devaient être sacrifiés deux cents enfants, choisis dans les familles les plus illustres [...]. Il y avait une statue de bronze représentant Cronos, les mains étendues et inclinées vers la terre, de manière que l'enfant, qui y était placé, roulait et allait tomber dans un gouffre rempli de feu.

Diodore de Sicile (Ier siècle avant J.-C.), *Bibliothèque historique*, XX, 14.

B2i Faire une recherche sur Internet

1. Recherchez qui est Cronos / Saturne dans la mythologie et expliquez pourquoi son nom est ici associé à la description du sacrifice.
2. Recherchez des documents sur le grand dieu carthaginois Baal Hammon.
3. Un célèbre auteur français, Gustave Flaubert, a écrit un roman, *Salammbô* (1862), qui se passe à Carthage pendant l'enfance d'Hannibal. Il s'est inspiré de Diodore de Sicile pour raconter une terrible scène de sacrifice. Avec l'aide de votre professeur, recherchez-en un extrait.

3 Des origines phéniciennes

1. Quel animal reconnaissez-vous sur la stèle ?
2. Le punique est issu du phénicien. Quel est l'apport fondamental de cette langue dans l'histoire de l'écriture ?

B2i **Faire une recherche sur Internet**

1. Compagne de Baal Hammon, Tanit est une grande déesse d'origine phénicienne. Cherchez quelles étaient ses fonctions dans le panthéon carthaginois.
2. Qu'est-ce que « le signe de Tanit » ? Dessinez-le.

Stèle portant une inscription en caractères puniques, calcaire, IIIe siècle avant J.-C., Carthage, Musée national.

▸ Parler latin et... carthaginois

Latinis verbis

Dans la comédie intitulée *Poenulus* (« le Petit Carthaginois »), jouée vers 189 avant J.-C., Plaute fait parler un de ses personnages en carthaginois. On ne sait pas s'il a reproduit fidèlement cette langue étrangère ou s'il a créé un charabia parodique pour s'amuser. Quoi qu'il en soit, la scène amusait beaucoup les spectateurs romains.

Lisez ce court extrait et mettez-le en scène en répartissant les rôles entre six acteurs : trois jouent « en V.O. » le texte de Plaute, trois le « doublent » en version française.

L'esclave Milphion, qui prétend être plus carthaginois qu'un Carthaginois (Poenus poenior) est chargé par son maître Agorastoclès d'interroger Hannon, un marchand qui vient d'entrer en scène en costume carthaginois.

MILPHION. Avo. Quoiates estis aut quo ex oppido ?	– Salut ! De quel pays êtes-vous, de quelle ville ?
HANNON. Anno byn mytthymballe udradait annech.	– Je suis Hannon, fils de Mattan Baal, un sénateur.
AGORASTOCLÈS. Quid ait ?	– Qu'est-ce qu'il dit ?
MIL. Hannonem se esse ait Carthagine, Carthaginiensis Mytthumbalis filium.	– Il dit qu'il est Hannon de Carthage, fils du Carthaginois Mytthumbal.
HAN. Avo. MIL. Salutat. HAN. Donni.	– Salut ! – Il te salue. – Seigneur.
MIL. Doni volt tibi dare hic nescio quid. Audin pollicitarier ?	– C'est une espèce de cadeau qu'il veut te donner, cet homme, un je ne sais pas quoi. Est-ce que tu l'entends te le promettre ?
AGOR. Saluta hunc rursus Punice verbis meis.	– Rends-lui son salut en punique de ma part.
MIL. Avo donni inquit hic tibi verbis suis.	– Avo donni il dit, lui, à toi, de sa part.

Plaute (env. 254-184 avant J.-C.), *Poenulus*, Acte V, scène 2, vers 994-1001.

1. Expliquez le jeu de mots entre donni et doni : quel effet produit-il ?
2. Milphion vous paraît-il aussi doué en carthaginois qu'il le prétend ?
3. Cherchez la scène du *Bourgeois gentilhomme* de Molière qui utilise un procédé comique du même genre : recopiez-en un extrait que vous pourrez jouer comme le texte de Plaute.

↪ Pour vérifier vos connaissances et vos compétences

Déjouer les pièges des déclinaisons

1 a. **Identifiez les genres et les cas de ces pronoms relatifs. Donnez toutes les possibilités.**
quorum – quo – quae – cui – quod – quibus.
b. Associez chaque pronom avec son antécédent. Donnez toutes les possibilités.
causas – cives – verbum – dominum – consilia – amica.

2 **Associez chaque adjectif démonstratif avec le nom qui convient. Donnez toutes les possibilités.**
a. illi – ejus – istis – haec – ei – illius – ista – hoc.
b. civi – servo – consilia – domina – militis – verbo – periculum – Carthaginiensibus.

Traduire le pronom relatif

3 a. Délimitez les subordonnées relatives. Quel élément est absent ? Quelle est la fonction de la relative ?
b. À l'aide du lexique et du modèle, traduisez les phrases.
Modèle : Qui bene amat bene castigat → Qui aime bien, châtie bien.
1. Qui scribit bis legit.
2. Qui nescit dissimulare nescit regnare.
3. Bis dat qui cito dat.
4. Qui tacet consentire videtur.
5. Quod semper est paratum non semper juvat.

4 a. À l'aide du lexique, traduisez ces phrases.
1. Felix qui potuit rerum cognoscere causas.
2. Is fecit cui prodest scelus.
3. Gravior est inimicus qui latet in pectore.
b. Quelle différence remarquez-vous avec les phrases de l'exercice 3 ?
c. À quel genre populaire ces phrases appartiennent-elles ?

Traduire l'ablatif absolu

5 a. Soulignez d'une couleur les participes parfaits et d'une autre les participes présents.
b. Reliez chaque groupe constituant un ablatif absolu à sa traduction.

1	aperto libro	A	la loi ayant été abrogée	7	opere citato	G	une fois la cause supprimée
2	flagrante delicto	B	une fois la justice rendue	8	sublata causa	H	au signal donné
3	abrogata lege	C	à tour de rôle	9	expressis verbis	I	une fois changé ce qui doit être changé
4	mutatis mutandis	D	à l'endroit cité	10	lata sententia	J	en toutes lettres
5	vice versa	E	le pouce ayant été retourné	11	pollice verso	K	la cause cessant
6	cessante causa	F	à livre ouvert	12	signo dato	L	en flagrant délit

Traduire sans guide

6 a. Rappelez oralement les étapes à suivre pour traduire.
b. Traduisez le texte.

7 **Comment interprétez-vous cette anecdote ?**

Zeuxis, qui Athenis vixit, clarus peritusque pictor fuit. Tradunt autem illum pinxisse puerum uvas tenentem, quae verae videbantur. Itaque ad eas multae aves advolaverunt. Omnibus eum laudantibus, Zeuxis iratus tamen uvas delevit. « Uvas, ait, melius pinxi quam puerum quia aves hunc non timent. Servabo quod pulchrum est non quod simile ».

D'après **Pline l'Ancien**, *Histoire naturelle*, livre XXXV, 63.

Savoir se repérer dans l'histoire et dans le temps

8 Voici douze événements cités dans le désordre.

1. Début de la première guerre punique qui oppose Rome et ….
2. Sac de Corinthe par les Romains.
3. Bataille de l'Allia, pillage de Rome par ….
4. Destruction complète de Carthage.
5. Fondation de Rome par ….
6. Conquête de la Gaule par ….
7. … franchit les Alpes et arrive en ….
8. Début de la colonisation grecque en Italie du sud, appelée ….
9. Marcellus s'empare de … en Sicile.
10. Fondation de Carthage par ….
11. Défaite du roi d'Épire … en Grande Grèce.
12. Victoire de … l'Africain sur Hannibal à ….

a. Complétez les phrases avec les noms propres de la liste.

Grande Grèce – Scipion – Jules César – Carthage – Italie – Zama – Didon – Syracuse – Hannibal – Romulus – Brennus – Pyrrhus.

b. Replacez les événements sur la frise à la date qui convient.

- 814	- 753	- 750	- 390	- 275	- 264	- 218	- 212	- 202	- 146	- 51
…	…	…	…	…	…	…	…	…	… …	…

Comparer des points de vue culturels

9 Pour faire le point sur la question de l'identité et de l'altérité

Comme tout individu, tout peuple est amené à prendre conscience de **lui-même** (idem, d'où identité) face à l'**autre** (alter, d'où altérité).

Fiers de leur histoire et de leurs valeurs ancestrales, les Romains affirment leur supériorité en tant que peuple (populus) constituant une nation (natio). Au fur et à mesure que leur puissance (imperium) a grandi, ils ont construit leur identité nationale face aux peuples et aux cultures qu'ils ont rencontrés.

Même s'ils ont souvent considéré les étrangers avec des préjugés xénophobes (du grec *xenos*, étranger et *phobia*, peur), on ne peut pas accuser les Romains d'être « racistes » au sens moderne du terme. Après avoir mis sous leur domination tous les peuples vivant autour de la Méditerranée, au point de l'appeler Mare nostrum (« notre mer »), ils ont plus cherché à intégrer leur diversité culturelle qu'à l'éliminer.

a. Le nom natio, *onis*, f. désigne un groupe d'hommes nés (nati) sur un même territoire, qui revendiquent une origine (genus, *eris*, n.) commune. Citez plusieurs mots français issus de natio et de genus.

b. Associez chaque qualificatif latin (colonne 1) à son sens (colonne 2).

c. Attribuez à chaque peuple considéré comme natio ou genus (colonne 3) les qualificatifs stéréotypés, en latin et en français, qui expriment le point de vue traditionnel des Romains.

Nota bene : un même qualificatif peut s'appliquer à plusieurs peuples.

1	2	3
audax, barbarus, callidus, crudelis, doctus, falsus, ferox, ferus, impius, incultus, inhumanus, levis, mollis, otiosus, perfidus, rapax, velox, lingua promptus	avide de richesse, barbare, toujours prêt à parler (bavard), cruel, dépourvu de sens religieux, effronté, fougueux, féroce, inculte, inhumain, léger (frivole), menteur, mou (sans énergie), paresseux, perfide, rusé, savant, vif	GALLUS (chapitre 11) GRAECUS (chapitre 12) POENUS (chapitre 13)

10 Rédigez quelques phrases pour décrire « le Romain » tel qu'il se voit, à l'aide de ces mots :

gravitas – auctoritas – majestas – pietas – humanitas – urbanitas – fides – fortitudo – virtus – decus – justitia – mos majorum.

Exemple : Romanus humanus est. / Romanus se humanum esse putat. / Romano humanitas officium est.

CHAPITRE 14

Respecter les rites

▸ Très scrupuleux dans le domaine de la religion, les Romains se considèrent comme un peuple protégé par les dieux.

Découvrir le texte

Temple de Jupiter sur le Capitole, pièce de monnaie.

Rome est pleine de dieux…

Après l'invasion de Rome par les Gaulois (p. 104), les Romains veulent abandonner leur ville dévastée pour aller en reconstruire une autre ailleurs. Nommé dictateur dans ces circonstances dramatiques, Camille exhorte ses compatriotes réunis en assemblée.

« Adversae deinde res admonuerunt religionum. **Confugimus in Capitolium ad deos, ad sedem Jovis optimi maximi**; sacra in ruina rerum nostrarum alia terra celavimus, alia avecta in finitimas urbes amovimus ab hostium oculis; **deorum cultum deserti ab deis hominibusque tamen non intermisimus. Reddidere** [= reddiderunt] **igitur patriam et victoriam et antiquum belli decus amissum**, et in hostes, qui caeci avaritia in pondere auri foedus ac fidem fefellerunt, verterunt terrorem fugamque et caedem. Haec culti neglectique numinis tanta monumenta in rebus humanis cernentes ecquid sentitis, Quirites, quantum vixdum e naufragiis prioris culpae cladisque emergentes paremus nefas? Urbem auspicato inauguratoque conditam habemus; nullus locus in ea non religionum deorumque est plenus ; sacrificiis sollemnibus non dies magis stati quam loca sunt in quibus fiant. Hos omnes deos publicos privatosque, Quirites, deserturi estis ? »

Titus Livius, *Ab Urbe condita libri.*

« Enfin nos malheurs nous ont fait penser à nos devoirs religieux. __________ ; alors que nos biens étaient en ruine, nous avons caché une partie de nos objets sacrés sous terre, nous en avons transporté une autre dans les villes voisines, loin des regards des ennemis ; __________, et aux ennemis, qui, aveuglés par l'avidité, trompaient avec le poids de l'or la parole donnée dans le traité, ils ont envoyé la terreur, la fuite et le massacre. Vous observez ces conséquences si impressionnantes sur les choses humaines, venant de la volonté divine quand elle est honorée ou négligée, Quirites, et vous ne sentez pas que, à peine sortis de ce premier naufrage où nous ont plongés nos fautes et nos malheurs, nous nous préparons encore à accomplir un sacrilège ? Nous avons une ville fondée sur des présages favorables et consacrée par les augures ; il n'y a pas un seul endroit en elle qui ne soit plein des dieux et des devoirs religieux qui leur sont dus ; nos sacrifices solennels ont leurs jours aussi fixes que les lieux où ils doivent s'accomplir. Pouvez-vous, Quirites, abandonner tous ces dieux que nous honorons publiquement et en privé ? »

Tite-Live (59 avant J.-C.-17 après J.-C.), *Histoire romaine,* livre V, chapitre 51, 8-10 et chapitre 52, 1-3.

→ LIRE LE TEXTE

1 Traduisez les mots en gras.

2 Quels sont les premiers devoirs auxquels doit penser un Romain ? Relevez les mots en français et en latin.

3 Quel dieu est honoré sur le Capitole ? Comment l'appelle-t-on en latin ? Citez son nom et ses épithètes au nominatif et au génitif.

4 Pourquoi les Gaulois ont-ils été punis ?

5 Pourquoi ne faut-il pas quitter Rome, selon Camille ? Qu'est-ce qui fait la force de l'*Urbs* ? Citez les arguments en français puis en latin.

Découvrir l'image

La triade capitoline

Triade Capitoline, sculpture en marbre de Carrare, IIe siècle après J.-C., Palestrina (Italie), Musée archéologique.

Jupiter est le plus grand dieu du panthéon romain : il est le protecteur attitré de la ville et de son empire. La triade qu'il forme avec sa femme et sa fille est honorée dans le sanctuaire le plus prestigieux de l'Urbs, sur le Capitole.

Gros plan sur…

*Les divinités possèdent divers **attributs** (objets, animaux, symboles) qui sont les emblèmes de leurs fonctions. Ce sont des insignes qui permettent de les reconnaître quand elles sont anthropomorphisées (représentées sous une forme humaine). Ainsi, **la chouette**, capable de voir dans la nuit, est l'un des attributs de la déesse incarnant l'intelligence.*

→ LIRE L'IMAGE

1. Comment sont représentées les trois divinités ? Décrivez leurs vêtements et leur pose.
2. À quels indices voit-on que Jupiter est le roi des dieux ? Quel oiseau (détruit sur la sculpture) représente son pouvoir ?
3. Nommez en latin et en français la femme et la fille de Jupiter. Quelles sont leurs fonctions dans le panthéon romain ?
4. Quels oiseaux reconnaissez-vous auprès d'elles ? Quels autres attributs les caractérisent ?

Les dieux des Romains

Pour les Romains, qui se disent religiosissimi (très religieux), les dieux sont des partenaires invisibles et indispensables : ils cohabitent avec les hommes et les accompagnent dans toutes leurs entreprises.

Jupiter dans sa ville

Pour montrer que Jupiter habite Rome en permanence, le prêtre qui le représente, nommé flamen Dialis (flamine de Jupiter, p. 140), ne dort jamais hors de la ville. Il porte un manteau pourpre et un curieux bonnet surmonté d'une baguette d'olivier entourée d'un fil de laine.

Flamine de Jupiter (au centre), détail de la frise sud de l'Ara Pacis (Autel de la Paix), 9 avant J.-C., Rome.

Religion, culte et sacré

La religion, **religio**, *onis*, f., est le respect scrupuleux à l'égard des dieux. Elle vise à maintenir le contrat de bonne entente qui lie (verbe **relig**are) les Romains aux puissances « supérieures » (superi) dans l'intérêt de leur famille et de leur cité.
Le culte, **cultus**, *us*, m., consiste à « cultiver » (colo, is, ere, colui, **cultum**) les dieux, à les honorer en toutes circonstances. Pour assurer la **pax deorum** (la paix des dieux), il est indispensable d'observer soigneusement tous les rites (ritus) hérités des ancêtres : prières, offrandes, fêtes, processions, sacrifices.
Tout ce qui touche au domaine des dieux est déclaré **sacer**, sacra, sacrum (sacré) et intouchable pour les profanes.

Volonté divine et présage

Le nom **numen**, *inis*, n. désigne la volonté exercée par une puissance divine, et souvent la divinité elle-même, qu'on imagine s'exprimant par un signe de tête (verbe **nu**ere).
Les Romains sont attentifs au moindre signe qu'ils interprètent comme un présage, **omen**, *inis*, n., envoyé par la divinité pour les approuver ou les désapprouver dans leurs actions. Ainsi, la volonté de Jupiter (**Jovis numen**) se manifeste par le tonnerre et par la foudre.

Mots-clés : cultus, numen, omen, religio, sacer.

Étymologie

1 Que signifient les expressions *liberté de culte, culte de la personnalité, film-culte* ?

2 Cherchez le sens de *profane* (nom et adjectif). Quels sont les deux mots latins qui le composent ?

3 Le verbe abominor signifie « j'écarte un mauvais présage ». De quel préfixe et de quel nom est-il composé ? Quel adjectif français, synonyme d'*horrible* et *détestable*, en est issu ?

Jouez avec les mots

4 Pour cacher leur numen, les onze dii consentes qui constituent le « conseil des ministres » de Jupiter (consilium Jovis) ont mélangé les lettres de leur nom au génitif. À vous de le retrouver, puis de le citer au nominatif.

Exemple ▸ Jo Siv → génitif Jovis, nominatif Juppiter.

1. Pol llanis. **2.** Luc Niva. **3.** Tes Ave. **4.** Tim Ras. **5.** Cerise R. **6.** Eric Muri. **7.** Mina Reve. **8.** Ana Ide. **9.** Pit Nune. **10.** Nino Jus. **11.** Eve Sirn.

Observer

Les dieux de Rome

1 Romanis plurimi dei et deae erant sed **omnium deorum / ex omnibus deis** Juppiter maximus erat.
...... très nombreux mais de tous les dieux Jupiter était le plus grand.

2 **a.** Romanis benignissimus erat :
Il était très bienveillant ...... :
b. itaque illo deo optimo Romani gratiam majorem habebant.
......, pour ce dieu très bon, une plus grande reconnaissance.

3 Cicero, qui aedilis erat, ludos sanctissimos Cereri, Libero, Liberaeque facere debebat.
Cicéron, ..., devait célébrer les jeux ...... en l'honneur de Cérès, Liber et Libera.

4 Ludos autem simillimos sed antiquiores Jovi, Junoni, Minervaeque faciebat.
...... très semblables mais plus anciens en l'honneur de Jupiter, Junon et Minerve.

5 Floram deam populo placare celebritate maxima studebat.
Il s'attachait à rendre favorable au peuple la déesse Flore, par ...... procession.

6 Sacerrimarum etiam aedium procurationem habebat : nullus aedilis illustrior erat **Cicerone / quam Cicero**.
...... des temples très sacrés : aucun édile n'était plus illustre que Cicéron.

D'après **Cicéron**, *Contre Verrès*, II, V, XIV, 36.

Identifier les comparatif et superlatif de supériorité

1 À l'aide du lexique, distinguez radical et terminaison des adjectifs en vert en latin (phrases 4 et 6).

2 Même exercice avec les adjectifs en bleu, aux phrases 2 a et 3, puis 4 et 6.

3 Quelles différences remarquez-vous dans les terminaisons de ces adjectifs ?

4 Quels adjectifs signifient *grand* et *bon* en latin ? Quelles formes prennent ces adjectifs aux phrases 1, 2 et 5 ?

5 Comment dit-on *nombreux* en latin ? Que remarquez-vous à la phrase 1 ?

Identifier le complément du comparatif et du superlatif

6 Quel est le cas de chaque expression en gras à la phrase 1 ? Comment est introduite la deuxième expression ?

7 Même exercice avec la phrase 6.

8 Complétez la traduction des phrases.

Observer l'image

Choisissez la bonne réponse dans chaque phrase.

1. Cum **ver / autumnus / hiems** adest, Flora dea per agros silvasque ambulat.
2. Hominibus **frumenta / flores / fructus** Flora adfert.
3. Florae feriarum mensis est **Januarius / Aprilis / October**.
4. Florae feriae appellantur **Floralia / Saturnalia / Vestalia**.
5. Florae sacerdos appellatur **flamen Dialis / flamen Cerialis / flamen Floralis**.

Sandro Botticelli, *Flora, la déesse du printemps*, détail du *Printemps*, 1487, Florence, Musée des Offices.

Apprendre

1 Comparatif et superlatif de supériorité

- Au **comparatif** et au **superlatif de supériorité**, un **suffixe** s'ajoute au radical de l'adjectif.

Positif	Comparatif	Superlatif
Règle générale	**radical + ior, ior, ius** (G. : **ioris**)	**radical + issimus, a, um**
clarus, a, um : *célèbre*	**clarior, ior, ius** : *plus célèbre*	**clarissimus, a, um** : *le plus célèbre, très célèbre*
fortis, e : *courageux* ingens, -ntis : *immense*	**fortior, ior, ius** **ingentior, ior, ius**	**fortissimus, a, um** **ingentissimus, a, um**
Adjectifs en -er	**radical + ior, ior, ius** (G. : **ioris**)	**radical + rimus, a, um**
miser, era, erum : *misérable* pulcher, chra, chrum : *beau*	**miserior, ior, ius** **pulchrior, ior, ius**	**miserrimus, a, um** **pulcherrimus, a, um**
Adjectifs courants en -ilis	**radical + ior, ior, ius** (G. : **ioris**)	**radical + limus, a, um**
facilis, e : *facile*	**facilior, ior, ius**	**facillimus, a, um**

- Les adjectifs au **comparatif** se déclinent comme les noms de la 3e déclinaison ; au **superlatif**, ils se déclinent comme les adjectifs en **-us**, **-a**, **-um**.
- Certains adjectifs courants ont des **radicaux différents** pour les trois degrés (positif, comparatif, superlatif).

Positif	Comparatif	Superlatif
bonus, a, um : *bon*	**melior, ior, ius** : *meilleur*	**optimus, a, um** : *le meilleur, très bon*
malus, a, um : *mal*	**pejor, or, us** : *pire, plus mauvais*	**pessimus, a, um** : *le pire, très mauvais*
magnus, a, um : *grand*	**major, or, us** : *plus grand*	**maximus, a, um** : *le plus grand, très grand*
parvus, a, um : *petit*	**minor, or, us** : *plus petit*	**minimus, a, um** : *le plus petit, très petit*
propinquus, a, um : *proche*	**propior, ior, ius** : *plus proche*	**proximus, a, um** : *le plus proche, très proche*
multi, ae, a : *nombreux*	**plures, es, a** : *plus nombreux*	**plurimi, ae, a** : *les plus nombreux, très nombreux*

2 Les compléments du comparatif et du superlatif

- Le **complément du comparatif de supériorité** est introduit par **quam** (+ nom au cas exigé par sa fonction) ou bien il est à **l'ablatif sans préposition** (avec un comparatif au nominatif ou à l'accusatif).
  Exemple ▸ Dea clarior est **quam deus** / Dea clarior est **deo**. La déesse est plus célèbre **que le dieu**.
- Le **complément du superlatif** est au **génitif** ou à l'**ablatif** précédé de la préposition **e, ex**.
  Exemple ▸ Clarissimus **poetarum / ex poetis**. Le plus célèbre **des poètes**.

VOCABULAIRE à retenir

Adjectifs

fidelis, e — fidèle

Six adjectifs au superlatif en -illimus, a, um

difficilis, e — difficile
dissimilis, e — dissemblable
facilis, e — facile
gracilis, e — fragile
humilis, e — humble
similis, e — semblable

Mots invariables

autem — d'autre part, mais (toujours en 2e position)
multo — beaucoup (devant comparatif)
tamen — pourtant (toujours en 2e position)

S'exercer

Lire et apprendre

1 Lisez à voix haute. Apprenez la phrase en latin.

Thales, qui sapientissimus in septem fuit, [dicebat] homines existimare oportere omnia quae cernerentur deorum esse plena ; fore enim omnes castiores.

Thalès, qui est le plus sage parmi les sept sages, [disait] que les hommes devraient être persuadés que tout ce qu'ils voient est plein de dieux ; et qu'en conséquence nous deviendrions tous plus purs.

Cicéron, *Des lois*, II, 11.

Reconnaître le comparatif et le superlatif

2 Donnez le comparatif et le superlatif de supériorité de ces adjectifs au nominatif singulier et aux trois genres.

clarus – facilis – audax – fidelis – sapiens – celer.

3 **a.** Analysez ces adjectifs (cas, genre, nombre, comparatif / superlatif).

majoris – pluribus – proximo – pejus – pessimae – graviori.

b. Mettez-les au nominatif masculin singulier ou pluriel (selon la forme de départ) et traduisez.

4 Dans ces groupes, remplacez les comparatifs et les superlatifs par l'adjectif au positif en conservant le genre et le cas.

graviora verba – optimae deae – ingentius signum – pejores viros – similioribus periculis.

Reconnaître le complément

5 **a.** Identifiez les comparatifs, les superlatifs et leurs compléments.

1. Ex omnibus templis, Jovis aedes pulcherrima erit.
2. Minerva benignior quam Juno est.
3. Vergilius clarissimus Romanorum poetarum erat.
4. Juppiter fortior Saturno fuit.
b. Traduisez.

6 **a.** Repérez le complément de chaque adjectif. Complétez la phrase avec l'adjectif qui convient (comparatif ou superlatif).

1. Poetarum Graecorum Homerus *(magnus)* fuit.
2. Juno non *(bonus)* Minerva fuit.
3. Romae deae non *(multi)* quam dei sunt.
4. Ex omnibus deis Mercurius *(peritus)* est.
b. Traduisez.

Sententias Mittere Subito

SMS

7 Novum nuntium habes. Responde bonamque litteram pulsa.

Quod prodigium Jovis numen monstrat ?

A solis defectio
B diluvies **C** fulgur
D terrae motus

S'initier à la traduction

8 **a.** Remplacez l'adjectif au positif par un comparatif ou un superlatif, selon le sens. **b.** Traduisez.

1. De Baccho mira fabula traditur, sed de Minerva, *(doctus, a, um)* dearum, fabula *(mirus, a, um)* a poetis narratur. **2.** Olim Juppiter *(gravis, e)* capitis dolore opprimebatur. **3.** Tum a Vulcano, ex omnibus deis *(fortis, e)*, quaesivit : « Nonne mihi adesse poteris ? *Securi tua* [avec ta hache] aperi caput meum : ita doloris *(magnus, a, um)* causa tolletur ». **4.** Vulcanus paruit : e vulnere exiit Minerva, virgo *(sapiens, tis)*, quae *(formosus, a, um)* quam ceterae quoque erat.

9 Suivez ce guide et traduisez les phrases.

Petit guide pour traduire

- *Identifiez le mode et le temps des verbes conjugués.*
- *Délimitez principales et subordonnées (relative, infinitive).*
- *Identifiez et analysez les comparatifs, les superlatifs et leurs compléments respectifs.*

1. Junoni, Minervae Venerique pomum aureum *datum est* [fut donnée], in quo unum verbum legere potuerunt : « Pulcherrimae ». **2.** Tum fuit inter deas maxima discordia. **3.** Ex omnibus deis Juppiter Optimus Maximus providentissimus erat. **4.** Itaque Paridem, aequalium pastorum formosissimum, pulcherrimam eligere jussit. **5.** Juno prima, deorum regis conjux, verba fecit : « *Si me eliges* [si tu me choisis], divitissimus et nobilissimus ex hominibus eris ». **6.** Deinde Minerva : « Doctissimus et prudentissimus eris ». **7.** Venus tertia : « Cum femina pulchriore quam ceteris feminis vitam ages ».

Comprendre le sens des mots

10 Proposez une définition de chaque mot sans vous aider du dictionnaire : culture – agriculture – culturel – cultuel – inculte – polyculture.

Chassez l'intrus !

11 Trouvez les mots « intrus » :
divin – divinité – divaguer – divinement – diva – divan.

Culture

Rome, la cité des dieux

Les ministres du culte

Pour un Romain, toute action entreprise doit être accompagnée d'actes religieux précis, dont le sacrifice (sacrificium, de sacra facere, faire les choses sacrées) est le plus important (p. 150).
À la maison, c'est le pater familias qui honore les divinités du foyer.
Dans la cité, les magistrats consultent les dieux dans toutes leurs décisions, secondés par des prêtres (sacerdotes) chargés de veiller aux pratiques du culte en bons serviteurs (ministri) des dieux.
Élus ou nommés dans les grandes familles romaines, ces prêtres sont réunis en « collège » (collegium) partageant les mêmes fonctions sacrées : les plus importants sont les neuf pontifes, **pontifex**, *icis*, m., qui surveillent toutes les cérémonies publiques. Leur chef porte le titre de pontifex maximus.
Les quinze flamines (flamines) sont attachés au culte d'une divinité particulière ; le flamine de Jupiter (flamen Dialis) incarne la présence du roi des dieux dans la ville (p. 136). Les augures (augures), dont le nombre varie de neuf à quinze, observent les signes envoyés par les dieux.

Les préparatifs d'un sacrifice devant un temple, fragment d'un bas-relief en marbre provenant de Rome (210 x 175 cm), début du IIe siècle après J.-C., Paris, Musée du Louvre.

1 Que signifie le nom *sacerdoce* ? D'où vient-il ? Quel adjectif latin retrouvez-vous ?

2 Que fait aujourd'hui un *ministre du culte* ? Qui est appelé *le souverain pontife* ?

Les lieux du culte

Pour les Romains, il existe deux sortes d'espaces sacrés : ceux que les hommes ont choisis pour les dieux et ceux que les dieux occupent selon leur propre volonté.
Comme le grec ***téménos*** (sanctuaire) le **tem**ple, **templum**, *i*, n., est par définition l'espace qui a été découpé (en grec ***temnô*** : je coupe) pour les dieux. Avec son bâton sacré, l'augure délimite un espace carré dans le ciel et sur la terre pour y « lire » la volonté des dieux (p. 144). Par extension, templum a désigné l'édifice construit pour être la demeure d'une divinité.
Mais les dieux peuvent aussi habiter partout dans la nature : dans un bois, une source ou une fontaine, un lac ou un étang. Dès lors qu'il est reconnu comme un domicile divin, le lieu devient également l'objet d'un culte.

3 Quelles divinités secondaires habitent dans les bois et les sources, selon les Grecs et les Romains ?

Roma, caput mundi

Perino del Vaga (1501-1547), *Tarquin le Superbe fondant le temple de Jupiter sur le Capitole*, fresque, env. 1525, Florence, Musée des Offices.

Le roi Tarquin le Superbe voulait laisser un monument à la gloire de sa famille et de son règne : le temple de Jupiter que son père avait promis et que lui-même ferait construire sur le Capitole (Capitolium). Tandis qu'on préparait les premières fondations de l'édifice, la volonté (numen) des dieux se révéla, dit-on, par des signes annonçant la puissance d'un empire. [...] On raconte qu'en creusant le sol pour ces fondations on découvrit une tête humaine (caput humanum) parfaitement conservée. Ce prodige (prodigium) montrait sans aucune ambiguïté que là se trouverait aussi la tête de l'empire. C'est ce que firent proclamer les devins qui étaient dans la cité et ceux qu'on avait fait venir d'Étrurie.

Tite-Live, *Histoire romaine*, livre I, 55, 1-6.

4 À quelle époque se déroule cet épisode ? Où se situe-t-il ?

5 Décrivez les personnages. Lequel est le roi ? Comment le reconnaissez-vous ?

6 Que fait, à votre avis, le personnage penché vers le sol ?

7 Décrivez le décor. Vous paraît-il correspondre à l'architecture de Rome au temps de Tarquin le Superbe ?

8 Expliquez le jeu de mots concernant la tête. Quel lien voyez-vous avec le nom de la colline ? avec le destin de Rome ?

B2i — **Préparer un exposé**

1. Dii consentes
Rédigez une courte fiche pour présenter chacun des douze grands dieux du panthéon romain. Illustrez chaque fiche de quelques images accompagnées de références précises.

2. Faunus et Flora
Mêmes consignes pour ces deux divinités de la nature typiquement romaines.

3. Prêtresses à Rome
Préparez un exposé illustré pour présenter les Vestales (Vestales virgines).

Pour aller plus loin À LIRE

Les Dieux s'amusent
de Denis Lindon,
© Flammarion Jeunesse, 2010.
Un ouvrage qui associe tradition et humour pour réviser la mythologie gréco-romaine.

CHAPITRE 15 Lire les signes

▸ Pour les Romains, il est fondamental de connaître la volonté des dieux en décodant les signes qui se manifestent dans la vie des hommes.

Découvrir le texte

Des livres hors de prix

Historia super libris Sibyllinis ***ac de Tarquinio Superbo rege.***

In antiquis annalibus memoria super libris Sibyllinis haec prodita est : **anus hospita atque incognita ad Tarquinium Superbum regem adiit novem libros ferens, quos esse dicebat divina oracula** ; eos velle venundare. Tarquinius pretium percontatus est. Mulier nimium atque immensum poposcit ; rex, quasi anus aetate desiperet, derisit. **Tum illa foculum coram cum igni apponit, tres libros ex novem deurit** et, ecquid reliquos sex eodem pretio emere vellet, regem interrogavit. **Sed enim Tarquinius id multo risit magis dixitque anum** jam procul dubio **delirare. Mulier ibidem statim tres alios libros exussit** atque id ipsum denuo placide rogat, ut tres reliquos eodem illo pretio emat. Tarquinius ore jam serio atque attentiore animo fit, eam constantiam confidentiamque non insuper habendam intellegit, libros tres reliquos mercatur nihilo minore pretio, quam quod erat petitum pro omnibus. Sed eam mulierem tunc a Tarquinio digressam postea nusquam loci visam constitit. Libri tres in sacrarium conditi « Sibyllini » appellati ; ad eos quasi ad oraculum quindecimviri adeunt, cum dei immortales publice consulendi sunt.

Aulus Gellius, *Noctes Atticae*.

Histoire sur les livres sibyllins .

Dans les anciennes annales, a été publié ce récit sur les livres sibyllins : ; elle disait qu'elle voulait les vendre. Tarquin demanda le prix. La femme en réclama une somme énorme et démesurée ; le roi se moqua d'elle, comme si la vieille avait perdu la tête à cause de son âge. et elle demanda au roi s'il voulait acheter les six qui restaient au même prix. sans aucun doute cette fois. et fait de nouveau tranquillement cette demande elle-même : qu'il achète les trois derniers à ce même prix. Tarquin montre désormais un visage plus sérieux et un esprit plus attentif, il comprend qu'il ne faut pas prendre à la légère cette persévérance et cette assurance, il achète les trois derniers livres sans aucune réduction de prix par rapport à ce qui avait été demandé pour tous. Mais cette femme quitta alors Tarquin, et on ne la revit plus nulle part depuis ce temps, c'est un fait qui a été reconnu. Les trois livres gardés en sûreté dans un sanctuaire furent appelés « sibyllins » ; les quindécemvirs vont les consulter comme un oracle, lorsqu'il faut interroger les dieux immortels au nom de l'État.

Aulu-Gelle (env. 120-180 après J.-C.), *Nuits attiques*, livre I, 19 (texte complet).

VOCABULAIRE

quindecimviri, *orum*, m. pl. : les « quinze hommes », collège spécial de quinze prêtres chargés de la garde des livres sibyllins.

Jacques Juliot de Troyes (?-env. 1552), *Sibylle*, sculpture en pierre, Écouen, Musée national de la Renaissance.

→ LIRE LE TEXTE

1. Traduisez les mots en gras.
2. Cette « histoire » vous paraît-elle être un récit historique ? À quel genre de texte vous fait-elle penser ? Pourquoi ?
3. Relevez en français et en latin les termes qualifiant le personnage principal. L'auteur donne-t-il son nom ? Pourquoi ?

Découvrir l'image

L'héritage de la Sibylle

Michel-Ange (1475-1564), *La Sibylle de Cumes*, fresque (détail) de la voûte de la chapelle Sixtine, 1508-1512, Rome, Musées du Vatican.

La légende raconte que la Sibylle (du grec *sibylla* : prophétesse) était une belle jeune fille de Cumes, près de Naples, en Grande Grèce (p. 118). Comme Apollon lui avait promis d'exaucer son vœu le plus cher pour la séduire, elle prit une poignée de sable et souhaita de vivre autant d'années que de grains dans sa main, mais elle oublia de demander à garder la jeunesse.

Gros plan sur...

*Les **livres sibyllins** contiennent des vers mystérieux, rédigés en grec, que les quindécemvirs (p. 142) sont chargés de consulter en cas de crise grave (une guerre, une épidémie), selon un code très strict. Les prêtres sélectionnent au hasard un ou deux vers pour composer un acrostiche dont ils complètent eux-mêmes le contenu : ils fabriquent ainsi des oracles qui proposent des solutions à la crise (instaurer une nouvelle fête, des jeux).*

→ LIRE L'IMAGE

1. Que lit-on aux pieds du personnage ?
2. Comment est représentée la Sibylle ? Décrivez ses vêtements et sa pose.
3. Décrivez son visage. Quel élément de son histoire met-il en évidence ?
4. Observez le décor : dans quel genre d'architecture est placé le personnage ?

Les experts en messages divins

Les Romains font appel à divers spécialistes pour connaître la volonté des dieux (numen, p. 136).

Bons ou mauvais auspices ?

Les magistrats doivent « prendre les auspices » (auspicia habere) avant toute décision pour savoir si les dieux vont accorder leur faveur à l'action qu'ils veulent entreprendre.
L'augure regarde les oiseaux voler, les poulets sacrés manger (p. 145) et il en tire une réponse en fonction d'un code ancestral.
Si elle est négative, on recommence l'opération.

Un augure en train de scruter le ciel, statuette en bronze provenant d'Étrurie, env. 500-480 avant J.-C., Paris, Musée du Louvre.

Interpréter la parole des dieux

Le nom **vates**, *is*, m. désigne le devin et prophète (du grec *phémi*, je parle, et *pro*, avant) capable de « parler en avance » (de pré-dire) pour dévoiler l'avenir parce qu'il est directement inspiré par les dieux. En Grèce, c'est le rôle de la Pythie qui fait entendre les paroles d'Apollon à Delphes (p. 7). La légende de la Sibylle (p. 142) montre comment la religion romaine a développé cette tradition de divination par les oracles (oraculum, *i*, n., du verbe orare : parler).

Décoder les signes

Pour comprendre les signes divins (**div**ina), il existe une autre forme de divination (de **divin**are : prévoir) typiquement romaine, nommée **augurium**, *ii*, n. Bâti sur la racine du verbe **aug**ere (augmenter), le nom **aug**urium désigne tout signe envoyé par les dieux pour « augmenter » la réussite des hommes. Il signifie aussi l'observation et l'interprétation de ces signes par le prêtre nommé augur, *uris*, m. (augure, p. 140). L'augure observe les éclairs, le tonnerre et, surtout, le comportement des oiseaux, dont il tire un présage, **auspicium**, *ii*, n. (de avis, *is*, f. : oiseau et spicio : je regarde). L'examen du foie des victimes sacrifiées est une spécialité étrusque (p. 148).

mots-clés : augurium, auspicium, vates.

Étymologie

1 Que faisaient les Romains quand ils inauguraient un temple ? Expliquez le sens du verbe souligné.

2 Que signifient les expressions *des paroles sibyllines, sous de bons auspices, oiseau de mauvais augure* ?

3 Le nom vaticinatio, *onis*, f. signifie *action de prédire l'avenir*. D'où est-il issu ? Que signifie le verbe *vaticiner* ?

Jouez avec les mots

4 Trois noms savants, formés sur des mots grecs, désignent l'observation : **a.** des phénomènes de foudre **b.** des oiseaux **c.** du foie. Retrouvez-les en associant les dominos et en vous aidant des indices.

Indices : le brontosaure est un dinosaure « qui gronde comme le tonnerre », l'hépatite est une maladie du foie, l'ornithologie est l'étude des oiseaux, le télescope est un instrument qui permet d'observer des objets éloignés.

Observer

Les poulets sacrés

1 Proelio navali imminente, consul clamat : « Utinam dei nobis **adsint** ! »
...... : « Pourvu que les dieux nous aident ! »

2 « Auspicia more majorum **petantur** ! Pullarius cavea pullos **exeat** ! »
« Que l'on prenne les auspices selon la coutume des ancêtres ! Que le pullaire [celui qui garde les poulets sacrés] sorte les poulets de leur cage ! »

3 At cavea liberati pulli non pascunt et consul, summa ira incitatus, jubet : « Pulli in mare **abjiciantur** ! »
Mais les poulets ...... : « Que l'on jette les poulets à la mer ! »

4 Atque per jocum deos irridens, addit : « Quia edere nolunt, **bibant** ! »
Et, se moquant des dieux par une plaisanterie, il ajoute : « Puisqu'ils ne veulent pas manger, qu'ils boivent ! »

5 Consulis collega, neglectis quoque auspiciis, classem tempestate mox amittit.
....

6 « Quid **faciam** ? ait. Ne damnationis ignominia me **notet** ! Voluntaria morte **peream** ! »
« Que faire ? dit-il. Que le déshonneur d'une condamnation ne me frappe pas ! ...... ! »

D'après **Valère Maxime**, *Faits et paroles mémorables*, I, 4, 3.

Identifier le subjonctif présent

1 Établissez la carte d'identité des verbes au subjonctif présent (en gras dans le texte) en suivant le modèle.

Le verbe dans la phrase	petantur
Terminaison	-ntur (3e pers. pl. voix passive)
Suffixe	-a- (subjonctif présent)
Radical	pet- (radical du présent)
Le verbe dans le lexique	peto, is, ere, petivi ou petii, itum (3e conjugaison)
Traduction	Que (les auspices) **soient interrogés !**

2 Que remarquez-vous dans les radicaux et les suffixes des verbes en gras soulignés ?

Distinguer souhait, doute, ordre et défense

3 À l'aide de la traduction, repérez les verbes au subjonctif exprimant un ordre. À quelles personnes sont-ils ?

4 Quelle phrase exprime un ordre négatif ? Quel mot marque la négation en latin ?

5 Quel mot introduit la phrase en bleu en latin ? Quelle nuance de sens exprime cette phrase ? Et la phrase en vert ?

6 Complétez la traduction des phrases.

Observer l'image

Reliez les phrases au numéro qui convient et traduisez.

a. « Domine, haec est hirundo quae prima auspicium faciet. »
b. Duci, ut imperatori triumphanti, pulchra toga picta coronaque sunt.
c. « Puer, avem mitte ! Deorum numen videamus ! »
d. Dux Etruscus auspicia habet cum servo suo : aves in caelum volantes spectat.

Vel Saties prend les auspices avec son serviteur, le nain Arnza, fresque provenant de la tombe François à Vulci, env. 320-310 avant J.-C., Rome, Musée Torlonia.

Apprendre

1 Le subjonctif présent actif et passif

- Le **subjonctif présent** de sum et de ses composés se caractérise par le suffixe **-i-**.
- À la **1re conjugaison**, le suffixe **-e-** annule et remplace la voyelle finale du radical du présent.
- Pour **les autres conjugaisons**, le suffixe **-a-** s'ajoute au radical du présent.

	sum	1re conjugaison	2e conjugaison	3e conjugaison	3e conjugaison mixte	4e conjugaison	eo, is, ire
	-i-	**radical** + e + terminaisons	**radical** + a + terminaisons				
Singulier	s**i**m	am**e**m	vide**a**m	leg**a**m	capi**a**m	audi**a**m	e**a**m
	s**i**s	am**e**s	vide**a**s	leg**a**s	capi**a**s	audi**a**s	e**a**s
	s**i**t	am**e**t	vide**a**t	leg**a**t	capi**a**t	audi**a**t	e**a**t
Pluriel	s**i**mus	am**e**mus	vide**a**mus	leg**a**mus	capi**a**mus	audi**a**mus	e**a**mus
	s**i**tis	am**e**tis	vide**a**tis	leg**a**tis	capi**a**tis	audi**a**tis	e**a**tis
	s**i**nt	am**e**nt	vide**a**nt	leg**a**nt	capi**a**nt	audi**a**nt	e**a**nt

- Au **subjonctif présent passif**, seules changent **les terminaisons**.

	Terminaisons	1re conjugaison	2e conjugaison	3e conjugaison	3e conjugaison mixte	4e conjugaison
		radical + e + terminaisons	**radical** + a + terminaisons			
Singulier	-r	amer	videar	legar	capiar	audiar
	-ris	ameris	videaris	legaris	capiaris	audiaris
	-tur	ametur	videatur	legatur	capiatur	audiatur
Pluriel	-mur	amemur	videamur	legamur	capiamur	audiamur
	-mini	amemini	videamini	legamini	capiamini	audiamini
	-ntur	amentur	videantur	legantur	capiantur	audiantur

2 Le subjonctif présent dans les propositions indépendantes

- Le subjonctif présent s'emploie pour exprimer :

– **un souhait**, précédé de **utinam** (que, pourvu que…).

Exemple ▶ **Utinam** dei nobis **adsint** ! **Que** les dieux nous **aident** !

– **un ordre** à la 1re et à la 3e personne (où l'impératif n'existe pas).

Exemple ▶ Hoc **faciamus** ! Que nous fassions ceci ! / **Faisons** ceci ! **Audiant** ! **Qu'ils écoutent !**

– **un ordre négatif** ou **une défense**, à la 1re et à la 3e personne, précédé de la négation **ne**.

Exemple ▶ **Ne** hoc **faciamus** ! **Ne faisons** pas ceci ! **Ne audiant** ! **Qu'ils n'écoutent pas !**

- Il s'emploie dans une **proposition indépendante interrogative** pour exprimer le **doute**.

Exemple ▶ Quid **faciam** ? Que faut-il que je fasse ? Que faire ? Que puis-je faire ?

VOCABULAIRE à retenir

Noms
fulgor, *oris*, m. éclair
mors, *mortis*, f. mort
mulier, *eris*, f. femme
oraculum, *i*, n. oracle

Adjectifs
immortalis, e immortel
incognitus, a, um inconnu
voluntarius, a, um volontaire

Mots invariables
coram devant, en face de
procul en avant, au loin
statim aussitôt
utinam que, pourvu que

Verbes
appono, is, ere, posui, positum placer auprès, présenter
condo, is, ere, didi, ditum fonder, établir
fero, fers, ferre, tuli, latum porter, supporter, rapporter

S'exercer

▶ Lire et apprendre

1 Lisez à voix haute. Apprenez les phrases en latin.

> Omnis populi Romani religio in sacra et in auspicia divisa est, tertium adjunctum est: si quid praedictionis causa ex portentis et monstris Sibyllae interpretes haruspicesve monuerunt, harum ego religionum nullam umquam contemnendam putavi.
> Toute la religion du peuple romain a été divisée en cérémonies sacrées et en auspices, on y a ajouté un troisième élément: si les interprètes de la Sibylle ou les haruspices ont tiré quelque avertissement des prodiges et des phénomènes monstrueux, je n'ai jamais tenu pour méprisable aucune de ces pratiques religieuses.
>
> **Cicéron**, *De la nature des dieux*, III, 2, 5.

▶ Conjuguer le subjonctif présent

2 **Donnez le subjonctif présent actif et passif de ces verbes aux personnes indiquées.**
intellegere (2e sg.) – habere (3e sg.) – rapere (2e pl.) – dicere (3e pl.) – exspectare (1re pl.).

3 **a. Analysez ces verbes au subjonctif présent (personne, voix).**
dicas – jubeat – possit – serventur – redeam – voceris.
b. Traduisez.

4 **a. Identifiez le verbe au subjonctif dans chaque liste.**
1. ducet – duxit – ducam.
2. rapietur – rapitur – rapiatur.
3. vocant – vocent – vocabunt.
4. habemus – habeamur – habebimur.
b. Analysez toutes les formes (personne, temps, mode, voix) et traduisez-les.

▶ Reconnaître les valeurs du subjonctif

5 **a. Mettez les verbes à la forme demandée en respectant la personne. N'oubliez pas utinam, quid ou ne!**
vocas (ordre) – rapiunt (défense) – tenetis (ordre) – audimus (souhait) – scribo (défense) – dico (doute).
b. Traduisez.

6 **a. Dans chaque phrase, analysez le verbe (personne, temps, mode, voix). Exprime-t-elle le souhait, le doute, l'ordre ou la défense?**
1. Deos timete. **2.** Quem vocem?
3. Utinam dea nobis adsit! **4.** Pareamus deis!
5. Patriam serva! **6.** Ne pulli in mare abjiciantur!
b. Traduisez.

Sententias Mittere Subito

SMS

7 Novum nuntium habes. Responde bonamque litteram pulsa.

Caius Octavius « Augustus » vocatus est cum princeps Romae fuit. Cur?

A Imperium Romanum augere promisit.
B Augures illum a deis amari praedicaverunt.
C Civium Romanorum libertatem auxit.

▶ S'initier à la traduction

8 **a. Choisissez le verbe qui convient. b. Traduisez.**
1. Galli Romae appropinquant et senatus jubet: « Vestales procul *(fugiunt, fugiant, fugerunt)* ».
2. Senatores dicunt: « Civitatis ignem Vestales *(servant, servabant, servent)*! Ne *(interficiantur, interficiuntur, interfecerunt)* neve *(serviantur, servientur, serviuntur)*! »
3. Tum cives Romani cogitant: « Utinam ibi maxima veneratione Vestales *(accipiantur, accipientur, accipuntur)*! »

9 **Suivez ce guide et traduisez les phrases.**

Petit guide pour traduire
- *Identifiez le mode et le temps des verbes conjugués.*
- *Quelles phrases expriment l'ordre? la défense? À quels indices les reconnaissez-vous?*
- *Même question pour le souhait ou le doute.*

1. Dicunt olim feminam ad Tarquinium Superbum venisse. **2.** Illa regi dicit: « Utinam eos novem libros qui deorum oracula habent tibi vendam! **3.** Utinam tibi prosint! » **4.** Atque magnum pretium a Tarquinio petit. **5.** Tarquinius autem ridet et tacet; tum femina in flammas tres libros jacit et regem monet: « Numquam pretium mutabo! » **6.** Rex dubitat: « Quid faciam? » At femina iterum tres libros in foculum jacit. **7.** « Exspecta, rex, clamat, ne libri in flammas abjiciantur! **8.** Emantur autem ponanturque in Capitolium! »

▶ Comprendre le sens des mots

10 Le verbe praesagio, is, ire, ivi ou ii (deviner) et le nom sagacitas, *atis*, f. (capacité à sentir finement) sont issus du verbe sagio, is, ire qui signifie *avoir du flair*. Dans quel verbe et quel nom français retrouvez-vous leur sens?

Chassez l'intrus!

11 **Retrouvez les mots « intrus »:**
devin – devinette – de visu – devineresse – devise – deviner – deviser.

Culture

La « science » étrusque

Les haruspices

Les Étrusques sont les spécialistes d'une « science » (Etrusca disciplina) inventée par le mystérieux Tagès (p. 149) : l'haruspicine (haruspicina). Cette discipline enseigne une forme de divination sophistiquée, qui consiste à observer (spicere) minutieusement les entrailles (*haru* en étrusque) des animaux sacrifiés.

Un haruspice, **haruspex**, *icis*, m., est non seulement expert en hépatoscopie (observation du foie des victimes sacrifiées, p. 144), mais il sait aussi, quand l'occasion se présente, interpréter tout phénomène « paranormal » (une éclipse, un veau à cinq pattes, une pluie de pierres, etc.). Les Romains pensent en effet que les dieux donnent un avertissement aux hommes en provoquant ce qu'ils appellent **monstrum**, *ii*, n. ou **prodigium**, *ii*, n., un événement hors norme, monstrueux, surnaturel.

Haruspice, statuette en bronze (17,7 cm), IVe siècle avant J.-C., Rome, Musées du Vatican.
L'haruspice porte un haut couvre-chef en peau ou en feutre, attaché sous le menton, car c'est un très mauvais signe s'il tombe durant une cérémonie.

1 Expliquez les divers sens des noms *monstre* et *prodige*.

Savants ou charlatans ?

Venus très tôt d'Étrurie à Rome (p. 141), les haruspices ne sont pas des prêtres publics, mais ils ont beaucoup de succès car ils ne se contentent pas de donner une réponse simple (oui ou non) comme les augures. Ils prédisent l'avenir en détail, ce qui séduit aussi bien les hommes politiques (César avait son haruspice personnel) que les simples particuliers. De nombreux haruspices abusent de la crédulité des gens pour s'enrichir et les intellectuels les tiennent pour des charlatans.
On a retrouvé un modèle de foie en bronze sur lequel les jeunes haruspices devaient s'entraîner à lire une sorte de carte du ciel. Ce foie est divisé en cases portant le nom d'une (ou plusieurs) divinité(s). Si la moindre anomalie est décelée dans une case, on conclut que le(s) dieu(x) correspondant(s) adressent un signe dont les livres sacrés expliquent le sens.

Foie de mouton en bronze (12,6 x 7,6 x 6 cm) trouvé près de Plaisance en Étrurie, IIIe siècle avant J.-C., Plaisance (Italie), Musée municipal.

2 L'haruspicine serait-elle considérée comme une science aujourd'hui ? Justifiez votre réponse.

Tagès, l'enfant vieillard

On raconte qu'un jour, dans un champ du royaume de Tarquinia, alors qu'un paysan labourait la terre et que le soc de sa charrue s'était enfoncé trop profondément dans le sol, un certain Tagès en surgit tout à coup et se mit à parler au laboureur. Or, à ce qu'on dit dans les livres des Étrusques, ce Tagès avait l'air d'un enfant, mais il possédait aussi la sagesse d'un vieillard. En le voyant, le laboureur qui conduisait ses bœufs fut frappé de stupeur. Il poussa un grand cri d'étonnement ; on accourut de toutes parts : en peu de temps toute l'Étrurie était là, rassemblée. Alors cet illustre sage fit un long discours à ses nombreux auditeurs, qui recueillirent toutes ses paroles et s'empressèrent de les consigner par écrit. Ce discours, dit-on, contenait tout l'enseignement des haruspices (disciplina haruspicinae) ; on y a depuis ajouté des règles nouvelles à apprendre en se référant toujours aux mêmes principes d'origine. Voilà les traditions que nous tenons des Étrusques, voilà les livres qu'ils conservent et la source de leur science.

Cicéron (106-43 avant J.-C.), *De la divination*, II, 23, 50.

Putto Carrara, statue en bronze (32,7 cm), provenant de la cité étrusque de Tarquinia, IIIe siècle avant J.-C., Rome, Musées du Vatican.

3 Comment Cicéron présente-t-il les informations sur l'haruspicine ? À quel genre d'histoire ressemble cette présentation ?

4 Quels éléments de la statuette vous paraissent correspondre aux informations données ?

5 Décrivez le visage et la pose du personnage. Que suggèrent-ils à votre avis ?

6 Que voyez-vous autour du cou du personnage ? Qui porte ce type d'objet selon les traditions familiales romaines ?

B2i Sélectionner des documents

1. Les sibylles

Recherchez des documents sur les différents personnages qu'on a appelés **sibylle** (entrez ce mot dans un moteur de recherche).

2. Découvrir le *Livre des prodiges*

Au IVe siècle après J.-C., **Julius Obsequens** a écrit un ***Livre des prodiges*** recensant les phénomènes exceptionnels année par année. Recherchez la traduction de cet ouvrage (entrez les mots en gras dans un moteur de recherche) et choisissez quelques exemples. Rédigez un court paragraphe pour présenter l'auteur et l'ouvrage.

Pour aller plus loin À LIRE

Dieux et héros des Romains
d'Anne Bousselet,
© Gallimard Jeunesse, 2007.
Un ensemble de récits adaptés de textes latins présente le panthéon romain et le calendrier des fêtes.

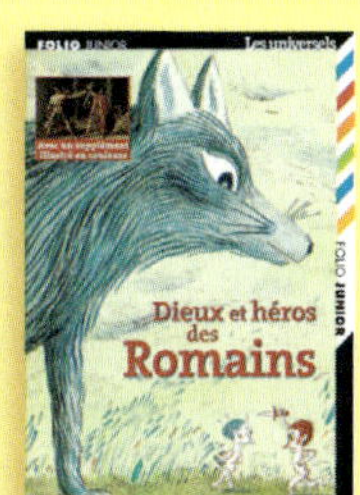

Le sacrifice

Accompli selon un rituel très minutieux, le sacrifice est une cérémonie fondamentale de la religion romaine. Observez ces documents pour en suivre le déroulement.

1 *Le Triomphe de Tibère, scène de sacrifice*, coupe en argent (9,7 x 21 cm), trésor de Boscoreale, début du Ier siècle après J.-C., Paris, Musée du Louvre. 3

2 Relief en marbre provenant du Champ de Mars à Rome (87 x 200 cm), env. 15 après J.-C., Paris, Musée du Louvre.

ASSOCIER LES INFORMATIONS ET LES DOCUMENTS

La bête à sacrifier, **hostia**, *ae*, f. (offerte aux dieux pour apaiser leur « **hosti**lité ») ou victima, *ae*, f. (offerte pour les remercier d'une faveur), est soigneusement sélectionnée dans un troupeau selon l'âge, le sexe, la couleur du pelage (un mâle pour un dieu, une femelle pour une déesse). On peut aussi sacrifier plusieurs animaux ; on offre ainsi à Mars des suovetaurilies (suovetaurilia) : un porc (sus), un bélier (ovis) et un taureau (taurus). Une hécatombe est un sacrifice de cent (*hécaton* en grec) bœufs (boves).

Le cortège avec le magistrat et ses licteurs avance en procession. La tête ornée de bandelettes, la bête est conduite à l'autel (ara, *ae*, f.), devant le temple (p. 160). Le prêtre, la tête couverte par un pan de sa toge, procède au sacrifice : il saupoudre la tête de la victime de mola salsa (de la farine mêlée de sel, préparée par les Vestales) ; ensuite le victimaire (assistant du prêtre) assomme et égorge l'animal

COMPRENDRE : l'orfèvrerie

L'**orfèvrerie** (de aurum, or et faber, artisan) désigne le travail des métaux précieux (surtout or et argent). À Rome, les riches Romains possèdent de nombreux objets d'orfèvrerie à usage domestique. Le trésor découvert à Boscoreale près de Pompéi en offre un magnifique exemple (documents 1 et 3).

Les orfèvres maîtrisent plusieurs **techniques** : le martelé (mise en forme du métal) et le repoussé (le métal est repoussé par l'envers pour obtenir un décor en relief), la gravure et ciselure (sur l'endroit), le montage (assemblage et soudure), le polissage (finition au tour ou à la main).

4 Relief en marbre provenant du Forum de Trajan (66 x 200 cm), env. 120 après J.-C., Paris, Musée du Louvre.

d'un coup de hache ; les entrailles sont prélevées. Un haruspice examine le foie en détail. Si l'observation ne décèle aucun présage défavorable, les viscères (cœur, foie, rate, poumons) saupoudrés de mola salsa sont brûlés sur l'autel : c'est la part réservée aux dieux qui doivent se régaler de l'odeur. La viande est partagée entre le prêtre et le public.

1. Retrouvez sur les documents les étapes du sacrifice.
2. Décrivez chaque document en repérant les éléments en bleu.
3. Quel document représente une scène de suovetaurilies ?

COMPRENDRE LA TECHNIQUE DES ŒUVRES

4. Quelle technique du relief reconnaissez-vous sur les documents 2 et 4 ?
5. Expliquez comment la coupe de Boscoreale a été fabriquée.

CHAPITRE 16 Célébrer les fêtes

▶ Pour honorer les dieux, les Romains organisent de nombreuses fêtes religieuses au fil des saisons.

Découvrir le texte

Vive Saturne !

En un temps fort lointain, celui des légendes, Janus régnait sur l'Italie. Il offrit l'hospitalité à Saturne qui lui apprit les bienfaits de l'agriculture. Janus et Saturne gouvernèrent alors ensemble.

Cum inter haec subito Saturnus non comparuisset, excogitavit Janus honorum ejus augmenta. Ac primum terram omnem dicioni suae parentem Saturniam nominavit : **aram ei deinde cum sacris tamquam deo condidit, quae Saturnalia nominavit**. Tot saeculis Saturnalia praecedunt Romanae urbis aetatem. Observari igitur eum jussit majestate religionis quasi vitae melioris auctorem. Simulacrum ejus indicio est, cui falcem, insigne messis, adjecit. […]

Comme Saturne avait subitement disparu pendant leur règne, Janus imagina d'augmenter les honneurs qu'on lui rendait. Et d'abord toute la terre qui était soumise à son autorité, il l'appela Saturnie : ____________________ . C'est par un si grand nombre de générations que les Saturnales précèdent l'époque de la ville de Rome. Janus ordonna donc d'honorer Saturne avec la dignité du respect religieux, en le révérant comme la source et le garant de l'amélioration de leur vie. La statue qui lui a été élevée en est la preuve : Janus lui a ajouté une faux, emblème de la moisson. […]

Pour expliquer l'origine des Saturnales, Macrobe cite quelques vers de Lucius Accius, un érudit du iie siècle avant J.-C.

« Maxima pars Graium Saturno et maxime Athenae conficiunt sacra, quae Cronia esse iterantur ab illis, eumque diem celebrant : per agros urbesque fere omnes exercent epulis laeti famulosque procurant quisque suos, nostrique itidem, et mos traditus illinc iste, ut cum dominis famuli epulentur ibidem. »

Ambrosius Theodosius Macrobius, *Convivia primi diei Saturnaliorum*.

« Une très grande partie des Grecs, et surtout les Athéniens, organisent pour Saturne des cérémonies qu'ils répètent sous le nom de Cronia et ils en fêtent ainsi chaque journée : à la campagne et à la ville, presque partout, on passe son temps joyeusement en banquets, et chacun sert ses esclaves ; nous en faisons autant, et c'est de là que nous est venue cette coutume : les esclaves, au même moment, festoient avec les maîtres. »

Macrobe (env. 370-440 après J.-C.), *Saturnales*, livre I, 7, 24 et 36.

VOCABULAIRE

sacra, *orum*, n. pl. : cérémonies religieuses.

Saturnalia, *ium*, n. pl. : Saturnales, fêtes en l'honneur de Saturne.

Stèle votive consacrée à Saturne, découverte dans la ville romaine de Cuicul en Numidie (Djemila en Algérie), Ier siècle après J.-C.

→ LIRE LE TEXTE

1. Traduisez les mots en gras.
2. Comment Janus honore-t-il Saturne ? Relevez les termes en français et en latin.
3. Relevez la phrase qui montre l'ancienneté de la fête des Saturnales en français et en latin.
4. Quelle coutume suivent les Romains pendant les Saturnales ? D'où vient-elle ?

Bona Saturnalia !

Antoine-François Callet (1741-1823), *Les Saturnales ou l'Hiver*, huile sur toile (47,3 x 80 cm), Compiègne, Château.

Fêtées le 17 décembre, au moment du solstice d'hiver, les Saturnales sont passées d'une journée à l'origine (en 497 avant J.-C. selon Tite-Live) à quatre sous Auguste, puis sept sous Domitien (81-96 après J.-C.). Pendant les Saturnales, les écoliers romains sont en vacances. Dans les rues, la foule crie « Bona Saturnalia ! », on suspend des guirlandes, on s'offre de petits cadeaux. Tout le monde coiffe le pileus (p. 66) pour montrer que les esclaves ont le droit de se comporter comme les maîtres. On inverse même les rôles : les maîtres servent leurs esclaves à table.

Gros plan sur...

Divinité de la fertilité, Saturne a été progressivement confondu avec le Cronos des Grecs. Son attribut le plus courant, ***la faux****, symbolise la moisson (p. 152), mais aussi le temps, qui « coupe, tranche et moissonne tout » (Macrobe), le nom propre Κρόνος (Cronos) étant confondu avec le nom commun χρόνος (chronos, le temps).*

→ LIRE L'IMAGE

1 Décrivez la scène. Quels rites des Saturnales met-elle en valeur ?

2 Quels éléments du décor suggèrent l'Antiquité romaine et la fête ?

3 Quel élément, au premier plan, fait nettement référence à la liberté momentanée des esclaves ?

4 Les Saturnales sont à l'origine de traditions encore célébrées dans deux grandes fêtes de notre calendrier : lesquelles ?

Découvrir **les mots-clés**

Le contrat entre les hommes et les dieux

Pour les Romains, les dieux sont bienveillants tant que les hommes respectent les clauses du contrat fixé par la loi divine (fas).

Fasti Praenestini, calendrier de Verrius Flaccus (détail), 6-9 avant J.-C., Palestrina (Italie).
C marque les jours fastes avec comices (p. 31),
NP les néfastes, avec fêtes publiques.
Les autres lettres désignent les jours de la semaine.

Jours fastes et néfastes

Pour les Romains, il est très important de distinguer ce qui est permis par les dieux, nommé **fas**, n. (du verbe fari : parler), de ce qui ne l'est pas (nefas, n.). Ils différencient le temps des hommes (celui où on travaille) et le temps des dieux (celui où on les invite à faire la fête).
Tenu par le pontifex maximus (p. 140), le calendrier, appelé **fasti**, *orum*, m. pl. (de fastus, a, um : exprimé par la loi divine), établit les jours fastes (dies fasti), où il est permis par la religion d'exercer une activité, et les jours néfastes (dies nefasti), réservés aux dieux, où se tiennent des cérémonies de purification et de commémoration ainsi que les fêtes publiques.

Offrandes et prières

Le sacrifice (sacrificium, *ii*, n.) est le rite fondamental, destiné à nourrir les dieux (pp. 150-151). On leur offre des animaux, mais aussi des produits de la terre (légumes, fruits, céréales), du fromage, des gâteaux. La **libatio**, *onis*, f. (libation) consiste à répandre (libare) un cadeau « en liquide » (du vin, du lait, de l'huile) sur l'autel de la divinité.
Lors de la **supplicatio**, *onis*, f. (supplication), on adresse des prières publiques aux dieux pour leur demander une faveur ou pour les remercier. Dans les rites très anciens, le suppliant (supplex) devait s'agenouiller (supplicare) en signe de soumission à la divinité. En échange de la faveur demandée ou accordée, on fait une promesse solennelle (voveo, es, ere, vovi, votum) : si le **votum**, *ii*, n. (vœu) n'est pas tenu, les dieux peuvent se livrer aux pires représailles.

mots-clés : fas, fasti, libatio, supplicatio, votum.

Étymologie

1 L'adjectif *souple* est issu du nom supplex. Comment l'expliquez-vous ?

2 D'où viennent les adjectifs *festif, fastueux, votif* ? Quel est leur sens ?

3 Parmi les événements à commémorer les jours néfastes figurent aussi des désastres publics, comme la bataille de l'Allia (p. 110). Pour cette raison, l'adjectif nefastus a pris un autre sens : lequel ?

Jouez avec les mots

4 Traduisez cette phrase en latin.

Dans le ciel, l'haruspice voit un éclair qui annonce la volonté des dieux.

Recopiez les mots soulignés (après les avoir traduits en latin) dans la grille et vous trouverez le nom composé de deux mots latins qui désigne l'objet offert à une divinité en remerciement de ses bienfaits.

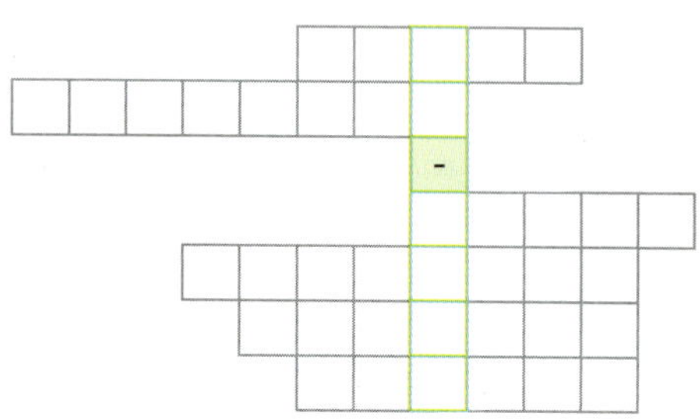

Observer

Janus et Saturne

1 Fabula tradit Janum, qui in Italia olim regnavit, geminam faciem habuisse.
La légende raconte que Janus, qui régna jadis en Italie, avait une double face.

2 Janus hominibus persuadet **ut** omnia videre possit et res praeteritas noscat et res futuras prospicat.
Janus persuade les hommes qu'il peut tout voir, qu'il connaît les choses passées [le passé] et qu'il discerne les choses futures [le futur].

3 Accidit **ut** Saturnus, in Italia a Jano exceptus, fidei causa omnium victum in melius redigat.
Il arrive que Saturne, reçu en Italie par Janus, améliore le mode de vie de tous pour inspirer confiance.

4 Inde hi una concordesque regnant vicinaque oppida condunt. Sed magna spe data, Saturnus subito e conspectu fugit.
À partir de là, …… . Mais ayant donné un grand espoir, …… .

5 Tum Janus clamat : « Utinam ille ab omnibus hominibus observetur diligaturque ! »
…… : « …… ! »

6 Janus igitur edicit ut Saturno dies consecretur sacraque condantur.
…… qu'un jour soit consacré à Saturne et que …… .

D'après **Macrobe**, *Saturnales*, I, 7.

Identifier la 5e déclinaison

1 En vous aidant de la traduction, identifiez la fonction et le cas des mots en bleu aux phrases 1, 2, 4 et 6.

2 Quelles terminaisons observez-vous ?

3 À l'aide du lexique, expliquez la traduction de fidei causa (phrase 3).

Identifier la proposition subordonnée complétive au subjonctif

4 Analysez les verbes en vert (personne, temps, mode, voix).

5 Lesquels de ces verbes sont employés dans une proposition indépendante ?

6 À l'aide de la traduction délimitez principales et subordonnées aux phrases 2 et 3. Quel mot introduit les subordonnées ?

7 Complétez la traduction des phrases.

Janus bifrons, statuette étrusque en bronze (29,6 cm), IIIe siècle avant J.-C., Cortone (Italie), Musée étrusque.

Observer l'image

Discipuli, salvete ! Verum aut falsum ?

1. Mihi nomen est Saturno.
2. Januarius mensis e nomine meo vocatur.
3. Duo capita sunt mihi.
4. Bifrons sum.
5. Primus rex Romanorum fui.
6. Jovis aedium januam in caelo custodio, unde nomen meum venit.

Apprendre

1 La 5e déclinaison : res, *ei*, f. (la chose)

- Tous les noms de la **5e déclinaison** se terminent par **-ei** au génitif singulier.

	res, *ei*, f. : la chose	
Cas	**Singulier**	**Pluriel**
Nominatif	res	res
Vocatif	res	res
Accusatif	rem	res
Génitif	rei	rerum
Datif	rei	rebus
Ablatif	re	rebus

- Les noms de la 5e déclinaison sont du **féminin** sauf :
  – dies, *ei*, qui est masculin quand il a le sens de journée et féminin quand il a le sens de date.
  – meridies, *ei*, m. (midi).

Exemples ▸ **Totum diem** perdidi. J'ai perdu **toute ma journée.**
Die dicta consul venit. Le consul est venu **au jour dit** (à la date fixée).

- Seuls dies et res, *rei*, f. s'emploient au pluriel.

- Le nom **res**, ***ei***, f. associé à l'adjectif **publica** forme un nom composé, écrit en un ou deux mots, dont les deux éléments se déclinent : res publica ou respublica, f. (le gouvernement, l'État, la République, p. 8).

Cas	Singulier	Pluriel
Nominatif	respublica	respublicae
Vocatif	respublica	respublicae
Accusatif	rempublicam	respublicas
Génitif	reipublicae	rerumpublicarum
Datif	reipublicae	rebuspublicis
Ablatif	republica	rebuspublicis

Exemples ▸ Utinam dei **reipublicae** adsint !
Que les dieux aident **la République** !
Tria genera **rerumpublicarum** sunt.
Il y a trois types de **gouvernements**.

2 La proposition subordonnée complétive au subjonctif

- Une **subordonnée au subjonctif** complète la plupart des verbes exprimant l'**ordre**, la **prière**, le **soin** ou l'**effort**. Elle est introduite par **ut** (que) ou **ne** (que… ne… pas).

Exemples ▸ Opto **ut *veniat***. Je souhaite **qu'*il vienne***.
Opto **ne *veniat***. Je souhaite **qu'*il ne vienne pas***.

- Une **subordonnée au subjonctif** introduite par **ut** ou **ut non** est **sujet** réel de **verbes impersonnels** comme **accidit**, **evenit** (il arrive que).

Exemple ▸ Evenit **ut** deus ***appareat***. Il arrive **que** le dieu ***apparaisse***.

VOCABULAIRE à retenir

Noms

acies, *ei*, f.	pointe, regard perçant, armée en ordre de bataille
canities, *ei*, f.	blancheur
facies, *ei*, f.	visage
fides, *ei*, f.	confiance, foi
species, *ei*, f.	aspect, apparence
spes, *ei*, f.	espoir

Verbes (pouvant être construits avec une complétive au subjonctif)

curo, as, are, avi, atum	prendre soin que
edico, is, ere, dixi, dictum	ordonner que
efficio, is, ere, feci, fectum	faire en sorte que
impero, as, are, avi, atum	commander que
moneo, es, ere, ui, itum	avertir que
opto, as, are, avi, atum	souhaiter que
oro, as, are, avi, atum	parler, prier que
persuadeo, es, ere, suasi, suasum	persuader quelqu'un (+ D.)
peto, is, ere, petivi ou petii, petitum	demander que, demander à + a, ab avec Abl.
praecipio, is, ere, cepi, ceptum	prescrire que
rogo, as, are, avi, atum	demander que, demander à + Acc.
suadeo, es, ere, suasi, suasum	conseiller que

S'exercer

▶ Lire et apprendre

1 Lisez à voix haute. Apprenez la phrase en latin.

> Sequitur porro : nihil deos ignorare quod omnia sint ab iis constituta.
> Je poursuis : les dieux n'ignorent rien parce que c'est eux qui décident tout.
>
> **Cicéron**, *De la divination*, II, 51, 105.

▶ Décliner

2 Identifiez les noms de la 5ᵉ déclinaison dans la liste. Quel indice permet de les reconnaître ?
dei – fidei – rei – filii – faciei – consilii – canitiei – beneficii.

3 **a.** Complétez chaque phrase avec un de ces noms au cas qui convient.
fides, *ei*, f. – facies, *ei*, f. – dies, *ei*, m. – spes, *ei*, f.
1. Jano … gemina est.
2. Illa …, feriae Latinae erant.
3. Nulla … victoriae relicta, cives deos precabantur.
4. Populus Romanus deis … datam non fefellit.

b. Traduisez.

▶ Conjuguer

4 **a.** Analysez ces verbes à l'indicatif (personne, temps, voix).
absumus – imperabatur – nuntiabitis – suades – venis – timentur – oramus – facies.
b. Mettez-les au subjonctif présent en conservant la personne et la voix.

5 Chassez l'intrus dans chaque liste de verbes.
1. respondeas – vocas – debeas – habeas.
2. cenet – veniet – clamet – roget.
3. dicant – putant – rapiant – legant.

▶ Analyser une subordonnée complétive

6 **a.** Délimitez principales et subordonnées. À quels indices les reconnaissez-vous ?
1. Cura ut valeas.
2. Dea ei persuadet ne multos dies exspectet.
3. Cives ab haruspice petunt ut omnia nuntiat.
4. Consulis uxor, morte in somnio visa, eo die ne in senatum eat orat.
5. Accidit ut servi in amphitheatro ad bestias damnentur.
6. Dominos omnes Seneca monet ne servos esse inimicos existiment.

b. Traduisez.

Sententias Mittere Subito (SMS)

7 Novum nuntium habes. Responde bonamque litteram pulsa.

Saturno regnante quae aetas fuit hominibus ?	**A** dura aetas **B** aetas ferrea **C** obscura aetas **D** aetas aurea

▶ S'initier à la traduction

8 **a.** Dans chaque phrase, choisissez le cas du nom *res, rei* qui convient.
1. Amicus certus in *(res)* incerta cernitur.
2. His *(res)* cognitis, dux tamen auspicia neglexit.
3. Quam *(res)* publicam habemus ?
4. Dei bono civi *(res)* secundiores concedunt.

b. Traduisez en remplaçant à chaque fois le nom *chose* par un terme plus précis.

9 Suivez ce guide et traduisez les phrases.

> ***Petit guide pour traduire***
> - *Identifiez le mode et le temps des verbes conjugués.*
> - *Repérez les sujets exprimés.*
> - *Délimitez les principales et les subordonnées (complétive, infinitive).*

1. Puer a poeta petit ut de pavone fabulam narret. **2.** Tum poeta haec verba facit. **3.** Pavo ad Junonem venit dicitque : « Pulchrae pennae meae omnes delectant, vocem vero non jucundam habeo. **4.** Cur dei mihi tam saevi fuerunt ? Quid facere possim ? Dea, te oro ut me adjuves ». **5.** Juno autem respondit : « Time iram meam ! Cogita deos non cuncta cunctis tribuisse. **6.** Multis formosum corpus, paucis jucundam vocem, pavoni pulchras pennas dederunt. **7.** Cura ne superbus ingratusque sis. **8.** Utinam conjux meus pennas tuas ne eripiat ! »

▶ Comprendre le sens des mots

10 **a.** À l'aide du dictionnaire si nécessaire, retrouvez le sens de ces mots : pitié – piété – piteux – pitance – pitoyable – impitoyable – apitoyer.
b. De quel mot latin viennent-ils ?

11 Quel lien étymologique unit ces noms ? vœu – vote – dévouement – dévotion.

Chassez l'intrus !

12 Retrouvez les mots « intrus » : oraison – orateur – orange – orage – oral – oratoire. De quel mot latin viennent les autres mots ?

Des dieux à profusion

Une foule de divinités spécialisées

Triade de Matres (déesses-mères) veillant sur un nourrisson, relief sculpté en calcaire (H. 39 cm), période gallo-romaine, trouvé à Vertault (Côte d'or), Châtillon-sur-Seine, Musée archéologique.
On plaçait des statuettes votives de ce genre dans le laraire de la maison pour garantir la prospérité familiale.

Dans les Libri pontificii (livres sacrés des pontifes, p. 140), le catalogue des indigitamenta (du verbe indigitare : appeler les dieux par leur nom) fixe les noms d'une foule de divinités qui assistent les grands dieux du panthéon. Ces « fonctionnaires » très spécialisés n'ont ni histoire ni image pour les représenter, mais on les prie en toute occasion. Par exemple, ce sont divers serviteurs de Junon, protectrice du mariage et de la fécondité, qui interviennent dans les étapes décisives de la vie d'un enfant : après que Vitumnus lui a donné la vie (vita) et Sentinus la capacité de sentir (sentire), Vaticanus aide le nouveau-né à pousser ses premiers cris, Levana le protège quand son père le soulève (levat) de terre, Cunina veille sur son berceau (cunae), Rumina sur son allaitement (ruma : mamelle). Au fur et à mesure que l'enfant grandit, Potina et Educa lui apprennent à boire (potare) et à manger (edere), Paventia l'apaise quand il a peur (pavet), Statanus l'aide à se tenir debout, Fabulinus à parler, Abeona et Adeona le surveillent quand il s'en va à l'école ou qu'il en revient.

1 Quels mots latins reconnaissez-vous dans Vaticanus (p. 144), Statanus, Fabulinus, Abeona et Adeona ?

Religion ou superstition ?

On traite souvent les Romains de superstitieux et les auteurs chrétiens comme Saint Augustin (IVe siècle après J.-C.) se sont beaucoup moqués des indigitamenta. Mais, pour un Romain, la **pietas**, *atis*, f. (piété) et la **fides**, *ei*, f. (foi) qu'on doit aux dieux exigent de suivre le culte hérité des ancêtres, le mos majorum, sans chercher à en modifier quoi que ce soit. Formé de l'adverbe super (par-dessus) et du verbe stare (se dresser), le nom **superstitio**, *onis*, f. (superstition) désigne tout « ce qui se tient par-dessus » la religion. Elle pousse à croire au pouvoir bénéfique ou maléfique de certains gestes, signes ou paroles. Par exemple, on ne doit pas entrer du pied gauche dans une pièce ; si l'on éternue en se chaussant le matin, il faut se recoucher ; on ne doit pas se couper les ongles ou les cheveux sur un bateau. Pour des intellectuels comme Cicéron, la superstition est ridicule et dangereuse : elle manifeste un excès de crainte envers les dieux, qui pourraient le prendre comme de l'impietas, c'est-à-dire un manque de piété et de foi insultant à leur égard.

La Fides personnifiée, pièce de monnaie, 85 après J.-C.

2 Citez des exemples de croyances superstitieuses qui subsistent encore aujourd'hui.

3 Les Romains associent « ce qui vient du côté gauche » (sinister, tra, trum) tantôt à un bon tantôt à un mauvais présage. Dans quel adjectif français retrouvez-vous l'idée de *mauvais signe* ?

Rome, un foyer d'accueil pour tous les dieux

Les généraux romains procèdent parfois à une très ancienne coutume religieuse, appelée evocatio, *onis*, f. (évocation, de evocare : faire venir). Il s'agit de convaincre les dieux de l'ennemi de changer de camp. Ainsi, en 396 avant J.-C., pendant le siège de la cité étrusque de Véies, le dictateur Camille (p. 134) prend les auspices et proclame :

– Toi, Junon Reine (Juno Regina), qui habites actuellement à Véies, je te prie de nous suivre après la victoire dans notre ville qui deviendra aussi la tienne. Tu y trouveras un temple digne de toi. » […] Une fois Véies prise, de jeunes Romains reçurent la mission de transporter Junon à Rome. Ils entrèrent dans son temple et furent saisis de crainte à la vue de la statue de la déesse que seul un prêtre étrusque avait le droit de toucher ; mais l'un d'eux, pris d'une inspiration divine ou d'une simple envie de plaisanter, s'exclama : « Visne Romam ire, Juno ? » (« Veux-tu aller à Rome Junon ? ») et tous ses camarades affirmèrent l'avoir vue faire oui de la tête (adnuisse). Certains ajoutèrent même ensuite qu'ils l'avaient entendue dire « oui ». En tout cas, on transporta la déesse facilement : légère, elle avait l'air de venir d'elle-même. Elle arriva sur l'Aventin et selon les vœux (vota) du dictateur, on lui éleva le temple promis.

Tite-Live, *Histoire romaine*, livre V, XXI, 3 – XXII, 7.

Ex-voto en argent (24,8 cm), Vienne (Autriche), Musée d'histoire naturelle.

4 Quels signes sont supposés montrer la volonté de la déesse dans le récit de Tite-Live ?

5 Pourquoi cette déesse porte-t-elle le titre de Regina ? Qui protège-t-elle à titre officiel ? À titre privé ?

6 À quoi servait l'objet ci-dessus ? Lisez les mots qui y sont inscrits et traduisez-les.

7 Quelle déesse y est représentée ? Quels sont ses attributs ? Par quoi est-elle encadrée ?

B2i .... **Utiliser un site de référence**

Le Dictionnaire des antiquités grecques et romaines de Daremberg et Saglio

Recherchez dans cet ouvrage l'un de ces articles : Fasti, Indigitamenta, Saturnalia, Saturnus.

À partir des informations données, rédigez une courte fiche de présentation.

Pour aller plus loin À LIRE

La Mythologie romaine
de Florence Noiville,
© Actes Sud, 2003.

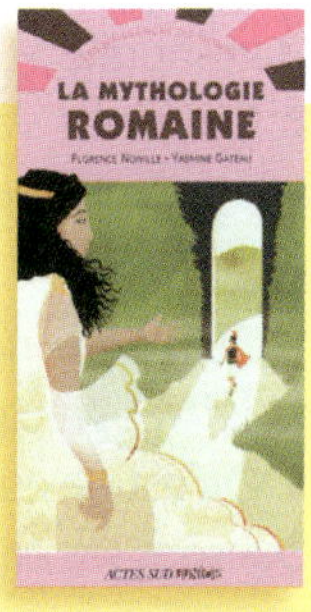

Le temple romain

Le temple, templum, *i*, n. (p. 140), est un lieu consacré, fanum, *ii*, n., exclusivement réservé à une (ou plusieurs) divinité(s), dont il abrite la (ou les) statue(s). Seuls les prêtres sont autorisés à y pénétrer. Les cérémonies de sacrifice se déroulent devant les portes du temple.

1. *Marc Aurèle en train de faire un sacrifice*, bas-relief en marbre (310 x 210 cm), env. 176-180 après J.-C., Rome, Musées Capitolins.

2. *Cortège de triomphe de Jules César passant devant le temple de Saturne*, série Rome, HBO, 2007.

À vous de jouer

Choisissez votre domaine et répondez aux questions.

Histoire

1. À quel endroit de Rome se trouve le temple de Saturne ?

2. À quel temple se rendaient les généraux lors du triomphe ?

Langue et culture

1. Quel geste est en train de faire l'empereur Marc-Aurèle ? Donnez le nom en français et en latin.

2. Comment s'appelle en latin la fête consacrée à Saturne ? À quelle date commençait-elle ?

Mythologie

1. Quel est le nom grec de Saturne ? Écrivez-le en lettres grecques.

2. Qu'est-ce que Saturne a apporté en Italie ? Qui sont ses enfants ?

Histoire des arts

1. Comment s'appelle la partie du temple en forme de triangle ?

2. Les temples antiques étaient peints et richement décorés. Quel adjectif composé à partir du grec *beaucoup* + *couleur (chrôma)* s'applique à leur architecture ?

Étymologie

1. Quel nom latin signifiant *ce qui est permis par les dieux* retrouvez-vous dans fanum ?

2. Quel nom, tiré du latin signifiant *petite chambre*, désigne le local où est enfermé un prisonnier ?

3. Quels sont les deux mots latins à l'origine du verbe *contempler* ? Expliquez le sens de ce verbe à partir de son étymologie.

3. *Le temple de Saturne*, reconstitution virtuelle, A. Saussaye, Documentation G. Cariou, 2005.

Inauguré en 498 avant J.-C., restauré plusieurs fois, le temple de Saturne est l'un des plus anciens de Rome. Influencés par la culture étrusque, la plupart des temples romains sont construits sur un podium élevé ; ils sont entourés de colonnes dont seules celles qui sont en façade sont dégagées. Les autres colonnes sont intégrées au mur de la cella, *ae*, f., la « chambre » où se trouvent les statues du culte.

4. Le temple de Saturne aujourd'hui.

B2i Préparer une fiche illustrée

1. Le plan d'un temple romain et celui d'un temple grec (ressemblances et différences).
2. Les ordres architecturaux (dorique, ionique, corinthien).
3. Un modèle de temple romain bien conservé : la « Maison carrée » de Nîmes.

S'adresser aux dieux

Latinis verbis

Voici quelques conseils à suivre si vous voulez vivre en bonne entente avec les dieux.

- Prononcez avec le plus grand respect le nom du dieu ou de la déesse dont vous sollicitez la protection (p. 158).
- Si vous voulez que Junon veille sur votre route (iter) ou vous ramène chez vous (domum), commencez ainsi : **Juno Iterduca** (iter ducit) ou **Juno Domiduca** (domum ducit), **te oro [ut] iter sine periculis faciam**.
- Par précaution, au cas où le dieu vous reprocherait de ne pas l'avoir appelé selon les règles, rajoutez la formule « ou quel que soit le nom par lequel tu veux être appelé... » : **Juppiter optime maxime, sive quo alio nomine te appellari volueris...**
- Vous arrivez dans un lieu sacré, un bois par exemple, et vous ignorez le nom de la divinité qui y habite... Surtout ne manquez pas de lui adresser la prière **SDSD** : **Sive deo sive dea in cujus tutela hic locus lucusve est...** « À toi, qui que tu sois, dieu ou déesse, dans la protection de qui se trouve ce lieu ou ce bois sacré... »
- Mettez-vous à l'abri d'un mauvais présage en vous exclamant : **Quod abominor !** « Ce qu'aux dieux ne plaise ! » **Hoc detestabile omen avertat Juppiter !** « Que Jupiter écarte ce signe détestable ! »

Pour vérifier vos connaissances et vos compétences

Déjouer les pièges des conjugaisons

1 Traduisez chaque verbe.
1. orabant – orabantur – orabunt – orabitur – oremus.
2. audiris – audite – audieris – audiamus – auditis.

2 Même consigne.
1. rapior – rapiar – rapies – rape – rapiamini.
2. duce – ducebamur – ducemus – ducamus.

Traduire le comparatif et le superlatif de supériorité

3 a. Dans chaque phrase, mettez l'adjectif donné entre parenthèses au comparatif ou au superlatif selon le sens. Attention aux compléments et aux accords !
1. Juppiter etiam deos *(magnus, a, um)* vi et potestate superat.
2. In *(altus, a, um)* monte cum uxore Junone, ex deabus *(illustris, e)*, regnat.
3. In Olympo deis cibus *(bonus, a, um)* est quam in terra hominibus.
4. Hebe, *(egregius, a, um)* quam ceterae puellae et Ganymedes, adulescens, deorum *(similis, e)*, caeli incolis *(felix, icis)* nectar atque ambriosiam praebent.
5. Jovi *(sapiens, tis)* filiarum est, cui nomen Minervae est.
6. Juppiter hominibus *(benignus, a, um)* quam saevus est.
7. Sacerdotes autem sacrificiis *(opulentus, a, um)* Jovis iram saepe placant.

b. Traduisez.

Traduire

Lisez l'une des trois histoires de Cicéron, récapitulez les étapes à suivre pour traduire puis traduisez.
Cicero exempla ominum nota narrat.

4 Consul L. Aemilius Paulus cum rege Persa bellum gerere debebat. Exercitu collecto, domum ad vesperum rediit. Tum filiolam suam Aemiliam (a patre Tertia nominabatur), quae tum erat admodum parva, osculans animadvertit tristiculam [esse]. « Quid est, inquit, mea Tertia ? Quid tristis es ? – Mi pater, inquit Tertia, Persa periit ». Tum L. Paulus filiolam suam *artius complexus* [ayant embrassé plus fort] : « Accipio, inquit, mea filia, omen ! » Erat autem mortuus catellus eo nomine.

D'après **Cicéron**, *De la divination*, I, 46, 103.

VOCABULAIRE

admodum : tout à fait, très – animadverto, is, ere, verti, versum : remarquer – catellus, *i*, m. : petit chien – colligo, is, ere, legi, lectum : rassembler – filiola : diminutif affectueux de filia – mortuus, a, um : mort – osculans : participe présent de osculari (embrasser) – Perses, *ae*, m. : Persée, roi de Macédoine – tristis, e : triste – tristiculus, a, um (diminutif de tristis) : un peu triste, tristounet – vesper, *eri*, m. : soir.

5 Femina sororis suae filiam in matrimomium collocare cupit. Soror ei persuadet ut in templum cum virgine eat et more majorum omen capiat. Postero die, femina in sella sedet neque ulla vox exstat. Tum virgo defatigata a femina petit ut sibi paulisper concedat ut in ejus sella requiescat. Illa autem dicit : « Sede, mea puella ! Utinam requiescas ! Tibi concedo sellam meam ». Atque addit : « Dea, oro te ut me exaudias ! ». Dea autem feminam exaudit : *ipsa* [elle-même] enim brevi perit atque virgo conjugi ejus nubit.

D'après **Cicéron**, *De la divination*, I, 46, 104.

VOCABULAIRE

colloco, as, are, avi, atum : placer (in matrimonium : donner une fille en mariage) – defatigatus, a, um : fatigué – exaudio, is, ire, ivi, itum : écouter favorablement, exaucer – exsto, as, are : s'élever, se manifester – nubo, is, ere, nupsi, nuptum : se voiler, se marier à (+ datif) – paulisper : un peu de temps – postero die : le lendemain – requiesco, is, ere, quievi, quietum : se reposer – sella, *ae*, f. : chaise – ullus, a, um : quelqu'un, quelque.

6 Consul M. Crassus cum Parthis in Asia bellum gerere debebat. Exercitum Brindisii imponebat. Quidam in portu caricas Cauno advectas vendens « Cauneas ! » clamitabat. Hoc erat omen : « Cave ! Ne eas ! » deorumque numen audire oportebat. Sed Crassus deorum omini non paruit et in bello Parthico periit.

D'après **Cicéron**, *De la divination*, II, 40, 84.

VOCABULAIRE

advectus, a, um : importé – Brundisii : à Brindisi (port du Sud de l'Italie) – carica, *ae*, f. : figue sèche de Carie – Caunus, *i*, f. : ville de Carie (province d'Asie Mineure, aujourd'hui en Turquie), réputée pour ses figues – caunea, *ae*, f. : figue de Caunus – clamito, as, are, avi, atum : crier sans cesse – impono, is, ere, posui, positum : faire embarquer – oportet, tere, tuit (impersonnel) : il faut – Parthi, *orum*, m. pl. : les Parthes (peuple de Perse) – quidam : un certain individu

7 **Quelles réflexions vous inspirent les trois histoires racontées par Cicéron ? Rédigez un court commentaire.**

Comprendre l'importance des mots-clés

8 **Les Romains aiment jouer sur les mots. Ils interprètent souvent un nom de personne ou d'objet de manière symbolique, car ils imaginent qu'une puissance surnaturelle s'exprime à travers lui pour donner un signe prophétique.**

a. Complétez la première ligne du tableau en retrouvant les mots latins traduits en dessous (en gras) pour retrouver cette idée sous la forme d'une équation.

-----	=	-----	=	----
Nom		**Puissance** surnaturelle (volonté d'un dieu)		**Signe** prophétique (présage)

b. Que remarquez-vous entre ces trois mots ?

c. Quel jeu de mots donne précisément la « clé » de chaque histoire de Cicéron ?

9 **Beaucoup de mots français sont issus du vocabulaire religieux latin. Associez chaque mot de la liste au mot latin qui convient.**

1. inauguration 2. supplier 3. victime 4. hostie 5. immoler 6. monstre 7. prodige 8. sacrifice 9. fanatique 10. superstitieux.

a. fanum b. superstitio c. prodigium d. mola salsa e. hostia f. augurium g. monstrum h. sacra i. supplicatio j. victima.

Identifier des critères de représentation

10 **Rendez à chacun son (ses) attribut(s). Attention aux intrus !**

a. Janus b. Junon c. Jupiter d. Minerve e. Saturne.

une chouette • une faux • une colombe • une clé • un paon • un sceptre • un caducée • un diadème • un aigle • un casque • une lyre • un bouquet d'éclairs.

Bilan 5

CHAPITRE 17 Le voyage aux Enfers

▸ Pour les Romains comme pour les Grecs, tous les êtres vivants doivent descendre dans un vaste royaume souterrain après leur mort.

Découvrir le texte

Un passeur impitoyable

Énée veut descendre aux Enfers pour y retrouver son père défunt. Il s'enfonce sous terre, guidé par la Sibylle (p. 143).

Hinc via Tartarei quae fert Acherontis ad undas.
Turbidus hic caeno vastaque voragine gurges
aestuat atque omnem Cocyto eructat arenam.
Portitor has horrendus aquas et flumina servat
terribili squalore Charon, cui plurima mento
canities inculta jacet ; stant lumina flamma,
sordidus ex umeris nodo dependet amictus.
Ipse ratem conto subigit velisque ministrat
et ferruginea subvectat corpora cumba,
jam senior, sed cruda deo viridisque senectus.
Huc omnis turba ad ripas effusa ruebat [...].
Stabant orantes primi transmittere cursum
tendebantque manus ripae ulterioris amore.
Navita sed tristis nunc hos nunc accipit illos,
ast alios longe submotos arcet arena.

Publius Vergilius Maro, *Aeneis*.

De là part le chemin qui mène au fleuve Achéron et au Tartare. À cet endroit bouillonne un tourbillon d'eau rempli de boue et agité par de vastes remous ; il vomit tout son sable dans le Cocyte.

, [couvert] d'une saleté terrible à voir : c'est Charon ; une masse de poils blancs mal entretenus couvre son menton, des flammes brillent dans ses yeux au regard fixe, un manteau crasseux, attaché par un nœud, lui tombe des épaules.

; il est bien vieux déjà, mais c'est un vieux toujours vert, avec la vigueur d'un dieu. C'est vers cet endroit que toute une cohue de défunts dispersée sur les rives se ruait pour passer [...].

, impatients d'atteindre l'autre rive. Mais le pilote impitoyable prend tantôt ceux-ci, tantôt ceux-là, et il refoule les autres qu'il tient bien loin, à l'écart du rivage.

Virgile (70-19 avant J.-C.), *Énéide*, livre VI, vers 295-305 et 313-316.

VOCABULAIRE

contus, *i*, m. : perche – cumba, *ae*, f. : embarcation – ferrugineus, a, um : qui a la couleur de la rouille – ipse : lui même – portitor, *oris*, m. : celui qui assure le passage (portus), passeur, batelier.

→ LIRE LE TEXTE

1 Traduisez les mots en gras.

2 Relevez en latin et en français les noms propres cités par Virgile.

3 Décrivez le lieu où Énée est arrivé.

4 Relevez en français puis en latin les vers qui caractérisent le passeur. Faites son portrait.

5 Quel mot latin désigne la foule désordonnée des défunts ?

Charon faisant traverser les âmes, bas-relief d'un sarcophage en marbre, IIIe siècle après J.-C., Rome, Musées du Vatican.

La dernière traversée

Luca Giordano (1634-1705), *Le Voyage aux Enfers*, fresque (détail) de la voûte de la grande galerie du Palazzo Medici-Riccardi à Florence, 1682-1686.

Gros plan sur…

Couronnée d'une **chouette** *et tirant un grand* **voile étoilé**, *la* **Nuit** *trône dans le ciel, entourée du Sommeil et de petits personnages ailés et masqués incarnant Morphée, fils du Sommeil et de la Nuit. Morphée est en effet capable de prendre toutes les formes* (morphè en grec) *des mortels défunts pour venir hanter les rêves de leurs parents ou amis vivants.*

→ LIRE L'IMAGE

1. Qui est le personnage sur la barque ? Décrivez-le et comparez-le à celui que présente Virgile (p. 164).
2. Qui sont les personnages qui rampent vers la barque ? Dans quel état sont-ils ?
3. Qui est l'animal sur la rive à droite ? Pourquoi se tient-il là ?
4. Qui représente le personnage tenant une faux ?
5. À votre avis, pourquoi l'image du sommeil et de la nuit est-elle associée à celle de la mort ?

Découvrir les mots-clés

L'autre monde

Dans toutes les civilisations, les hommes ont imaginé un « au-delà » : un autre monde, non terrestre, où ils doivent pénétrer après la mort. La façon dont les Romains se le représentent est inspirée des mythes grecs.

La porte de l'au-delà

Plusieurs endroits, isolés dans la nature et d'aspect sauvage, passaient pour cacher une entrée des Enfers. Les plus célèbres étaient le cap Ténare, en Grèce (un promontoire au sud du Péloponnèse) et le lac Averne, non loin de Cumes et du Vésuve, en Italie. C'est par cette porte (janua) que la Sibylle fait passer Énée (p. 164) pour sa catabase (du grec catabasis, *descente).*

Le passage de la vie à la mort, sarcophage romain, Capoue (Italie), Musée campanien.

Le royaume souterrain

L'adjectif inferus, a, um s'applique à ce qui se trouve au-dessous par opposition à superus, ce qui est au-dessus (super). Le nom **Inferi**, *orum*, m. pl. désigne donc à la fois les dieux « d'en bas » – opposés à ceux « d'en haut », (dei) Superi, qui vivent dans le ciel – et l'espace où règne ces dieux, sous la terre. Nous l'appelons *Enfers*, d'après l'adjectif infernus, a, um, une variante de la forme inferus.

Au tréfonds des Enfers

Dans la mythologie grecque, Tartaros (le Tartare) est une divinité surgie du Chaos au moment de la création de l'univers, en même temps que Gaia (la Terre). Il personnifie un gouffre terrifiant, **Tartarus**, *i*, m. en latin, que les légendes situent sous les Enfers eux-mêmes. C'est là que sont enfermés ceux qui ont commis les plus grands crimes sur terre (p. 167) pour y subir des tortures perpétuelles.

Devenu progressivement synonyme de tout le royaume infernal, le Tartare, lieu de châtiment redoutable, inspire la vision de l'Enfer dans la tradition chrétienne (p. 188).

mots-clés Inferi, Tartarus.

Étymologie

1 Formez le comparatif d'inferus et de superus. Quels mots français en sont issus ?

2 Le superlatif d'inferus est infimus : quel adjectif français en est issu ?

3 Quel adjectif français est issu d'infernus ?

4 Sachant que l'adverbe anglais *under* vient d'inferus, cherchez le nom anglais qui désigne *le monde qui est au-dessous*.

Jouez avec les mots

5 Les dieux ont chargé trois sœurs, que les Romains appellent Furiae, d'exercer leur châtiment sur les mortels. Les cheveux hérissés de serpents, brandissant des torches et des fouets, elles pourchassent les criminels jusque dans le Tartare.

Inscrivez dans la grille l'initiale de chaque mot latin correspondant à la définition et vous trouverez le nom de la plus célèbre des Furies.

	coutume, genre de vie
	hors de
	origine, espèce
	en effet
	chose
	je vais

Observer

Les damnés des Enfers

1 Tantalus, Jovis filius, supplicio ad Inferos afficiebatur; non procul ab eo erat Ixion, rex Lapitharum.
Tantale, ... ; ...... Ixion, le roi des Lapithes.

2 **Cum** Juppiter ei concredere sua consilia soleret, Tantalus ea ad homines renuntiabat.
Comme Jupiter avait l'habitude de lui confier ses projets, Tantale les rapportait aux hommes.

3 Itaque, in Tartaro, **cum** in aqua staret, Tantalus semper sitiebat: **cum** haustum aquae sumere cuperet, aqua recedebat.
C'est pourquoi, dans le Tartare, **alors qu'**il se tenait debout dans l'eau, Tantale avait toujours soif: **alors qu'**il voulait prendre une gorgée d'eau, l'eau se retirait.

4 Item **cum** poma ei super caput penderent, rami vento moti recedebant et poma sumere non poterat.
De même, **alors que** des fruits pendaient au-dessus de sa tête, ...

5 **Cum** autem Ixion Junonem comprimere temptaret, Mercurius Jovis jussu eum in rota semper vertente constrinxit.
....

D'après **Hygin**, *Fables*, LXXXII et LX.

Identifier le subjonctif imparfait

1 Repérez chaque verbe à l'imparfait de l'indicatif et établissez sa carte d'identité.

2 Établissez la carte d'identité des verbes au subjonctif imparfait (en vert dans le texte), selon le modèle.

Le verbe dans la phrase	temptaret
Terminaison	**-t** (3e pers. sg. voix active)
Suffixe	**-re-** (suffixe du subjonctif imparfait)
Radical	**tempta-** (radical du présent)
Le verbe dans le lexique	tempto, as, are, avi, atum (1re conjugaison)

Reconnaître la proposition subordonnée introduite par cum

3 À l'aide de la traduction, délimitez les principales et les subordonnées au subjonctif. Comment les verbes au subjonctif sont-ils traduits?

4 Quelle est la fonction des subordonnées introduites par cum?

5 Complétez la traduction des phrases.

Observer l'image

Pour découvrir l'histoire représentée ci-contre, remettez les phrases dans le bon ordre et traduisez.

a. Itaque propter audaciam suam poenas solvit.
b. Cum ad summum verticem pervenit, rursum deorsum saxum revolvitur.
c. Jovis potestatem attentare temptavit.
d. Una e Furiis sororibus Sisyphum saxum volventem verberat.
e. Sisyphus, Aeoli ventorum dei filius, dolosissimus erat.
f. In Tartaro, Sisyphus saxum ingens adverso monte volvere debet.

Vocabulaire: poenas solvo, is, ere, solvi, solutum: subir des châtiments – rursum deorsum: de nouveau vers le bas – volvo, is, ere, volvi, volutum: rouler – adverso monte: en remontant la pente d'une montagne – saxum, *i*, n.: rocher – revolvo, is, ere, volvi, volutum : rouler en arrière.

Cratère apulien (détail), 330 avant J.-C., Munich (Allemagne), Antikensammlungen.

Apprendre

1 Le subjonctif imparfait actif et passif

- Pour toutes les conjugaisons, le **subjonctif imparfait actif** est caractérisé par le suffixe **-re-**.
- Pour le verbe **sum** et ses composés, le suffixe du subjonctif imparfait est **-se-**.

		1re conjugaison	2e conjugaison	3e conjugaison	3e conjugaison mixte	4e conjugaison	sum
		radical du présent + suffixe -re- + terminaisons					suffixe -se-
Singulier		amarem	viderem	legerem	caperem	audirem	essem
		amares	videres	legeres	caperes	audires	esses
		amaret	videret	legeret	caperet	audiret	esset
Pluriel		amaremus	videremus	legeremus	caperemus	audiremus	essemus
		amaretis	videretis	legeretis	caperetis	audiretis	essetis
		amarent	viderent	legerent	caperent	audirent	essent

- Le **subjonctif imparfait passif** est formé comme l'actif : seules les terminaisons changent.

		1re conjugaison	2e conjugaison	3e conjugaison	3e conjugaison mixte	4e conjugaison
	Terminaisons	radical du présent + suffixe -re- + terminaisons				
Singulier	-r	amarer	viderer	legerer	caperer	audirer
	-ris	amareris	videreris	legereris	capereris	audireris
	-tur	amaretur	videretur	legeretur	caperetur	audiretur
Pluriel	-mur	amaremur	videremur	legeremur	caperemur	audiremur
	-mini	amaremini	videremini	legeremini	caperemini	audiremini
	-ntur	amarentur	viderentur	legerentur	caperentur	audirentur

2 La proposition subordonnée circonstancielle avec cum et le subjonctif

- La conjonction **cum** (comme, alors que) introduit une **proposition subordonnée circonstancielle** au **subjonctif**. Elle est **complément circonstanciel** de **temps** et de **cause**.

Exemple ▸ **Cum *tenderent*** manus, portitor non omnes accipiebat.
Alors qu'*ils tendaient* les mains, le batelier ne les accueillait pas tous.

- La proposition subordonnée circonstancielle avec **cum** est généralement employée avec une **proposition principale au passé**.
- Le **subjonctif imparfait** dans la subordonnée indique que l'action se passe en **même temps** que celle de la principale. Il est traduit par un imparfait de l'indicatif.

Exemple ▸ Cum Tantulus poma sumere ***temptaret***, rami recedebant.
Comme Tantale ***essayait*** de saisir les fruits, les branches se retiraient.

VOCABULAIRE à retenir

Noms

flumen, *inis*, n. fleuve
pomum, *i*, n. fruit
ramus, *i*, m. branche, rameau
ratis, *is*, f. barque

Adjectifs

horrendus, a, um effrayant
sordidus, a, um sale, crasseux

Verbes

accipio, is, ere, cepi, ceptum accueillir
ministro, as, are, avi, atum faire le service, manœuvrer
pareo, es, ere, ui, itum obéir à (+ D.)
servo, as, are, avi, atum garder, surveiller
transmitto, is, ere, misi, missum passer de l'autre côté

Mots invariables

item aussi, de même
numquam jamais

S'exercer

▸ Lire et apprendre

1 a. Lisez à voix haute. Apprenez la phrase en latin.

> Jovis erepto fulmine per inferna vehitur Promethei genus.
> Grâce à **la foudre ravie à Jupiter, la race issue de Prométhée** est transportée dans les **espaces infernaux.**
>
> **Fulgence Bienvenüe** (1852-1936), créateur du métro parisien.

b. Cette phrase est inscrite dans la station de métro Montparnasse à Paris. Que désignent les expressions en gras, à votre avis ?

▸ Conjuguer au subjonctif

2 Donnez le subjonctif imparfait actif et passif de ces verbes à la personne demandée :
intellegere (2e sg.) – parere (3e sg.) – rapere (2e pl.) – dicere (3e pl.) – exspectare (1re pl.).

3 Analysez ces verbes au subjonctif (personne, temps, voix) : diceremus – possis – prodessemus – dareris – parem – crederes.

4 a. Identifiez la forme au subjonctif imparfait dans chaque liste.
1. ducemus – ducamus – duceremus.
2. habebitis – haberetis – habeatis.
3. vocarentur – vocentur – vocantur.
b. Analysez chaque forme et traduisez.

▸ Reconnaître des emplois du subjonctif

5 a. Analysez les verbes (personne, voix, mode, temps).
1. Inferorum portitori parete.
2. Cum vocarem, non respondebat.
3. Utinam umbrae accipiantur !
4. Quid faciamus ? Pareamus Proserpinae praeceptis !
5. Ne umbrae exspectent !
b. S'agit-il du souhait, du doute, de l'ordre, de la défense ou des circonstances de temps et de cause ? Traduisez.

6 a. Transformez les phrases (1) en subordonnées introduites par cum et associez-les à la principale qui convient (2).
1. Umbrae eum clamabant – Ego procedebam – Tantalus sitiebat – Ixion in rota constringebatur.
2. Charon me repellebat – aquae recedebant – numquam gemuit – numquam Charon respondebat.
b. Traduisez les phrases obtenues.

Sententias Mittere Subito (SMS)

7 Novum nuntium habes. Responde bonamque litteram pulsa.

Una solaque Furia est. Quae ?

A Megaera B Medusa
C Minerva D Medea

▸ S'initier à la traduction

8 a. Traduisez ces phrases.
1. Latona a Jove amata, Juno Tityo Terrae filio jussit ut Latonae vim adhiberet. **2.** Cum Tityus Junoni parere temptaret, Jovis fulmine *interfectus est* [il fut tué]. **3.** Tum Jupiter imperavit ut Tityus in Inferos abjiceretur. **4.** Cum serpens Jovis jussu ei apponeretur, jecur ejus exedebat. **5.** Sed, Tityo semper jacente, jecur cum luna nova recrescebat. (D'après **Hygin**, *Fables*, LV).
b. Remplacez l'ablatif absolu par une subordonnée avec cum et inversement.

9 Suivez ce guide et traduisez les phrases.

> ***Petit guide pour traduire***
> - *Identifiez le mode et le temps des verbes.*
> - *Repérez et délimitez les subordonnées (infinitives, complétives avec* ut*, circonstancielles avec* cum*, ablatif absolu).*

1. Danaus Beli filius ex pluribus conjugibus quinquaginta filias habuit, totidemque filios frater Aegyptus. **2.** Cum regnum paternum solus obtinere cuperet, Danaum fratrem et filias ejus interficere Aegyptus statuit. **3.** Danaus, re cognita, ex Africa profugit. **4.** At Aegyptus, cum resciret Danaum profugisse, filiis praecepit ut Danaum interficerent. **5.** Cum Danaus videret *se* [il] eis obsistere non posse, eis filias suas in matrimonium dedit. **6.** Sed filiae, a patre suasae, viros suos interfecerunt. **7.** Dicunt eas in Tartaro esse aquamque in dolium perfusum semper ingerere. (D'après **Hygin**, *Fables*, CLXVIII).

Vocabulaire : Aegyptus, *i*, m. : Aegyptus (prénom) – Belus, *i*, m. : Belus (prénom) – Danaus, *i*, m. : Danaüs (prénom) – quinquaginta (invariable) : cinquante.

▸ Comprendre le sens des mots

10 Trouvez quatre noms issus de poena, ae, f. (peine).

Chassez l'intrus ! **11** Retrouvez les adjectifs « intrus » :
penaud – peiné – peigné – punitif – peint – punissable – impuni – pénal – pénible.

Culture

Les Enfers : un lieu, des personnages

La géographie des Enfers

Dans les légendes les plus anciennes, tous les humains subissent le même sort après leur mort : qu'ils aient bien ou mal agi sur terre, ils errent sans fin dans le royaume d'Hadès (du grec *a-eidès* : invisible), frère de Zeus et époux de Perséphone. Par la suite, on distingue le Tartare, où sont punis les criminels (p. 164), et les Champs Élysées (plaine *élyséenne* en grec), vastes prairies verdoyantes où séjournent les « bienheureux » qui ont été justes et bons pendant leur vie.
De nombreux auteurs grecs et latins ont imaginé le monde infernal. Virgile en a fait la description la plus détaillée (carte p. 186).

Le Rapt de Proserpine, urne funéraire, IIIe siècle avant J.-C., Volterra (Italie), Musée étrusque Guarnacci.

1 Qui sont les parents de Perséphone (Proserpina en latin) ? Racontez en quelques phrases comment elle est devenue l'épouse du roi des Enfers.

Le Démon Charun, fresque de la tombe étrusque des Anina, IVe siècle avant J.-C., Tarquinia (Italie).

Modèles grecs et démons étrusques

La façon dont les Romains se représentent les Enfers est inspirée à la fois des Grecs et des Étrusques. Dans la mythologie grecque, le dieu Hermès est le psychopompe (« conducteur des âmes » en grec) qui accompagne les défunts dans l'au-delà ; Charon est le pilote de la barque qui les fait passer sur l'autre rive. On les voit souvent représentés sur les vases (pp. 180-181).
Les Étrusques font de Charon *(Charun)* une sorte de démon de la mort, hideux, armé d'un grand marteau pour assommer les mortels récalcitrants. Les jeux de l'amphithéâtre romain (p. 84) perpétuent cette vision macabre : après chaque combat de gladiateurs, des esclaves déguisés en Charon étrusque, maillet à la main, sont chargés de vérifier si les vaincus sont morts avant d'évacuer leurs corps hors de l'arène.
Les Romains ont aussi pris chez les Étrusques le nom d'une divinité infernale, Orcus, *i*, m., pour désigner Pluton et son royaume.
Ainsi l'expression cum Orco rationem habere (« faire ses comptes avec Orcus ») signifie *se préparer à mourir*.

2 Comment les Romains nomment-ils Hermès ? Quelles sont les diverses fonctions de ce dieu ?

3 Dans quel personnage terrifiant des contes de fées retrouvez-vous la trace du nom Orcus ?

Le passeur et le péage

Pour pouvoir franchir le sinistre marécage formé par les eaux du Styx et de l'Achéron, les deux principaux fleuves des Enfers, il faut payer Charon.
C'est pourquoi une coutume funéraire grecque consistait à placer une obole (une pièce de monnaie de faible valeur) dans la bouche du défunt pour lui permettre de s'acquitter de ce droit de passage.

John Stanhope (1829-1908), *Charon et Psyché*, huile sur toile, 1883, collection privée.

La jeune et belle Psyché (son nom signifie l'âme en grec) est mise à l'épreuve par la déesse Vénus. Elle doit descendre aux Enfers chercher un peu de la poudre de beauté de Proserpine. Désespérée, Psyché veut se jeter du haut d'une tour, mais elle entend soudain une voix qui se met à lui donner des conseils.

« Je vais t'indiquer le chemin pour arriver directement au palais d'Orcus, mais tu ne dois pas t'aventurer dans les ténèbres des Enfers les mains vides. Garde dans chaque main un gâteau au miel, et à la bouche deux petites pièces de monnaie. […] Bientôt tu arriveras au fleuve des morts : Charon commande le passage et exige son péage… Tu donneras à ce vieillard crasseux l'une de tes deux pièces : il faut qu'il la retire lui-même de ta bouche avec sa main. »

Apulée (env. 125-170 après J.-C.), *Métamorphoses*, livre VI, 18, 2-7.

4 Quel moment précis de l'histoire de Psyché présente le tableau ? Décrivez les personnages (visages, vêtements, attitudes).

5 Que voit-on à l'arrière-plan ?

6 Que signifie l'expression « verser son obole » ?

7 À votre avis, pourquoi Psyché doit-elle emporter deux pièces ?

8 Les gâteaux sont destinés à amadouer le monstre, redoutable mais gourmand, qui veille à la porte du palais infernal. Quel est son nom ?

Pour aller plus loin À LIRE

Éros et Psyché d'Apulée, traduction Nicolas Waquet, © Rivages poche, Petite bibliothèque, 2006.

L'Énéide de Virgile, © Pocket Jeunesse Classiques département Univers Poche, 2009.

B2i Se documenter

Carnet de bord
Choisissez un héros qui a eu le privilège de visiter les Enfers et d'en revenir : Ulysse, Thésée, Hercule, Orphée, Énée, Psyché. Racontez son voyage sous la forme d'un journal de bord illustré.

CHAPITRE 18 Au royaume des ombres

▸ Après leurs funérailles, les mortels ne sont plus que des fantômes errant dans un monde lugubre.

Découvrir le texte

La ville du Styx

Est via declivis funesta nubila taxo :
ducit ad infernas per muta silentia sedes ;
Styx nebulas exhalat iners umbraeque recentes
descendunt illac simulacraque functa sepulcris.
Pallor hiemsque tenent late loca senta novique,
qua sit iter, Manes, Stygiam qua ducat ad urbem,
ignorant, ubi sit nigri fera regia Ditis.
Mille capax aditus et apertas undique portas
urbs habet, utque fretum de tota flumina terra,
sic omnes animas locus accipit ille nec ulli
exiguus populo est turbamve accedere sentit.
Errant exsangues sine corpore et ossibus umbrae
parsque forum celebrant, pars imi tecta tyranni,
pars aliquas artes, antiquae imitamina vitae,
exercent, aliam partem sua poena coercet.

Publius Ovidius Naso, *Metamorphoseon libri*.

Il y a un chemin en pente, plongé dans l'obscurité par des ifs vénéneux et sinistres : il conduit aux demeures infernales à travers un profond silence où l'on n'entend aucune voix ; le Styx, qui ne bouge pas, exhale des vapeurs ; c'est par là que descendent les ombres récentes et les fantômes qui ont reçu les honneurs du tombeau. La pâleur et le froid de l'hiver ont complètement envahi ces lieux hérissés de ronces et les Mânes qui arrivent ignorent quel est le chemin qui conduit à la ville du Styx, où se trouve le palais sauvage de Riche le noir. Cette ville immense a mille entrées et des portes ouvertes de tous les côtés ; comme la mer reçoit les fleuves de toute la terre, de même cet endroit reçoit toutes les âmes : il ne manque jamais de place pour aucun peuple et il ne sent même pas la foule de ceux qui arrivent sans cesse. Les ombres exsangues errent sans chair ni os : les unes se pressent au forum, d'autres au palais du souverain d'en bas ; certaines s'occupent à divers travaux, qui sont des copies de leur vie d'avant, d'autres subissent le châtiment qu'elles ont mérité.

Ovide (43 avant J.-C.-18 après J.-C.), *Métamorphoses*, livre IV, vers 432-446.

Perséphone et Hadès aux Enfers, plaque en terre cuite, Ve siècle avant J.-C., Reggio de Calabre (Italie), Musée national.

→ LIRE LE TEXTE ET S'INITIER AU COMMENTAIRE

1. Lisez à voix haute le texte en français puis en latin. Quel effet remarquez-vous dans les sonorités (au vers 7, par exemple) ?
2. Relevez en français et en latin les éléments (noms et adjectifs) qui donnent au paysage un aspect lugubre.
3. Relevez ensuite les différents termes qui désignent les morts.
4. Le nom Dis, *ditis* (vers 7) est tiré de l'adjectif dis (riche). Il désigne le dieu des Enfers, appelé aussi Pluton, sur le modèle du grec Πλούτων (de πλοῦτος, *ploutos* : richesse). De quoi, à votre avis, Dis est-il riche ?
5. Quels adjectifs latins qualifient Dis et son palais ? Pourquoi à votre avis ?
6. Quelle vie mènent les morts ? Relevez les termes en français et en latin.

Découvrir l'image

Le palais sauvage de Riche le noir

Jan Brueghel l'Ancien (1568-1625), *Orphée aux Enfers*, huile sur toile, Londres, Johnny Van Haeften Gallery

Gros plan sur...

*Fils de la Muse Calliope, **Orphée** est l'un des rares mortels qui a pu entrer aux Enfers et en ressortir. Grâce à la musique de sa **lyre** et à son chant mélodieux, il a obtenu des souverains infernaux de ramener sur terre sa femme Eurydice, morte piquée par un serpent. Mais, faute d'avoir respecté la condition qu'ils lui ont imposée, il l'a perdue sur le chemin du retour (p. 175).*

→ LIRE L'IMAGE

1 Décrivez les trois personnages principaux. Dans quelle partie du tableau sont-ils placés ?

2 Qui sont ces personnages ? À quoi les reconnaissez-vous ? Comparez avec l'illustration de la p. 172.

3 Comparez cette vision des Enfers avec celle d'Ovide : quels points communs voyez-vous ?

4 Quels éléments donnent une dimension fantastique (fabuleuse et extravagante) à cette représentation ?

Découvrir les mots-clés

Le peuple des ombres

Pour un Romain, le culte des morts est aussi fondamental que le culte des dieux car les défunts ont un pouvoir bénéfique ou maléfique sur les vivants.

Creusae umbra

Pendant l'incendie de Troie, Énée a perdu sa femme Créüse. Elle lui apparaît une dernière fois, mais elle n'est plus qu'un misérable fantôme (infelix simulacrum), une ombre (umbra) qui lui échappe quand il veut l'embrasser.

Énée fuyant Troie (détail), plaque en émail peint (22,4 x 19,9 cm) attribuée au « Maître de l'Énéide », env. 1530, Paris, Musée du Louvre.

Les Mânes

Les vivants doivent ensevelir les morts dans une tombe (sepulcrum) selon les rites, sinon ceux-ci seraient condamnés à errer perpétuellement.

Devenus **dii Manes**, *ium*, m. pl. (Mânes), les défunts sont honorés comme des esprits bienveillants, selon le sens d'un adjectif très ancien, mani (gentils). Bâties à l'extérieur de l'espace urbain, le long des routes, les tombes sont des loci religiosi (lieux sacrés) : elles constituent à la fois une sorte de domus perpetua (une maison pour toujours) offerte aux défunts et un monumentum (monument) destiné à maintenir leur mémoire (memoria).

Les Romains imaginent les Mânes comme un peuple d'ombres menant une copie de leur vie terrestre (p. 172) dans un immense royaume souterrain (Inferi). Mais, à certains moments de l'année, ils peuvent remonter dans le monde des vivants.

Les ombres

Le nom **umbra**, *ae*, f. (ombre) est très souvent employé comme synonyme de *défunt*. De même que, dans la nature, une ombre n'est que le sombre reflet d'un corps qui arrête la lumière, de même l'ombre d'un mort n'est que la forme pâle et sans consistance de son corps privé de vie.

C'est aussi le sens du nom **spectrum**, *ii*, n. (spectre) : une forme que l'on peut observer (spectare) sans qu'elle ait de réalité matérielle, comme un hologramme.

Quand il apparaît aux vivants, le mort est donc une **imago**, *inis*, f., image (racine du verbe imitari, imiter). Il est réduit à l'état de simulacrum (simulacre, fantôme) semblable (similis) à la réalité, mais insaisissable.

mots-clés : imago, Manes, spectrum, umbra.

Étymologie

1 Quel adjectif latin reconnaissez-vous dans *similitude*, *assimilation*, *dissimuler* ?

2 Quelle est l'origine du verbe *imaginer* ? Expliquez ses différents sens.

3 D'où viennent les mots *spectral*, *sépulcre*, *ombrelle* ?

Jouez avec les mots

4 Reine d'une grande cité, elle n'est plus qu'un fantôme éploré aux Enfers. Qui est-elle ? Pour retrouver son nom, remplissez la grille avec les mots latins correspondant aux définitions.

1. je suis présent **2.** dieux **3.** le Riche (appellation latine du dieu des Enfers) **4.** le Riche (son appellation tirée du grec) **5.** dieux d'en bas.

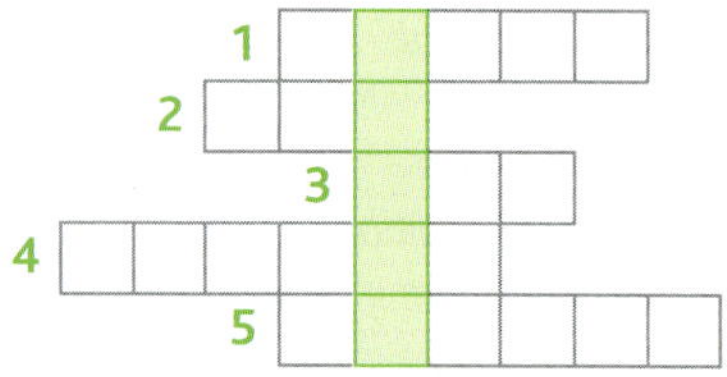

Observer

Un voyage sans retour ?

1 Qui viri ab Inferis redierunt? Pauci potuerunt!
…… ? …… !

2 Cum enim semper pateret atri janua Ditis, revocare gradum difficillimum erat.
Car, bien que la porte du sombre Dis soit toujours ouverte, …… de revenir sur ses pas.

3 Parcae enim tam immites sunt ut mortales evadere non sinant.
Car les Parques sont si impitoyables qu'elles ne permettent pas aux mortels de s'échapper.

4 Ceres tamen, ut Proserpinam filiam, a Plutone raptam, quaereret, ad Inferos descendit.
Cérès pourtant descendit aux Enfers pour chercher sa fille Proserpine, …… .

5 Cum autem Eurystheus ei juberet ut canem Cerberum ex Inferis adduceret, Hercules dixit : « Cum id cupias, ibo ! »
Et, comme Eurysthée lui ordonnait ……, …… : « Puisque tu le désires, j'irai ! »

6 Item Orpheus, ne crudelia fata superarent, Eurydicen conjugem suam ab Inferis eripere temptavit.
Orphée aussi essaya, pour que les cruels destins ne triomphent pas, …… .

D'après **Hygin**, *Fables*, CCLI.

Reconnaître la proposition subordonnée introduite par ut ou par ne

1 Analysez les verbes des phrases 3, 4 et 6 (voix, mode, temps, personne). Délimitez les propositions principales et les subordonnées : quel est le mode des subordonnées ?

2 À la phrase 3, donnez la valeur circonstancielle de la subordonnée. Est-elle affirmative ou négative ? Quel mot l'indique ?

3 Mêmes questions pour les subordonnées des phrases 4 et 6.

4 À la phrase 5, ut introduit-il une proposition subordonnée circonstancielle ?

Reconnaître les propositions subordonnées introduites par cum

5 Analysez les verbes des phrases 2 et 5 (voix, mode, temps, personne). Délimitez les principales et les subordonnées introduites par cum. Quel est le mode des subordonnées ?

6 À l'aide des couleurs, retrouvez les diverses traductions de cum et la valeur circonstancielle correspondante.

7 Complétez la traduction des phrases.

Observer l'image

Complétez les phrases avec ces mots : abducere – Inferis – Inferos – lyram – Mercurius – psychopompos – respicere – serpente – umbra – uxor. **Traduisez-les et associez-les à chaque personnage représenté.**

1. Orpheus, clarus poeta … tenens, uxorem ab … … temptat. Sed eam … non debet.

2. Hermes, qui latine … nominatur, animas ad … ducit : itaque … Graece dicitur.

3. Eurydice, Orphei …, a … morsa est : … nunc est.

Bas-relief en marbre, ve siècle avant J.-C., Naples (Italie), Musée archéologique.

1 La proposition subordonnée circonstancielle de but

- La proposition **subordonnée circonstancielle de but** est introduite par la conjonction **ut** (pour que, afin que) ou **ne** (pour que… ne… pas), suivie du **subjonctif**.

Exemple ▸ **Ne** crudelia fata superarent, Orpheus ad Inferos descendit.
Pour que les cruels destins **ne** triomphent **pas**, Orphée descendit aux Enfers.

- **Ut, ne** + subjonctif se traduisent souvent par **pour, pour ne pas** + infinitif.

Exemple ▸ Audi **ut** discas Orphei fata.
Écoute **pour** apprendre le destin d'Orphée.

2 Les propositions subordonnées circonstancielles au subjonctif

- Les subordonnées circonstancielles de **but** et de **conséquence** sont toujours au **subjonctif**.
- Les subordonnées circonstancielles de **concession**, de **cause** et de **temps** sont souvent au **subjonctif**.

BUT	
ut : pour que **ne** : pour que… ne… pas, pour éviter que	Ceres ad Inferos descendit **ut** filiam suam quaereret. Cérès descendit aux Enfers **pour** chercher sa fille. Orpheus ad Inferos descendit **ne** uxorem suam perderet. Orphée descendit aux Enfers **pour ne pas** perdre son épouse.
CONSÉQUENCE	
ita, sic… ut : de telle sorte que, à tel point que **tam** (+ adj. ou adv.) **… ut** : si, tellement … que **ita, sic… ut non** (si la subordonnée est négative) : de telle sorte que… ne… pas	Cantus **ita** suavis est **ut** ceteros superet. Ce chant est **si** suave **qu**'il surpasse tous les autres. **Tam** suavis est **ut** aequari **non** possit. Il est **si** suave **qu**'il **ne** peut être égalé.
CONCESSION	
cum : bien que, quoique	**Cum** absit, (tamen) auditur. **Bien qu**'il soit loin, (pourtant) on l'entend.
CAUSE	
cum : puisque	**Cum** id cupias, ibo. **Puisque** tu le désires, j'irai.
TEMPS	
cum : comme, alors que	**Cum** Ceres filiam suam quaereret, ad Inferos descendit. **Comme** Cérès cherchait sa fille, elle descendit aux Enfers.

VOCABULAIRE à retenir

Noms

anima, *ae*, f.	souffle de vie, âme
fons, *ontis*, m.	fontaine
gradus, *us*, m.	pas
mortalis, *e*, m.	être humain, mortel
pecunia, *ae*, f.	richesse, argent

Adjectifs

arduus, a, um	escarpé
ater, atra, atrum	sombre, noir
horridus, a, um	effrayant, horrible
infelix, icis	malheureux

Verbes

descendo, is, ere, scendi, scensum	descendre
eripio, is, ere, ripui, reptum	arracher
evado, is, ere, vasi, sum	s'échapper
pateo, es, ere, ui	être ouvert
revoco, as, are, avi, atum	faire revenir
supero, as, are, avi, atum	triompher
tempto, as, are, avi, atum	essayer

S'exercer

Lire et apprendre

1 Lisez à voix haute. Apprenez les vers en latin.

Énée raconte comment le fantôme de Créüse lui a échappé.

Ter conatus ibi collo dare bracchia circum:
ter frustra comprensa manus effugit imago,
par levibus ventis volucrique simillima somno.

Trois fois, j'essaie de la serrer dans mes bras: trois fois, son image glisse de mes mains, comme une brise légère, tout comme un songe qui s'enfuit à tire d'aile…

Virgile, *Énéide*, livre II, vers 792-794.

Réviser les conjugaisons

2 **Donnez le subjonctif présent et imparfait (3e pers. sg.) de ces verbes à la voix demandée.**
credere (voix passive) – respondere (voix active) – eripere (voix passive) – putare (voix active).

3 **Analysez ces verbes (voix, mode, temps, personne).**
respondeas – debes – putas – fecisti – moneberis – facias – interficies – ibas.

Reconnaître les propositions subordonnées au subjonctif

4 **a. Délimitez les propositions subordonnées au subjonctif et identifiez le sens de ut et ne.**
1. Psyche unum obolum dare debuit ut transiret.
2. Mercurius animas, quas ad Charontem ducebat, ne sine pecunia venirent monebat.
3. Charon umbras repellebat ne transirent.
b. Traduisez.

5 **a. Délimitez les propositions subordonnées introduites par cum. Le sens de cum est-il toujours le même?**
1. Cum Mercurius hominem sine pecunia ei duceret, Charon eum repulsit.
2. Cum Charon animas sine pecunia repelleret, ad vivos revenire non poterant.
3. Cum Parcae ad mortem homines vocarent, ad vitam ei numquam redibant.
b. Traduisez.

Sententias Mittere Subito

SMS

6 Novum nuntium habes. Responde bonamque litteram pulsa.

Quotiens Creusae umbram Aeneas manibus comprehendere temptat ?

A semel **B** bis
C ter **D** deciens

S'initier à la traduction

7 **Suivez ce guide et traduisez les phrases.**

Petit guide pour traduire

- *Identifiez le mode et le temps des verbes conjugués et repérez leur sujet.*
- *Identifiez les subordonnées introduites par ut, ne (circonstancielles, complétives) ou cum.*

1. « Videsne, Venus inquit, montis ardui verticem? Indidem atrae undae defluunt, ut Stygias paludes irrigent et rauca Cocyti fluenta nutriant. De fonte illo aquam mihi hauries. » **2.** Atque crustallinum Psychae dea tradidit, ut aquam apportaret. **3.** Cum illa studiose gradum celeraret, montem tam arduum petivit ut finem vitae pessimae inveniri putaret. **4.** Ibi enim, cum horridi fontes aquas atras evomerent, saevi dracones proserpebant. **5.** Et Psychen monebant aquae *ipsae* [elles-mêmes] ne procederet, cum et « Discede » et « Quid facias? Vide » et « Quid agas? » et « Cave », « Fuge » et « Peribis » subinde clamarent.

D'après **Apulée**, *Métamorphoses*, livre VI, 13-14.

8 **Suivez ce guide et traduisez les phrases.**

Petit guide pour traduire

- *Repérez les ablatifs absolus et remplacez-les par des subordonnées introduites par cum.*
- *Cherchez quelle est la valeur circonstancielle de cum à la phrase 3.*

1. *Nec morata* [sans tarder] Psyche perrexit Taenarum, sumptisque stipibus et offulis, infernum decurrit meatum. **2.** Stipe portitori horrido data canisque inferni rabie cibo sopita, domum Proserpinae penetravit. **3.** Cum hospita sedile delicatum et cibum ei praeberet, tamen ante pedes ejus *humi* [à terre] Psyche sedit. **4.** Atque cibario pane contenta fuit ne infernum cibum ederet.

D'après **Apulée**, *Métamorphoses*, livre VI, 20.

Comprendre le sens des mots

9 **Remplacez le nom *image* par le synonyme qui convient:** portrait – comparaison – description – reflet – symbole.
1. On voyait son **image** dans le miroir. **2.** Elle est l'**image** de sa mère. **3.** C'est l'**image** de cette époque. **4.** Ils en donnaient une **image** saisissante. **5.** « Blond comme les blés » est une **image** banale.

Chassez l'intrus !

10 **Retrouvez les mots « intrus ».**
spectre – stéthoscope – spectral – sceptre – spectroscope.

Culture

S.O.S. fantômes !

D'un monde à l'autre

Deux coutumes importantes montrent que, pour les Romains, le monde des morts et celui des vivants restent en communication. Sur le Forum romain (p. 52), l'espace sacré appelé mundus – une sorte de puits recouvert d'une pierre – est considéré comme une « bouche des Enfers ». Trois jours par an (24 août, 5 octobre, 8 novembre) sont notés MP dans le calendrier officiel : ces jours-là, on lève la pierre du mundus et on déclare officiellement « **Mundus Patet** » (« le Monde est ouvert »). On laisse ainsi un libre passage symbolique aux Mânes pour profiter de leur influence bénéfique (p. 174). Pendant les jours prescrits, toute activité doit cesser dans la cité.
D'autre part, la fête des Lemuria (9, 11 et 13 mai) est destinée à apaiser les Mânes à titre privé. Pour que les esprits des défunts ne viennent pas envahir les maisons en sortant de leurs tombeaux sous la forme de lemures, *um*, m. pl. (lémures, spectres), chaque père de famille célèbre une cérémonie de purification au milieu de la nuit. Après avoir répété toute une série de rites, il doit proclamer neuf fois : « Manes exite paterni ! » (« Mânes de mes ancêtres, allez-vous en ! ») sans jamais regarder derrière lui.

Personnages du film *Madagascar* d'Éric Darnell et Tom McGrath, 2005.

1 Un petit mammifère, parent de la famille des singes, tire son nom du fait que, sortant la nuit, il a l'air d'un spectre pendant les Lemuria. Comment s'appelle-t-il ?

La compagnie des larves

Selon des croyances populaires très anciennes, ceux qui meurent de mort violente ou prématurée deviennent des esprits malfaisants. On désigne du nom de larva, *ae*, f. (larve) ces revenants condamnés à errer dans le monde des vivants, la nuit, pour les tourmenter ou pour implorer leur pitié, et on traite de larvatus (ensorcelé) celui qui a le malheur de tomber sous leur emprise. Pour désenvoûter les larvati, on pratique divers rites d'exorcisme. Les larvae sont représentées tantôt comme des spectres très pâles, tantôt comme des fantômes grimaçants dont on ne voit plus que les os.
Par dérision, on les fait intervenir comme des épouvantails dans les farces, au théâtre, et on fabrique même des sortes de pantins en forme de squelette qu'on invite à table.

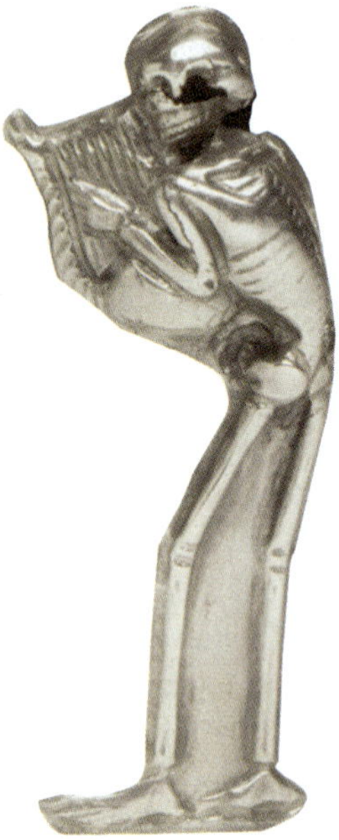

Squelette jouant de la lyre, gobelet en argent (détail), trésor de Boscoreale, Ier siècle après J.-C., Paris, Musée du Louvre.

Squelette, figurine en bronze provenant de Pompéi (9,5 cm), Ier siècle après J.-C., Paris, Musée du Louvre.

2 Cherchez les différents sens du nom *larve* : quel est le rapport avec larva ?

3 Que signifie l'expression *un conflit larvé* ?

Humour macabre

Les Romains aiment représenter les larvae de manière grotesque pour méditer sur le sens de la vie, comme en témoigne ce gobelet où sont inscrites diverses maximes invitant les mortels à profiter des plaisirs de l'existence.
De célèbres poètes et philosophes défunts, dont on peut lire les noms grecs, y sont caricaturés sous la forme d'une ronde de squelettes.

Trimalcion, un affranchi devenu très riche, offre un somptueux banquet. L'un des convives raconte.

Nous étions en train de boire, attentifs à ne rien perdre de toutes ces merveilles, quand un esclave apporta un squelette en argent, si bien ajusté que ses articulations et ses vertèbres pouvaient se plier dans tous les sens. Deux ou trois fois, l'esclave le posa sur la table et lui fit prendre diverses poses grâce à la souplesse de son assemblage ; alors Trimalcion s'écria : « Hélas ! hélas ! malheureux que nous sommes. Rien d'autre que de pauvres petits hommes ! Voilà comment nous serons tous, quand Orcus nous aura pris. Vivons donc, tant qu'il se peut, et vivons bien ! »

Pétrone (env. 15-66 après J.-C.), *Satyricon*, XXXIV.

Gobelet en argent (10,6 cm), trésor de Boscoreale, Ier siècle après J.-C., Paris, Musée du Louvre.

4 Décrivez les deux larvae autour de la table. Que font-elles à votre avis ?

5 Décrivez le décor. Que suggère-t-il ?

6 Quels sont les points communs avec le texte de Pétrone ?

7 Rappelez qui est Orcus (p. 170).

8 Selon quelle technique cet objet a-t-il été réalisé (p. 151) ?

B2i Légendes de l'au-delà

Recherchez des documents (textes explicatifs, récits, légendes et contes, images) sur l'au-delà dans diverses cultures et civilisations : récits sumériens (Gilgamesh), bibliques, mythologie égyptienne, celtique, amérindienne, contes africains, etc.

Pour aller plus loin À LIRE

Récits de la mort et de l'au-delà
(collectif), La Documentation Française, collection récits primordiaux, mai 2010.
Six récits illustrés, venus de différentes civilisations, pour comprendre les représentations de l'au-delà.

Histoire des arts

Du champ de bataille au royaume de l'Invisible

1 *Le Corps de Sarpédon emporté du champ de bataille*, cratère en calice à figures rouges, provenant d'un atelier de la région d'Athènes, signé par le potier Euxithéos et le peintre Euphronios, env. 515 avant J.-C. (47,5 x 55,1 cm), Rome, Musée national étrusque de la villa Giulia.

Le héros troyen Sarpédon, fils de Zeus, a été tué par Patrocle. Plein de chagrin, le souverain de l'Olympe ordonne à Apollon de préserver son corps.

« Remets-le aux deux porteurs rapides, *Hypnos* [Sommeil] et *Thanatos* [Mort], pour qu'ils le ramènent chez les riches Lyciens. Ses frères et ses parents l'enterreront dans un tombeau avec une stèle, c'est l'hommage dû à tous les morts. »

Homère, *Iliade*, chant XVI, vers 671-675.

COMPRENDRE : la céramique

La céramique (du grec *kéramis*, terre de potier, argile) désigne le travail de l'argile.

Dans l'Antiquité, les Grecs étaient les experts de cet art et ils exportaient leur production partout en Méditerranée. De très nombreux vases grecs (document **1**) ont été découverts en Italie dans des tombes étrusques.

Les plus belles pièces sont signées par le potier, qui les façonne au tour et les cuit au four, et par le peintre, qui peint le décor. Formes et styles varient selon les périodes. Les ateliers produisent des objets usuels (comme de grands cratères pour mélanger le vin et l'eau), mais aussi funéraires. On offre des vases au défunt pour l'accompagner dans son dernier voyage. Ceux qu'on appelle lécythes (document **2**) sont placés sur les tombes.

SITUER LES ŒUVRES

1. Classez les vases du plus ancien au plus récent.
2. À quel type de vase appartiennent-ils ? À quoi servaient-ils ?
3. Ont-ils tous été fabriqués en Grèce ?
4. Où sont-ils conservés aujourd'hui ?

COMPRENDRE LES REPRÉSENTATIONS

Document 1

5. Nommez les personnages représentés : le héros mort, les deux personnages qui l'emportent, celui qui tient un caducée et porte un chapeau ailé.
6. Commentez les rites funéraires.

a. Quelle est la fonction du personnage au caducée ?

◀ **2** *Le Passeur des Enfers*, lécythe funéraire à fond blanc (22 cm) provenant d'Athènes, attribué au peintre Tymbos, env. 450 avant J.-C., Oxford (Grande-Bretagne), Ashmolean Museum.

▲ **3** *Les Souverains des Enfers dans leur palais*, cratère monumental (113 cm) provenant d'un atelier d'Apulie en Grande Grèce (sud-est de l'Italie), 330 avant J.-C., Munich (Allemagne), Antikensammlungen.

b. Décrivez les deux « porteurs » du défunt. De qui sont-ils la personnification ? Dans quels mots français retrouvez-vous leur nom ?

c. Pourquoi est-ce important de ramener le corps du défunt à sa famille ?

Documents 2 et 3

7. Sous quels noms sont connus les personnages dans le monde grec et dans le monde romain ?

8. À quoi les reconnaît-on ? Décrivez-les et comparez-les avec les représentations des pages 172 et 173.

Document 3

9. Comment est représenté le palais des Enfers ?

10. Qui joue de la lyre à l'entrée du palais (à gauche) ? Qui est l'animal à trois têtes, sous le palais ?

CHAPITRE 19 L'énigme de la maison hantée

▸ Un texte, une image, des indices pour mener l'enquête : à vous de jouer !

Découvrir le texte

Traduire un texte latin, c'est comme résoudre une énigme policière. Les terminaisons des noms, des pronoms, des adjectifs et des verbes « jouent dans un texte latin un rôle identique à celui des indices dans un problème policier. Une fois ceux-ci relevés puis correctement interprétés, tout s'enchaîne, tout devient évident… » (Georges Arnaud, Préface au *Meurtre de Roger Ackroyd* d'Agatha Christie, 1961)

Le philosophe et le fantôme

Voici un récit extrait d'une lettre de Pline le Jeune, donné tantôt en latin, tantôt en français. Saurez-vous relever et interpréter les indices permettant de résoudre l'énigme (p. 183) ?

1 **Erat Athenis spatiosa et capax domus, sed infamis et pestilens.**

2 Dans le silence de la nuit, on entendait l'écho répété d'un bruit de ferraille et, en prêtant une oreille plus attentive, celui d'un cliquetis de chaînes, assez loin d'abord, puis tout proche.

3 **a.** **Mox apparebat idolum, senex macie et squalore confectus, promissa barba, horrenti capillo ;**
b. **cruribus compedes, manibus catenas gerebat quatiebatque. […]**

4 **Deserta inde et damnata solitudine [erat] domus, totaque illi monstro relicta ;** pourtant elle portait un écriteau pour le cas où se présenterait un acheteur ou un locataire qui ignorerait la menace d'une si grande calamité.

5 **a.** **Venit Athenas philosophus Athenodorus ;** **b.** **legit titulum, auditoque pretio, quia suspecta vilitas [erat],** percontatus [ayant posé des questions], **omnia docetur ac** nihilominus [néanmoins] **conducit.**

6 **Ubi coepit advesperascere, jubet** sterni sibi [de préparer un lit pour lui] **in prima domus parte, poscit pugillares, stilum, lumen.**

7 **Suos omnes in interiora dimittit ;** ipse ad scribendum [lui-même pour écrire] **animum, oculos, manum intendit ne vacua mens** audita simulacra [des fantômes à partir de ce qu'il a entendu] **et inanes** sibi [pour lui-même] **metus fingeret.**

8 Pour commencer, comme partout, c'est le silence de la nuit ; puis un bruit de ferraille qu'on secoue, de chaînes qu'on remue. Notre homme ne lève pas les yeux, ne lâche pas son stylet : alors le fracas de s'intensifier, de se rapprocher.

9 **Respicit, videt agnoscitque narratam sibi effigiem.**

10 **Stabat innuebatque digito, similis vocanti.** Mais lui, de son côté, il lui fait un geste de la main pour lui demander d'attendre un peu, puis se penche à nouveau sur ses tablettes et sur son stylet.

11 **Illa scribentis capiti catenis insonabat.**

12 Il se retourne une seconde fois et la voit refaire le même signe qu'auparavant ; sans hésiter, il prend sa lumière et se met à la suivre.

13 **Ibat illa lento gradu, quasi gravis vinculis ; postquam deflexit in aream domus, repente dilapsa deserit comitem.**

14 **Desertus herbas et folia concerpta signum loco ponit.**

15 **Postero die adit magistratus, monet ut illum locum effodi jubeant.**

16 **a.** **Inveniuntur ossa inserta catenis […] ; collecta publice sepeliuntur :**
b. dès lors, une fois ensevelis selon les rites, les Mânes ne hantèrent plus la maison.

D'après **Pline le Jeune**, *Lettres*, VII, 27, 5-11.

→ RÉSOUDRE UNE ÉNIGME

Repérer les premiers indices (à l'aide du lexique)

1 Lisez le récit à voix haute. Quelles informations donnent le titre du chapitre et celui du texte ?

2 Quels mots reconnaissez-vous dans la phrase 1 ? Quels indices donnent-ils (temps, lieu, thème) ?

3 Relisez les trois premiers mots de la phrase 3 a. Quel personnage apparaît ?

4 À la phrase 5 a, quels indices sont donnés ?

5 Dans une courte phrase rédigée, faites le bilan des indices récoltés.

Identifier des indices significatifs pour préparer la traduction

6 Relisez les phrases 1 à 4.
a. Repérez et analysez les verbes conjugués (voix, mode, temps, personne).
b. Identifiez le sujet de chacun d'eux.
c. Repérez les mots coordonnants.

7 Même exercice pour les phrases 5 à 7. Identifiez les mots subordonnants, repérez les constructions et délimitez principales et subordonnées.

8 Même exercice pour les phrases 8 à 14, puis 15 et 16.

9 Comment le verbe **jubere** est-il construit aux phrases 6 et 15 ?

10 Dans une courte phrase rédigée, dites quel est le temps dominant du récit. Que remarquez-vous aux phrases 5 à 9, puis 14 à 16 ? Quel est l'effet produit ?

Identifier et interpréter les derniers indices avant de traduire

11 Relisez le texte et dans chaque phrase :
a. identifiez les attributs, les COD des verbes et éventuellement les COI. Quel est le cas de **loco** à la phrase 14 ? b. identifiez les compléments du nom et les compléments circonstanciels. c. à la phrase 5 b, que reconnaissez-vous dans l'expression **audito pretio** ?

12 Délimitez les groupes de mots et traduisez chaque phrase en respectant l'ordre de la phrase latine.

Les archéologues pensent que cette étrange mosaïque met en scène une histoire de fantôme comme celle de Pline. On voit un raccommodeur de vêtements (sartor), pâle et enchaîné. L'inscription explique : QVOD DESPERABAS EXPLICITU[M] EST / SEDE IN CATENA (« ce pour quoi tu te désespérais est résolu, / reste enchaîné »). Il s'agirait donc d'un avertissement : le sartor est un fantôme ; il faut le traiter selon les rites décrits par Pline pour qu'il ne vienne pas hanter la maison où il est représenté.

Écriture

Vous êtes invité(e) dans cette maison : écrivez à un(e) ami(e) une courte lettre en latin pour lui décrire la mosaïque.

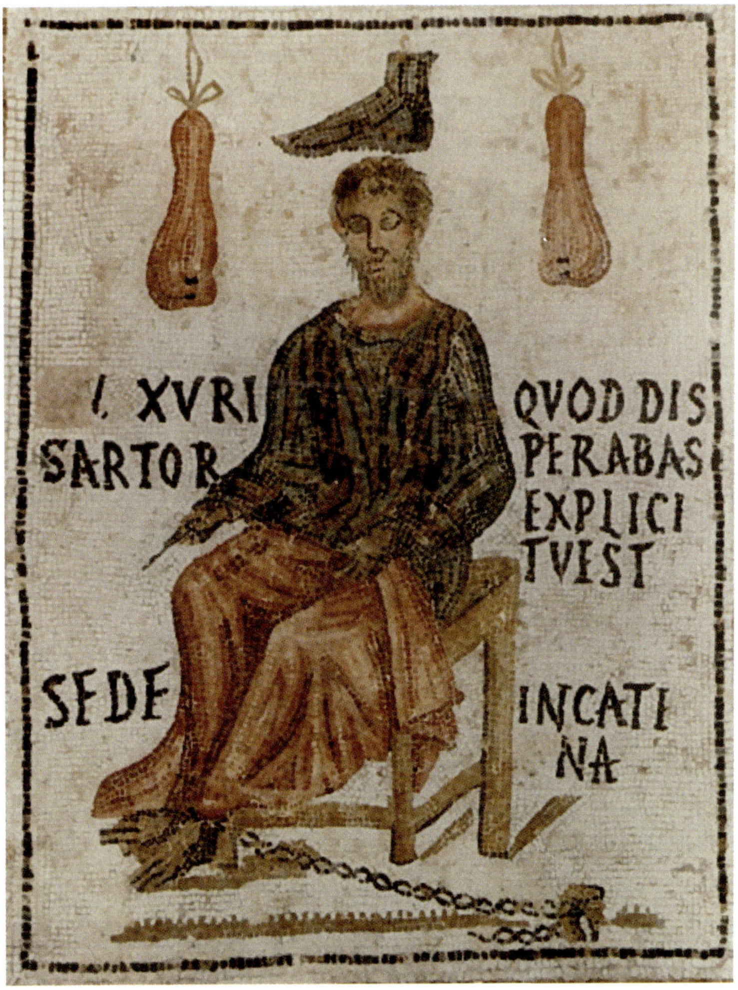

Mosaïque représentant un sartor dans son échoppe, Kélibia (Tunisie), IVe siècle après J.-C.

Phrase simple, phrase complexe

- Une **phrase simple** comporte une proposition construite autour d'un verbe avec son sujet (la proposition est indépendante).
- Une **phrase complexe** comporte deux propositions ou plus.
  À l'intérieur de la phrase complexe, les propositions peuvent être **juxtaposées** (sans mot coordonnant), **coordonnées** ou **subordonnées**.
- Dans une phrase complexe, les propositions **subordonnées** complètent la proposition **principale**.
  Les subordonnées sont **COD** du verbe principal ou bien **compléments circonstanciels**.

1 Les propositions coordonnées

- Dans la phrase complexe, les propositions peuvent être **coordonnées** par des **mots coordonnants** qui indiquent divers modes de **relation logique**.

Relation logique	Mots coordonnants	
Addition	**et, atque, -que**	et
Addition avec négation	**neque**	et… ne… pas
Disjonction (alternative)	**aut… aut…**	ou… ou…
Opposition	**sed, verum, at, vero, autem** **tamen**	mais pourtant
Cause	**nam, enim**	car, en effet
Conclusion, conséquence	**ergo, igitur, itaque**	donc, c'est pourquoi

- Les **mots coordonnants**, invariables, peuvent aussi relier entre elles deux ou plusieurs phrases simples ou complexes.

Exemples ▸ Domus spatiosa erat, sed infamis. Idolum **enim** apparebat.
La maison était spacieuse, mais mal famée. **En effet**, un fantôme apparaissait.
Philosophus **tamen** domum conducit.
Pourtant le philosophe loue la maison.

2 Les propositions subordonnées COD du verbe

- La **proposition subordonnée infinitive** complète un verbe exprimant la **déclaration**, la **perception**, l'**opinion**, la **volonté**. → p. 68

Exemple ▸ Philosophus **dicit** idolum apparere / apparuisse.
sujet à l'Acc. — infinitif présent / infinitif parfait
Le philosophe **dit qu'** un fantôme apparaît / est apparu.

- La **proposition subordonnée au subjonctif** introduite par **ut** *(que)* ou **ne** *(que… ne … pas)* complète un verbe exprimant l'**ordre**, la **prière**, le **soin** ou l'**effort**. → p. 156

Exemples ▸ Opto **ut** idolum appareat. Je souhaite **que** le fantôme apparaisse.
Opto **ne** idolum appareat. Je souhaite **que** le fantôme n'apparaisse pas.

3 Les propositions subordonnées compléments circonstanciels

- Les propositions **subordonnées** jouent le rôle de **complément circonstanciel** (de but, de cause, de conséquence, de comparaison, de temps…) d'un verbe.
- Elles sont à l'**indicatif** ou au **subjonctif**.

Subordonnées à l'indicatif	Subordonnées au subjonctif
TEMPS	
cum, ubi, ut : quand, lorsque **ut (primum), ubi (primum)** : dès que **postquam** : après que Exemple ▶ **Cum** idolum apparet, omnes clamant. **Quand** le fantôme apparaît, tous crient.	**cum** : alors que, comme **antequam** : avant que Exemple ▶ **Cum** idolum appareret, omnes clamabant. **Comme** le fantôme apparaissait, tous criaient.
CAUSE	
quod, quia : parce que **quoniam** : puisque Exemple ▶ **Quoniam** id cupis, ibo. **Puisque** tu le désires, j'irai.	**cum** : comme, puisque Exemple ▶ **Cum** id cupias, eo. **Puisque** tu le désires, j'y vais.
CONCESSION	
quamquam : bien que Exemple ▶ **Quamquam** idolum non video, tibi credo. **Bien que** je ne voie pas le fantôme, je te crois.	**cum** : bien que Exemple ▶ **Cum** idolum non videam, tibi credo. **Bien que** je ne voie pas le fantôme, je te crois.
COMPARAISON	**BUT**
ut… ita ; ita… ut, sic… ut : de même que… de même **sicut, velut** : comme, ainsi que Exemple ▶ **Ut** idolum apparet, **ita** evanescit. **De même que** le fantôme apparaît, **de même** il disparaît.	**ut** : pour que **ne** : pour que… ne… pas Exemple ▶ Clamate **ne** idolum appareat ! Criez **pour que** le fantôme **n'**apparaisse **pas** !
	CONSÉQUENCE
	ut : de telle sorte que **ut non** : de telle sorte que… ne… pas **tam** (+ adj.) **… ut** : tellement, si… que Exemple ▶ **Tam** prudens est idolum **ut** non videatur. Le fantôme est **si** prudent **qu'**on ne le voit pas.

4 La concordance des temps

- Dans la phrase complexe, l'**action de la proposition subordonnée au subjonctif** est située par rapport à celle de la **proposition principale** selon les règles de la concordance des temps suivantes :

Verbe de la principale	Verbe de la subordonnée au subjonctif	
	Simultanéité L'action de la subordonnée est située **au même moment** que celle de la principale (ou dans un futur proche).	**Antériorité** L'action de la subordonnée est située **avant** celle de la principale.
Présent ou **futur**	**Présent** Exemple ▶ Opto ut pacem **faciat**. Je souhaite qu'**il fasse** la paix.	**Parfait** Exemple ▶ Opto ut pacem **fecerit**. Je souhaite qu'**il ait fait** la paix.
Temps du **passé**	**Imparfait** Exemple ▶ Optabam ut pacem **faceret**. Je souhaitais qu'**il fît** / qu'**il fasse** / la paix.	**Plus-que-parfait** Exemple ▶ Optabam ut pacem **fecisset**. Je souhaitais qu'**il eût fait** / qu'**il ait fait** / la paix. → Programme de la classe de 3e

La carte des Enfers

Découvrez les Enfers en suivant l'itinéraire d'Énée (iter infernum).
Reliez la description de chaque étape au numéro qui convient
(1 à 12) et traduisez pour savoir ce qui vous y attend.

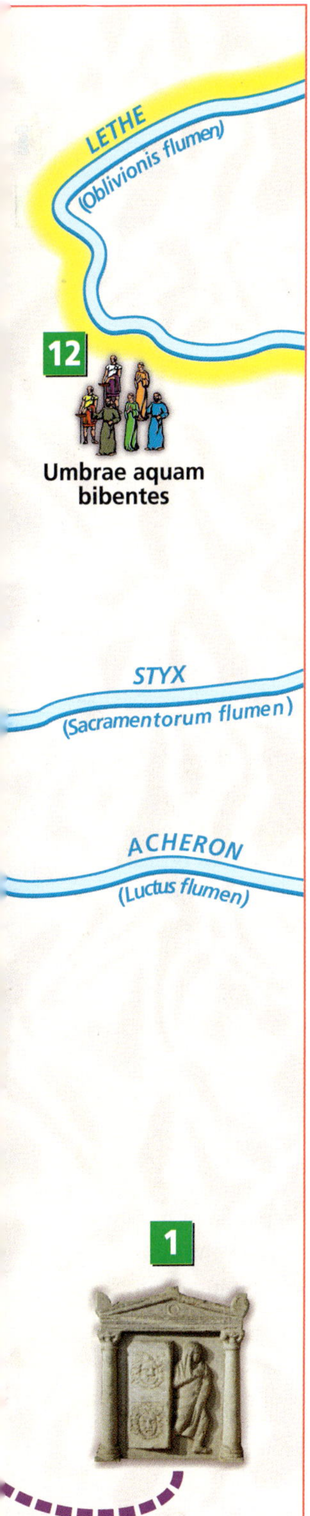

a. Hic est vasta palus in quam flumina varia influunt. Portitor horrendus ratem conto subigit umbrarumque turba transire exspectat.

b. Tartarum impiorum carcerem videtis ? Maxima cura defenditur : moenibus triplicibus atque flumine cum flammis cingitur. Porta columnis adamanteis aedificata est. Ad ingentem turrim ferream Tisiphone Furia sedet et omnia servat.

c. In primo vestibulo, omnes hominum curae cubilia sua posuerunt : Morbi, Senectus, Metus, Fames, Egestas, Labor, Letum, Sopor, Discordia Bellumque.

d. Tres judices animas judicant. Via in ambas partes se findit : dextera ad Ditis aedes tendit, laeva ad Tartarum impiorum malorumque hominum animas mittit.

e. Hoc flumen Lethe nominatur : cum aquam ejus umbrae bibunt, capit eas oblivio praeteritae vitae totae.

f. Primum ramum aureum de arbore sacra carpite, deinde in Orci fauces tenebrosas ite : in Inferorum vestibulum estis.

g. Canis immanis in antro recubat. Illum novistis.

h. In campos Elysios pervenitis : virecta amoena sunt fortunatis animis. Hic senex Anchisa filium suum Aeneam exspectat.

i. Aeneae iter facere incipitis. Ut Vergilius poeta dixit,
« Facilis descensus Averno ;
noctes atque dies patet atri janua Ditis. » (*Aeneis*, liber VI, versus 126-127)

j. Per campos lugentes transite : videtis feminarum umbras quae praeteritos amores lugent ? Inter illas infelix Dido errat.

k. In medio vestibulo, ulmus ingens opacaque stat : falsa somnia sub omnibus foliis arboris haerent ut vespertiliones. Praeterea multa prodigiosa monstra sunt : Centauri, Scylla, Gorgones, Lernae hydra, Chimaera, aliaeque ferae e fabulis venientes. Nihil timete : omnia quae videtis imagines tantum sunt.

l. Nunc in Ditis dei uxorisque Proserpinae aedibus estis : illis maxima pietate salutem dicere debetis. Proserpinae ramum aureum date.

VOCABULAIRE

adamanteus, a, um : en acier – ambo, ae, o : deux en même temps – Avernus, *i*, m. : lac Averne (en Campanie, près de Cumes) – dextera, *ae*, f. : côté droit – fauces, *ium*, f. pl. : passage étroit, défilé, gorge – haereo, es, ere, haesi, haesum : être fixé, accroché – influo, is, ere, fluxi, fluxum : couler dans – laeva, *ae*, f. : côté gauche – lugeo, es, ere, luxi, luctum : pleurer, déplorer – oblivio, *onis*, f. : oubli – praeteritus, a, um : passé, d'autrefois – recubo, as, are : être couché – sopor, *oris*, m. : sommeil profond – turris, *is*, f. : tour (Acc. turrim, Abl. turri) – ulmus, *i*, f. : orme – vespertilio, *onis*, m. : chauve-souris – virectum, *i*, n. : endroit verdoyant, prairie.

Dossier

Le latin après le latin : des Enfers à l'Enfer

1. **Michel-Ange** (1475-1564), détail du *Jugement dernier*, fresque de la chapelle Sixtine, 1508-1512, Rome, Musées du Vatican.

2. *Charon*, fresque de la tombe de Gaudio, 480 avant J.-C., Paestum (Italie), Musée archéologique national.

[...] ut est illud : « Mittet Filius hominis angelos suos, et colligent de regno ejus omnia scandala et mittent in caminum ignis ardentem ; illic erit fletus et stridor dentium ; tunc justi fulgebunt sicut sol in regno Patris sui » ; et illud : « Sic ibunt isti in supplicium aeternum, justi autem in vitam aeternam. »

Aurelius Augustinus, *De civitate Dei.*

[...] comme il est dit : « Le Fils de l'homme enverra ses anges et ils rassembleront tous ceux qui font tomber dans le mal et ils les enverront dans la fournaise au feu brûlant ; là il n'y aura que pleurs et grincements de dents ; alors les justes resplendiront comme le soleil dans le royaume de leur Père » ; et ceci : « Ainsi ces misérables iront au supplice éternel, et les justes de leur côté à la vie éternelle. »

Augustin (354-430 après J.-C.) citant l'*Évangile selon saint Matthieu* (XIII, 41-43 et XXV, 46), *La Cité de Dieu*, livre XXI, 1.

Étymologie

1 Le nom grec σκάνδαλον (*skandalon*) désigne un piège placé sur le chemin pour faire tomber. Quel nom latin lui correspond ? Quel nom français en est issu ? Quel est son sens ?

2 Le nom grec παράδεισος (*paradeisos*) désigne un parc aménagé avec des arbres et des animaux, traduit en latin par paradisus, *i*, m. Il a servi à désigner le lieu où « les justes » jouiront de « la vie éternelle ». Quel nom français en est issu ?

Du texte aux images

1 Quelle expression employée par Saint Augustin désigne l'endroit où les gens qui se sont mal comportés sont censés aller lors du Jugement dernier ? Relevez-la en français et en latin.

2 Quels documents mettent cette expression en image ? Comment ?

3 Quelles sont les deux voies que prendront les hommes une fois jugés ? Comment cela est-il représenté sur le document 3 ?

3. **Joachim Patenier** (env. 1485-1524), *Le Passage du Styx*, huile sur bois (64 x 103 cm), 1524, Madrid, Musée du Prado.

4. **Maître François** (XVe siècle), *Vision de l'Enfer d'un enfant nommé Guillaume*, enluminure dans *Le Miroir historial de Vincent de Beauvais*, tome III, Chantilly, Musée Condé.

Les sources d'inspiration

1 Comment l'Enfer de la tradition culturelle chrétienne s'inspire-t-il des Enfers de la mythologie gréco-romaine ? Pour répondre, observez :
- le personnage conduisant la barque sur les documents 1, 2 et 3. Qui sont les personnages devant ou sur cette barque ? Que sont-ils en train de faire ?
- l'animal monstrueux devant la tour sur le document 3. Qui reconnaissez-vous ?
- les personnages ailés sur le document 4. À qui font-ils penser ?

2 Comment s'appelle dans la mythologie grecque la partie des Enfers où se trouvent les « damnés » éternels et les « bienheureux » ? Qu'y font-ils ?

B2i Faire une recherche sur Internet

1. Notez ce que désigne exactement l'expression « Jugement dernier ». C'est un thème très souvent représenté dans toutes les formes d'art depuis le Moyen Âge. Recherchez des documents que vous classerez selon les types de support et les périodes de création.

2. Recherchez des documents qui montrent l'intégralité du *Jugement dernier* de Michel-Ange.

Dossier

Initiation au grec

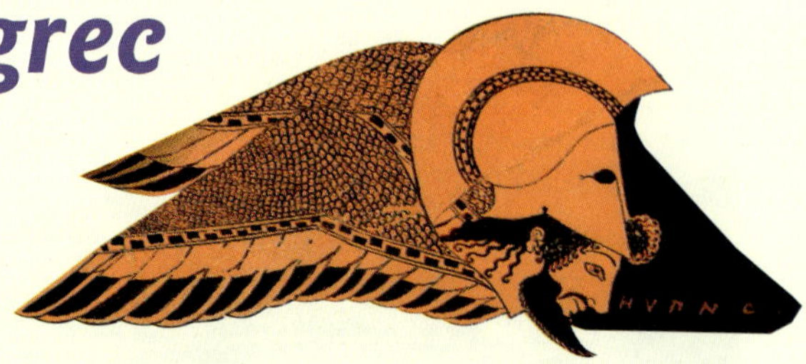

1 Découvrir l'alphabet

Adapté de l'alphabet phénicien (p. 128), l'alphabet grec compte vingt-quatre lettres. Repris et remanié par les Étrusques (p. 12), il a donné naissance à l'alphabet latin que nous utilisons aujourd'hui.

Majuscule	Minuscule	Nom de la lettre	Prononciation (alphabet phonétique)	Exemple
Α	α	alpha	[a] et [ɑ] > a bref ou â long	ἀρχή (ἡ) : origine, pouvoir
Β	β ou ϐ	bêta	[b]	βάρϐαρος : barbare
Γ	γ	gamma	[g]	γράμμα (τὸ) : lettre
Δ	δ	delta	[d]	δῆμος (ὁ) : peuple
Ε	ε	epsilonn	[e] > é bref	ἔθνος (τὸ) : race
Ζ	ζ	dzêta	[dz]	ζωή (ἡ) : vie
Η	η	êta	[ɛ] > ê long	ἥλιος (ὁ) : soleil
Θ	θ	thêta	[t'] > t aspiré (th en anglais)	Θέατρον (τὸ) : théâtre
Ι	ι	iota	[i]	ἱερός : sacré
Κ	ϰ	kappa	[k]	ϰίρϰος (ὁ) : anneau
Λ	λ	lambda	[l]	λόγος (ὁ) : parole
Μ	μ	mu	[m]	μόνος : seul
Ν	ν	nu	[n]	ναῦς (ἡ) : navire
Ξ	ξ	ksi	[ks]	ξένος : étranger
Ο	ο	omicronn	[ɔ] > o bref	ὀφθαλμός (ὁ) : œil
Π	π	pi	[p]	πατήρ (ὁ) : père
Ρ	ρ	rhô	[r]	ῥήτωρ (ὁ) : orateur
Σ	σ ou ς	sigma	[s]	σοφός : sage
Τ	τ	tau	[t]	τέχνη (ἡ) : art manuel
Υ	υ	upsilonn	[y]	ὕπνος (ὁ) : sommeil
Φ	φ	phi	[f]	φίλος : ami
Χ	χ	khi	[k'] > k aspiré (ch en allemand)	χρόνος (ὁ) : temps
Ψ	ψ	psi	[ps]	ψυχή (ἡ) : âme
Ω	ω	ômega	[o] > ô long	ὥρα (ἡ) : période de temps

Le grec est une langue « chantante » : les **accents** (aigu ´, grave `, circonflexe ˜) indiquent sur quelle syllabe porte la voix (accents d'intonation).
Tout mot grec qui commence par une voyelle ou une diphtongue porte un signe appelé **esprit** :

- l'**esprit rude** marque un léger souffle aspiré (comme quand on prononce *un haricot*).
  Exemple ▶ ἕτερος (autre) → hétérogène.
- l'**esprit doux** signale qu'il n'y pas de souffle aspiré.
  Exemple ▶ ἔτυμος (vrai) → étymologie.
- Tout mot commençant par un rhô porte un esprit rude.
  Exemple ▶ ῥίς, ῥινός (ἡ), le nez → rhinocéros.

Le grec a un **article défini** qui varie selon le genre des noms : ὁ pour le masculin, ἡ pour le féminin, τὸ pour le neutre.

1. D'où vient le nom *alphabet* ?
2. Quelle lettre grecque désigne :
a. l'embouchure du Nil ou du Rhône,
b. le symbole du nombre utilisé dans le calcul du périmètre du cercle ?
3. Recopiez chaque mot grec du tableau et inscrivez à sa suite un mot français (ou plus) qui en est issu (ἀρχή → archéologue).

2 S'entraîner à lire en grec avec Homère

Dans l'Antiquité, les épopées d'Homère, l'*Iliade* et l'*Odyssée*, étaient si célèbres que tous les enfants, à Rome comme en Grèce, en apprenaient de longs passages par cœur à l'école. Même si on discute encore pour savoir qui était vraiment Homère, on admet qu'il a vécu au VIIIe siècle avant J.-C. en Ionie, une région d'Asie Mineure où étaient installées de riches colonies grecques (p. 192). Homère était un aède (du verbe ἀείδω, je chante) : il chantait ses vers en jouant de la cithare, pendant les fêtes et les banquets à la cour des rois de son temps.

Ulysse et les sirènes, mosaïque, IVe siècle après J.-C., Tunis (Tunisie), Musée du Bardo.

→ LIRE EN V.O.

1 Voici les deux premiers vers de l'*Odyssée*. Entraînez-vous à les lire en grec à voix haute, en suivant l'intonation donnée par les accents. Vous pourrez ensuite les apprendre par cœur.

2 L'adjectif πολύτροπος qualifie une personne capable de faire beaucoup (πολύ-, poly-) de tours (τρόπος, du verbe τρέπω, je tourne). Il annonce donc à la fois que le héros a fait de nombreux **détours** dans son voyage et qu'il a beaucoup de **tours** (ruses) dans sa tête. Qui est ce héros ?

Ἄνδρα	μοι ἔννεπε,	Μοῦσα,	πολύτροπον,	ὃς	μάλα	πολλὰ
↓	↓	↓	↓	↓	↓	↓
Andra	*moï ennepe,*	*Mousa,*	*polutroponn*	*hos*	*mala*	*polla*
[Cet] homme	à moi raconte [-le],	Muse,	[lui] qui a beaucoup de tours	qui [de]	très nombreuses	[fois]

πλάγχθη,	ἐπεὶ	Τροίης	ἱερὸν	πτολίεθρον	ἔπερσεν [...]
↓	↓	↓	↓	↓	↓
planchthê,	*épei,*	*Troiês*	*iéronn*	*ptoliéthronn,*	*épersenn*
a été ballotté,	depuis que	de Troie	sacrée	la citadelle	il a ravagé

Cet homme, raconte-moi ses aventures, Muse, lui, le héros aux mille tours, qui a erré tant et tant, depuis qu'il a ravagé la citadelle sacrée de Troie [...].

Étymologie

Quels éléments venus du grec reconnaissez-vous dans *polycopié, héliotrope, hiérarchie, musicologue, androïde* ? Que signifient ces mots ?

B2i Faire une recherche sur Internet

1. D'où viennent les noms *Iliade* et *Odyssée* ?
2. Comment s'appelle la Muse qui protège les poètes et à qui Homère s'adresse directement ?
3. Comparez la fonction de l'aède avec celle du barde chez les Celtes et celle du troubadour au Moyen Âge.

3 Retenir quelques repères culturels

La Grèce antique.

Dans l'Antiquité, il n'y a pas d'état grec unifié comme aujourd'hui : avant l'époque d'Homère (p. 191), des peuples qu'il nomme Ἀχαιοί, **Achéens** (de Ἀχαΐα, l'Achaïe, région du Péloponnèse), ou Ἀργεῖοι, **Argiens** (habitants d'Argos), ont constitué divers petits royaumes. À partir du VIIIe siècle avant J.-C., la plupart deviennent des cités-états, comme Athènes et Sparte. En quête de nouveaux territoires, de nombreux colons partent s'installer en Asie Mineure et en Méditerranée occidentale (la Grande Grèce, p. 112) répandant ainsi l'hellénisme dans tout le bassin méditerranéen. Après la conquête romaine, l'ensemble des cités et royaumes grecs constituent l'Achaïa, **Achaïe**, devenue une province de Rome.
Quand nous parlons de la **Grèce** et des **Grecs**, nous utilisons des mots latins (p. 114) ; en grec, on dit ἡ Ἑλλάς (au génitif τῆς Ἑλλάδος), l'**Hellade**, et οἱ Ἕλληνες, les **Hellènes**. C'est pourquoi le nom **hellénisme** s'emploie comme synonyme de civilisation grecque (l'influence de l'hellénisme à Rome) ou pour désigner une construction propre à la langue grecque (comme un latinisme pour le latin).

B2i Faire une recherche sur Internet

1. Quelle est l'origine des noms Péloponnèse et Hellespont ?
2. Que désigne l'expression *Asie Mineure* ? À quel pays cela correspond-il aujourd'hui ?
3. Cherchez des exemples de colonies grecques en Gaule (aujourd'hui des villes françaises de la côte méditerranéenne).

4 S'entraîner à lire et à écrire en grec

Des héros et des dieux se présentent à vous : saurez-vous les reconnaître ?

Préparez une carte de visite pour chacun d'eux en suivant les étapes suivantes.

a. Écrivez le nom du personnage, en français puis en grec, à retrouver dans la liste suivante (attention ! il y a deux intrus).
Ἀπόλλων – Πάρις – Ἡρακλῆς – Ἀριάδνη – Ὀδυσσεύς – Μινώταυρος – Ἀφροδίτη – Ζεύς – Ἀγαμέμνων – λαβύρινθος – Ἰάσων – αἱ Μοῦσαι – Θησεύς – Ἑλένη.

b. Écrivez le(s) nom(s) de lieu(x) cité(s) dans chaque présentation ci-dessous (en vert), en français puis en grec, à retrouver sur la carte p. 192. Appliquez-vous à bien écrire chaque nom, sans oublier ni les esprits ni les accents.

c. Agrémentez votre carte de visite d'une illustration de votre choix (dessin personnel, reproduction d'une image).

Jacques-Louis David (1748-1825), *Les Amours de Pâris et Hélène*, huile sur toile (détail), 1879, Paris, Musée du Louvre.

1. Je suis roi d'Argos et de Mycènes. Je suis le chef des Achéens partis combattre les Troyens en Asie.

2. Je suis fils du roi d'Iôlcos. Sur mon bateau Argo, je suis parti conquérir la Toison d'or au-delà de l'Hellespont.

3. Je suis fils du roi d'Athènes. J'ai tué le monstre enfermé par le roi de Crète Minos dans son palais de Cnôssos.

4. Dieu des arts et de la musique, je suis né sur l'île de Délos. Mon sanctuaire de Delphes attire les pèlerins du monde entier.

5. Grâce à moi, les Achéens ont envahi Ilion. J'ai mis dix ans pour rentrer dans mon île natale, Ithaque.

6. Nous sommes neuf sœurs, filles de Zeus et de Mnémosyne, la Mémoire. Nous protégeons les arts et vivons sur le mont Parnasse.

7. Je suis la déesse de la beauté et de l'amour. Je suis née de l'écume de la mer près de l'île de Cythère.

8. Fils de Zeus, je suis né à Thèbes. J'ai accompli douze travaux extraordinaires et j'ai fondé les premiers jeux à Olympie.

9. Fils du roi de Troie, j'ai été abandonné sur le mont Ida. J'ai enlevé la plus belle femme de Grèce, ce qui a déclenché un terrible conflit qui a duré dix ans.

10. Je trône sur le mont Olympe. On m'honore comme « le Père des dieux et des hommes ».

11. Je suis la femme du roi de Sparte Ménélas. Ma beauté a provoqué la guerre de Troie.

12. Je suis fille de Minos. J'ai aidé le vainqueur du Minotaure à sortir du labyrinthe en lui donnant une pelote de fil, pourtant, il m'a abandonnée sur l'île de Naxos.

Antoine Louis Barye (1795-1875), *Thésée et le Minotaure*, sculpture en bronze (45 x 30 cm), Bayonne, Musée Bonnat.

LEXIQUE

mot-clé Retrouvez les **mots-clés** aux pages indiquées.

A

- a, ab : de, à partir de, à cause (+ Abl.)
- abacus, *i*, m. : table de jeu
- abeo, is, ire, ii ou ivi, itum : s'en aller, partir, sortir, quitter
- abjicio, is, ere, jeci, jectum : jeter
- absum, abes, abesse, afui : être éloigné de
- abundo, as, are, avi, atum : être abondamment pourvu de (+ Abl.)
- ac, atque : et
- accido, is, ere, cidi : tomber sur, arriver, survenir
- accipio, is, ere, cepi, ceptum : accueillir, recevoir
- acerbus, a, um : acide
- acies, *ei*, f. : pointe, regard perçant, armée en ordre de bataille
- acutus, a, um : aigu
- ad : vers, près de (+ Acc.)
- addo, is, ere, didi, ditum : ajouter
- adduco, is, ere, duxi, ductum : ramener
- adeo, is, ire, ii ou ivi, itum : aller vers
- adhibeo, es, ere, bui, bitum : appliquer (vim adhibere : faire violence)
- adjuvo, as, are, avi, atum : aider
- adpeto, is, ere, ivi, itum : chercher à atteindre
- adsum, es, esse, adfui : être présent
- adulescens, *entis*, m. et f. : adolescent
- advento, as, are : approcher de (ad + Acc.)
- adversum : contre (+ Acc.)
- adversus, a, um : contraire, malheureux
- advesperascit, ere, vesperavit : il se fait tard, le soir approche (impersonnel)
- advolo, as, are, avi : voler (ad + Acc. : vers)
- aedes, *is*, f. : temple
- aedes, *ium*, f. pl. : maison, palais
- aedificium, *ii*, n. : édifice, bâtiment
- aedifico, as, are, avi, atum : construire
- aedilis, *is*, m. : édile
- aequalis, e : du même âge
- aequo, as, are, avi, atum : égaler
- aestas, *atis*, f. : été
- aetas, *atis*, f. : époque, période, génération, âge
- afficio, is, ere, feci, fectum : affecter
- ager, *agri*, m. : champ, terre
- agitator, *oris*, m. : conducteur
- agito, as, are, avi, atum : bouger
- agmen, *inis*, n. : armée en marche
- agnosco, is, ere, novi, nitum : percevoir, reconnaître
- ago, is, ere, egi, actum : mener, faire (partes agere : jouer un rôle)
- agricola, *ae*, m. : agriculteur
- aio, ais : dire
- albatus, a, um : vêtu de blanc
- albus, a, um : blanc
- alienus, a, um : qui appartient à un autre
- aliptes, *ae*, m. : masseur
- aliquando : un jour, l'autre jour
- alius, a, ud : autre
- alo, is, ere, alui, alitum : nourrir, entretenir
- alter, a, um : autrui, l'un, l'autre
- alter... alter : l'un... l'autre
- altus, a, um : haut, élevé
- ambulo, as, are, avi, atum : se promener
- amicus, *i*, m. : ami
- amitto, is, ere, amisi, amissum : perdre
- amo, as, are, avi, atum : aimer
- amoenus, a, um : agréable, charmant
- amor, *oris*, m. : amour
- amphitheatrum, *i*, n. : amphithéâtre
- anima, *ae*, f. : souffle de vie, âme
- animal, *alis*, n. : être vivant, animal
- animus, *i*, m. : esprit, courage
- annus, *i*, m. : an, année
- ante : en avant, devant (+ Acc.)
- antiquus, a, um : ancien
- antrum, *i*, n. : antre, caverne
- anus, *us*, f. : vieille femme
- aper, *pri*, m. : sanglier
- aperio, is, ire, aperui, apertum : ouvrir
- appareo, es, ere, ui, itum : apparaître
- appello, as, are, avi, atum : appeler, nommer
- appono, is, ere, posui, positum : placer auprès (+ D.)
- apporto, as, are, avi, atum : transporter
- appropinquo, as, are, avi, atum : s'approcher de
- apud : auprès de, chez (+ Acc.)
- aqua, *ae*, f. : eau
- aquila, *ae*, f. : aigle
- ara, *ae*, f. : autel
- arbor, *oris*, f. : arbre
- arduus, a, um : escarpé
- area, *ae*, f. : place publique, cour, vestibule
- **arena**, *ae*, f. : sable, arène (p. 84)
- arma, *orum*, n. pl. : armes, armée
- armatura, *ae*, f. : équipement
- armatus, *us*, m. : armement, troupes
- **ars**, *artis*, f. : savoir faire, qualité du travail, art (pp. 56, 114)
- artifex, *icis*, m. : artiste
- ater, atra, atrum : noir, sombre
- **auctoritas**, *atis*, f. : autorité (p. 26)
- audacia, *ae*, f. : audace
- audax, acis : audacieux
- audio, is, ire, ivi, itum : entendre
- augur, *uris*, m. : augure
- **augurium**, *ii*, n. : signe, augure (p. 144)
- aureus, a, um : doré, en or
- auriga, *ae*, m. : conducteur
- aurigo, as, are, avi, atum : conduire un char
- **auspicium**, *ii*, n. : observation des oiseaux, auspice (p. 144)
- aut : ou
- autem : d'autre part, mais (toujours placé en 2e position)
- autumnus, *i*, m. : automne
- auxilium, *ii*, n. : aide, secours
- avis, *is*, f. : oiseau
- avus, *i*, m. : grand-père

B

- balbus, a, um : bègue
- **balneum**, *i*, n. : bain (p. 50)
- barba, *ae*, f. : barbe (promissa barba : longue barbe)
- **barbarus**, a, um : barbare (p. 106)
- bellum, *i*, n. : guerre
- bellum gero, is, ere, gessi, gestum : faire la guerre contre (cum + Abl.)
- bene : bien
- benignus, a, um : bienveillant
- bestia, *ae*, f. : bête
- bestiarius, a, um : bestiaire
- bibo, is, ere, bibi : boire
- bifrons, ontis : qui a deux visages
- biga, *ae*, f. : bige, char à deux chevaux
- bis : deux fois
- bonus, a, um : bon
- bos, *bovis*, m. : bœuf
- brevis, e : bref
- brutus, a, um : brute, stupide

C

- caelus, *i*, m. : ciel
- calvus, a, um : chauve
- campus, *i*, m. : champ, plaine
- canis, *is*, m. : chien
- canities, *ei*, f. : blancheur
- canto, as, are, avi, atum : chanter
- capax, acis : qui peut contenir beaucoup de monde
- capillus, *i*, m. : cheveu
- capio, is, ere, cepi, captum : prendre
- captivus, *i*, m. : prisonnier
- caput, *itis*, n. : tête
- carcer, *eris*, m. : prison
- carpo, is, ere, carpsi, carptum : cueillir, arracher
- castigo, as, are : blâmer, punir
- **castra**, *orum*, f. pl. : camp fortifié (p. 41)
- casus, *us*, m. : hasard
- catena, *ae*, f. : chaîne(s)
- causa : en vue de (+ G.)
- causa, *ae*, f. : cause
- cavea, *ae*, f. : cage, gradins (au théâtre)
- caveo, es, ere, cavi, cautum : prendre garde, éviter
- celebritas, *atis*, f. : procession
- celebro, as, are, avi, atum : fréquenter (en grand nombre)
- celer, eris, celere : rapide
- celero, as, are, avi, atum : hâter

- celo, as, are, avi, atum : cacher
- cena, *ae,* f. : repas
- ceno, as, are, avi, atum : dîner
- censor, *oris,* m. : censeur, critique
- census, *us,* m. : recensement
- centurio, *onis,* m. : centurion
- cerno, is, ere, crevi, cretum : distinguer
- certus, a, um : sûr, certain
- ceteri, ae, a : tous les autres
- ceterum : pour le reste, mais en réalité
- cibarius, a, um : grossier
- cibus, *i,* m. : nourriture, aliment
- cincinnatus, a, um : bouclé
- cingo, is, ere, cinxi, cinctum : entourer
- circuitus, *us,* m. : tour
- circum : autour, à proximité
- circumeo, is, ire, ii ou ivi, itum : parcourir, aller d'un endroit à l'autre, visiter
- circumsisto, is, ere, steti : entourer
- circumspecto, as, are, avi, atum : regarder souvent tout autour de soi
- circus, *i,* m. : cirque (p. 94)
- cito : rapidement
- civilitas, *atis,* f. : qualité de citoyen, courtoisie
- civis, *is,* m. : citoyen (pp. 16, 39)
- civitas, *atis,* f. : ensemble des citoyens, cité
- clam : en cachette, en secret
- clamo, as, are, avi, atum : crier
- clamor, *oris,* m. : cri
- clarus, a, um : célèbre, clair
- classis, *is,* f. : flotte
- clava, *ae,* f. : massue
- cliens, *entis,* m. : client (p. 60)
- coepi (seulement au parfait) : j'ai commencé
- cogito, as, are, avi, atum : remuer, penser
- cognomen, *inis,* n. : surnom
- cognosco, is, ere, cognovi, cognitum : chercher à savoir, connaître, apprendre, étudier
- cogo, is, ere, coegi, coactum : contraindre
- collega, *ae,* m. : collègue, ami
- collego, is, ere, legi, lectum : rassembler
- colo, is, ere, colui, cultum : pratiquer, cultiver, honorer, entretenir, habiter
- columna, *ae,* f. : colonne
- coma, *ae,* f. : chevelure
- comes, *itis,* m. : compagnon
- comicus, a, um : comique
- commeo, as, are, avi, atum : aller souvent
- commodus, a, um : confortable
- comoedia, *ae,* f. : comédie
- compes, *edis,* f. : entraves
- compleo, es, ere, evi, etum : remplir
- compositus, a, um : disposé convenablement
- comprimo, is, ere, pressi, pressum : serrer, embrasser
- concerpo, is, ere, cerpi, cerptum : déchirer, arracher
- concordia, *ae,* f. : concorde
- concredo, is, ere, credidi, creditum : confier à (+ D.)
- concurro, is, ere, curri, cursum : accourir, se rejoindre
- condiscipulus, *i,* m. : condisciple
- condo, is, ere, didi, ditum : fonder, réunir, rassembler
- conficio, is, ere, feci, fectum : achever, faire complètement
- confugio, is, ere, fugi : se réfugier (ad + Acc. : auprès de)
- congressus, *us,* m. : rencontre, combat
- conjugem, do, das, dare, dedi, datum : donner pour épouse, marier à (+ D.)
- conjux, *ugis,* f. : épouse
- consecro, as, are, avi, atum : consacrer
- consentio, is, ire, sensi, sensum : consentir
- consido, is, ere, sedi, sessum : s'asseoir
- consilium capio, is, ere, cepi, captum : prendre la décision de (+ inf.)
- consilium, *ii,* n. : avis, conseil, assemblée, résolution, projet
- conspectus, *us,* m. : vue
- conspicio, is, ere, spexi, spectum : regarder, observer
- constringo, is, ere, strinxi, strictum : lier, attacher
- consul, *is,* m. : qui siège avec un autre, consul (p. 8)
- consulo, is, ere, sului, sultum : délibérer
- consultus, a, um : sage, réfléchi
- contentus, a, um : satisfait de (+ Abl.)
- conterreo, es, ere, ui, itum : frapper de terreur
- contra : au contraire, contre (+ Acc.)
- contundo, is, ere, tudi, tusum : écraser
- contus, *i,* m. : perche
- conveho, is, ere, vexi, vectum : transporter, charrier
- convenio, is, ire, veni, ventum : venir ensemble, se rassembler, affluer
- conviva, *ae,* m. ou f. : invité(e), convive
- convivium, *ii,* n. : festin
- copia, *ae,* f. : abondance, troupe militaire
- coquus, *i,* m. : cuisinier
- cor, *cordis,* n. : cœur
- coram : devant, en face
- corona, *ae,* f. : couronne
- corpus, *oris,* n. : corps
- cothurnus, *i,* m. : cothurne (chaussure élevée)
- cotidie : chaque jour
- creber, bra, brum : nombreux
- credo, is, ere, didi, ditum : croire
- creo, as, are, avi, atum : nommer, choisir
- crudelitas, *atis,* f. : cruauté
- crus, *cruris,* n. : jambe
- crustallinum, *i,* n. : vase de cristal
- cubile, *is,* n. : lit
- cultus, *us,* m. : genre de vie, action d'honorer, culte (p. 136)
- cum : avec (+ Abl.)
- cumba, *ae,* f. : embarcation
- cuncti, ae, a : tous
- cupio, is, ere, ivi, itum : désirer, vouloir
- cur : pourquoi
- cura, *ae,* f. : soin, souci
- curia, *ae,* f. : sénat
- curo, as, are, avi, atum : prendre soin de, que
- curro, is, ere, cucurri, cursum : courir
- currus, *us,* m. : char
- cursus, *us,* m. : course
- custodio, is, ire, ivi ou ii, itum : garder, protéger

D

- damnatio, *onis,* f. : condamnation
- damno, as, are : condamner
- de : à propos de, du haut de, à partir de, au sujet de (+ Abl.)
- deambulo, as, are, avi, atum : se promener
- debeo, es, ere, bui, bitum : devoir
- decedo, is, ere, cessi, cessum : s'en aller, mourir
- decet, ere, uit : il convient (+ inf.)
- decipio, is, ere, cepi, ceptum : surprendre, tromper
- decurro, is, ere, curri, cursum : descendre
- decus, *oris,* n. : convenance, parure, gloire, honneur (p. 16)
- dedecus, *oris,* n. : déshonneur
- defendo, is, ere, di, sum : défendre
- deflecto, is, ere, flexi, flexum : courber, fléchir, détourner
- defluo, is, ere, fluxi : couleur d'en haut
- deformo, as, are, avi, atum : déformer
- deinde : puis, ensuite
- dejicio, is, ere, jeci, jectum : jeter (se dejicere : se jeter)
- delecto, as, are, avi, atum : plaire (+ D.), plaire à (+ Acc.)
- deleo, es, ere, evi, etum : détruire
- delinquo, is, ere, liqui, lictum : manquer, faire une faute
- deliro, as, are, avi, atum : être fou
- delphin, *inis,* m. : dauphin
- demum : seulement
- denarius, *ii,* m. : denier (= 4 sesterces)
- depingo, is, ere, pinxi, pictum : dépeindre, décrire
- depono, is, ere, posui, positum : mettre, confier
- descendo, is, ere, scendi, scensum : descendre
- descensus, *us,* m. : descente
- desero, is, ere, serui, sertum : abandonner, déserter
- desertus, a, um : abandonné
- desum, dees, deesse, defui : manquer à (+ D.)

- deuro, is, ere, ussi, ustum : brûler complètement
- deus, *i,* m. : dieu
- deveho, is, ere, vexi, vectum : emmener
- dico, is, ere, dixi, dictum : dire
- difficilis, e : difficile
- difficultas, *atis,* f. : difficulté
- digitus, *i,* m. : doigt, orteil
- dilabor, eris, i, lapsus sum : se dissiper, s'évanouir, disparaître
- diligentia, *ae,* f. : empressement
- diligo, is, ere, lexi, lectum : aimer, honorer
- dimitto, is, ere, misi, missum : renvoyer, laisser partir, laisser échapper
- directus, a, um : direct, en droite ligne
- diripio, is, ere, ripui, reptum : piller
- discedo, is, ere, cessi, cessum : s'éloigner
- discipulus, *i,* m. : élève
- disco, is, ere, didici, discitum : apprendre
- discordia, *ae,* f. : discorde, querelle
- discutio, is, ere, cussi, cussum : dissiper
- dissimilis, e : dissemblable
- dissimulo, as, are, avi, atum : dissimuler
- diu : longtemps
- dives, itis : riche
- divinus, a, um : divin
- do, das, dare, dedi, datum : donner
- doceo, es, ere, docui, doctum : enseigner (+ 2 Acc. : quelque chose à quelqu'un)
- doctus, a, um : savant
- doleo, es, ere, dolui : déplorer
- dolium, *ii,* n. : tonneau
- dolor, *oris,* m. : douleur
- dolosus, a, um : fourbe, rusé
- dominus, *i,* m. : maître (de maison)
- domus, *us,* f. : maison
- donum, *i,* n. : don, présent
- draco, *onis,* m. : dragon
- dubito, as, are, avi, atum : se demander avec hésitation (de manière dubitative)
- duco, is, ere, duxi, ductum : conduire
- duo, ae, a, pl. : deux
- durus, a, um : dur, difficile
- dux, *ducis,* m. : guide, chef (p. 34)

E

- e, ex : hors de
- eburneus, a, um : d'ivoire
- edax, acis : glouton, vorace
- edico, is, ere, dixi, dictum : ordonner que
- edo, edis ou es, edit ou est, edere ou esse, edi, esum : manger, faire sortir, produire
- efficio, is, ere, feci, fectum : faire en sorte que
- effigies, *ei,* f. : représentation
- egregius, a, um : éminent
- elegans, antis : élégant
- elevo, as, are, avi, atum : diminuer
- eligo, is, ere, egi, ectum : choisir
- emo, is, ere, emi, emptum : acheter
- enim : car, en effet (toujours placé après le 1er mot)
- eo, is, ire, ivi, itum : aller
- epistula, *ae,* f. : lettre
- eques, *itis,* m. : cavalier
- equus, *i,* m. : cheval
- erigo, is, ere, rexi, rectum : élever, dresser, ériger
- eripio, is, ere, ripui, reptum : arracher
- erro, as, are, avi, atum : errer
- esca, *ae,* f. : nourriture
- et, -que : et
- etiam : aussi
- evado is, ere, vasi, vasum : s'échapper
- evocatio, *onis,* f. : évocation (p. 159)
- evomo, is, ere, vomui, vomitum : déverser
- excedo, is, ere, cessi, cessum : quitter, sortir de, dépasser
- excito, as, are, avi, atum : faire naître, provoquer
- exedo, is, ere, edi, esum : manger
- exeo, is, ire, ivi, itum : sortir
- exerceo, es, ere, ui, itum : exercer
- exercitium, *ii,* n. : exercice
- exercitus, *us,* m. : armée
- exilium, *ii,* n. : exil
- existimo, as, are : apprécier, juger, penser
- exitus, *us,* m. : sortie
- explico, as, are, avi, atum : expliquer
- expugno, as, are, avi, atum : attaquer
- exquiro, is, ere, sivi, situm : demander (ex + Abl. : à)
- exspecto, as, are, avi, atum : attendre
- exuo, is, ere, ui, utum : dépouiller, enlever
- exuro, is, ere, ussi, ustum : brûler entièrement

F

- faber, *bri,* m. : ouvrier, artisan (p. 56)
- fabula, *ae,* f. : légende, conte, fable, histoire, pièce (p. 80)
- facies, *ei,* f. : visage
- facilis, e : facile
- facio, is, ere, feci, factum : faire
- factio, *onis,* f. : faction des cochers au cirque
- facundus, a, um : qui parle bien
- fallo, is, ere, fefelli, falsum : tromper, trahir
- fama, *ae,* f. : tradition, réputation, rumeur (p. 8)
- fames, *is,* f. : faim
- familia, *ae,* f. : famille (p. 66)
- familiaris, *is,* m. : proche, ami
- fanum, *ii,* n. : lieu consacré, temple (p. 160)
- fas, n. : ce qui est permis par les dieux (p. 154)
- fascis, *is,* m. : faisceau
- fasti, *orum,* m. pl. : fastes, calendrier des Romains (p. 154)
- fatum, *i,* n. : destin, prédiction, oracle, destinée, fatalité
- felix, icis : heureux
- femina, *ae,* f. : femme
- fera, *ae,* f. : bête sauvage
- feriae, *arum,* f. : jours de fête (p. 94)
- ferio, is, ire : frapper
- fero, fers, ferre, tuli, latum : porter, supporter, rapporter
- ferocitas, *atis,* f. : fougue, violence (p. 106)
- ferox, ocis : féroce
- ferreus, a, um : en fer
- ferrugineus, a, um : qui a la couleur de la rouille
- ferrum, *i,* n. : fer, glaive
- ferus, a, um : sauvage
- fidelis, e : fidèle
- fides, *ei,* f. : foi, fidélité, loyauté, confiance (pp. 124, 158)
- filia, *ae,* f. : fille
- filius, *ii,* m. : fils
- findo, is, ere, fidi, fissum : séparer, diviser
- fingo, is, ere, finxi, fictum : modeler, façonner
- finio, is, ire : limiter, finir, terminer, achever
- flagro, as, are, avi, atum : être animé de (+ Abl.)
- flecto, is, ere, flexi, flectum : changer, fléchir
- flos, *floris,* m. : fleur
- fluenta, *orum,* n. : fleuve, flots
- flumen, *inis,* n. : fleuve
- foculum, *i,* n. : feu, foyer
- focus, *i,* m. : feu, foyer
- foedus, *eris,* n. : pacte (p. 124)
- folium, *ii,* n. : feuille
- fons, *tis,* m. : source, fontaine
- foris, *is,* f. (au pl. fores) : porte
- forma, *ae,* f. : forme, apparence
- formosus, a, um : beau, bien fait
- fortis, e : courageux, fort
- fortuna, *ae,* f. : sort, hasard, fortune
- fortunatus, a, um : bienheureux
- forum, *i,* n. : place publique, forum (pp. 46, 52-53)
- fossa, *ae,* f. : fossé
- frango, is, ere, fregi, fractum : briser
- frater, *tris,* m. : frère
- frigidus, a, um : glacé
- fructus, *us,* m. : fruit
- frumentum, *i,* n. : récolte de blé
- fuga, *ae,* f. : fuite
- fugio, is, ere, fugi : fuir : s'enfuir
- fugo, as, are, avi, atum : mettre en fuite
- fulgor, *oris,* m. : éclair
- fulmen, *inis,* n. : foudre, éclair
- futurus, a, um : futur

G

- galea, *ae,* f. : casque
- gallina, *ae,* f. : poule
- gaudeo, es, ere : se réjouir
- geminus, a, um : double
- gemo, is, ere, gemui, itum : se plaindre

- gener, *eri,* m. : gendre
- genitus, *us,* m. : enfantement, production
- gens, *gentis,* f. : famille
- genus, *eris,* n. : origine, race, espèce, genre
- geometres, *ae,* m. : géomètre
- gero, is, ere, gessi, gestum : faire, mener
- gladius, *ii,* m. : épée
- gloria, *ae,* f. : gloire
- gloriosus, a, um : glorieux, fanfaron
- gracilis, e : fragile
- gradus, *us,* m. : pas
- Graeculus, a, um : petit Grec, Grécaillon (p. 114)
- grammaticus, *i,* m. : professeur de langue
- gratia, *ae,* f. : reconnaissance
- gravis, e : lourd, grave
- gravitas, *atis,* f. : autorité, gravité

H

- habeo, es, ere, ui, itum : avoir
- habito, as, are, avi, atum : habiter (avec Acc. ou in + Abl.)
- haruspex, *icis,* m. : haruspice (p. 148)
- hasta, *ae,* f. : lance
- haurio, is, ire, hausi, haustum : puiser
- herba, *ae,* f. : herbe
- heri : hier
- hic : ici
- hiems, *emis,* f. : hiver
- histrio, *onis,* m. : acteur (p. 76)
- homo, *inis,* m. : homme
- horrendus, a, um : qui fait dresser les cheveux sur la tête, effrayant
- horrens, entis : hérissé
- horridus, a, um : effrayant, horrible
- hospes, *itis,* m. : hôte (p. 124)
- hospitus, a, um : de passage, étranger
- hostis, *is,* m. : ennemi (p. 124)
- humanitas, *atis,* f. : humanité (pp. 66, 106)
- humilis, e : humble

I

- ibi : ici, là
- ibidem : au même endroit
- idolum, *i,* n. : image, spectre, fantôme
- igitur : donc, par conséquent
- ignis, *is,* m. : feu
- illustris, e : illustre, célèbre
- illustro, as, are, avi, atum : mettre en lumière
- imago, *inis,* f. : représentation, image (p. 174)
- immanis, e : monstrueux
- immineo, es, ere : approcher
- immitis, e : crue, impitoyable
- immolo, as, are, avi, atum : immoler, sacrifier
- immortalis, e : immortel
- imperator, *oris,* m. : celui qui commande, titre décerné au général victorieux
- imperium, *ii,* n. : autorité, pouvoir, puissance (p. 8)
- impero, as, are, avi, atum : commander à (+ D.)
- impetus, *us,* m. : assaut, élan
- impono, is, ere, posui, positum : charger, poser sur (+ D.)
- impius, a, um : impie, dénaturé
- in : dans (+ Abl.), contre (+ Acc.)
- inanis, e : vain, vide, qui ne possède rien
- incido, is, ere, cidi : arriver, tomber sur (in + Acc.)
- incipio, is, ere, cepi, ceptum : entreprendre, commencer
- incito, as, are, avi, atum : inciter, pousser, lancer, enflammer
- incognitus, a, um : inconnu
- incola, *ae,* m. : habitant
- incolo, is, ere, colui, cultum : habiter
- inde : à partir de ce moment-là, de là
- indico, as, are, avi, atum : indiquer le prix
- indidem : de là même
- induco, is, ere, duxi, ductum : introduire, mettre en scène
- ineo : entrer (dans)
- inexercitatus, a, um : non exercé
- infamis, e : mal famé, décrié, de mauvaise réputation
- infans, *tis,* m. ou f. : petit enfant, bébé
- infelix, icis : malheureux
- Inferi, *orum,* m. pl. : dieux d'en bas, Enfers (pp. 166, 186-187)
- infernus, a, um : des Enfers
- ingeniosus, a, um : qui vient du talent naturel, ingénieux
- ingenium, *ii,* n. : caractère reçu à la naissance, intelligence
- ingens, tis : immense
- ingero, is, ere, gessi, gestum : porter dans
- ingratus, a, um : ingrat
- inimicus, a, um : ennemi
- initium, *ii,* n. : début
- inopia, *ae,* f. : manque de resources, défaut, privation, détresse, pauvreté
- inquam, is, it : dis-je, dis-tu, dit-il (en incise)
- insero, is, ere, serui, sertum : insérer, introduire, mêler, intercaler
- insidiae, *arum,* f. : embuscade
- insono, as, are, sonui, - : résonner, retentir
- instituo, is, ere, stitui, stitutum : instituer
- insula, *ae,* f. : île, immeuble
- integer, gra, grum : intact
- intellego, is, ere, lexi, lectum : comprendre
- intendo, is, ere, tendi, tentum : tendre, diriger vers
- inter : au milieu de, entre (+ Acc.)
- intereo, is, ire, ii ou ivi, itum : périr
- interficio, is, ere, feci, fectum : tuer
- interimo, is, ere, emi, emptum : tuer
- interior, oris : plus en dedans
- intermissio, *onis,* f. : interruption
- intermitto, is, ere, misi, missum : interrompre
- interrogo, as, are, avi, atum : interroger
- intro, as, are, avi, atum : entrer, s'introduire dans (+ Acc.)
- introduco, is, ere, duxi, ductum : introduire
- invenio, is, ire, veni, ventum : trouver
- invia, *orum,* n. pl. : endroits où il n'y a pas de route, impraticables
- ipse, a, um : lui-même, en personne
- ira, *ae,* f. : colère
- iratus, a, um : en colère
- irrigo, as, are, avi, atum : arroser
- irrumpo, is, ere, rupi, ruptum : faire irruption dans, envahir (in + Acc.)
- ita : ainsi, de cette manière-là
- itaque : c'est pourquoi
- item : aussi, de même
- iter, *itineris,* n. : chemin, route

J

- jaceo, es, ere, jacui : être étendu
- jam : déjà, désormais
- janua, *ae,* f. : porte
- jecur, *oris,* n. : foie
- jocus, *i,* m. : plaisanterie
- jubeo, es, ere, jussi, jussum : ordonner
- jucundus, a, um : agréable
- judex, *icis,* m. : juge
- judico, as, are, avi, atum : juger
- jugum, *i,* n. : joug d'une charrue, sommet d'une montagne
- jussus, *us,* m. : ordre
- juvenis, *is,* m. ou f. : homme ou femme dans la pleine force de l'âge

L

- labor, *oris,* m. : travail, épreuve (p. 56)
- laboro, as, are, avi, atum : travailler
- lac, *lactis,* n. : lait
- lanius, *ii,* m. : boucher
- lapis, *idis,* m. : pierre
- lateo, es, ere, latui : être caché
- latro, *onis,* m. : voleur
- latus, a, um : large
- laudo, as, are, avi, atum : louer, célébrer
- laus, *laudis,* f. : louange
- legatus, *i,* m. : ambassadeur
- legem rogo, as, are, avi, atum : présenter un projet de loi
- legio, *onis,* f. : légion (pp. 34, 40-41)
- lego, as, are, avi, atum : envoyer en mission
- lego, is, ere, legi, lectum : lire
- lentus, a, um : souple, mou, apathique, impassible
- leo, *onis,* m. : lion
- letum, *i,* n. : trépas
- levis, e : léger
- lex, *legis,* f. : loi (p. 16)
- libatio, *onis,* f. : libation (p. 154)

- liber, *bri,* m. : livre
- liberi, *orum,* m. : enfants
- libero, as, are, avi, atum : délivrer
- libertas, *atis,* f. : liberté
- libertus, *i,* m. : affranchi (pp. 66, 70)
- lictorius, a, um : de licteur
- litterae, *arum,* f. pl. : lettres
- locus, *i,* m. : lieu, place (au spectacle)
- longitudo, *inis,* f. : durée
- longus, a, um : long
- lorica, *ae,* f. : cuirasse
- lorum, *i,* n. : rênes, courroie
- luctus, *us,* m. : chagrin
- ludo, is, ere, lusi, lusum : jouer, se moquer de
- ludos facio, is, ere, feci, factum : célébrer des jeux
- ludus, *i,* m. : école, jeu (pp. 76, 88)
- lumen, *inis,* n. : lumière, éclairage
- lusus, *us,* m. : jeu, divertissement
- lux, *lucis,* f. : lumière
- lyra, *ae,* f. : lyre

M

- macellum, *i,* n. : marché
- macies, *ei,* f. : maigreur
- magister, *tri,* m. : maître (d'école)
- magistratus, *us,* m. : magistrat
- magnificus, a, um : somptueux
- magnitudo, *inis,* f. : grandeur
- magnus, a, um : grand
- magus, *i,* m. : magicien
- majestas, *atis,* f. : dignité, majesté, grandeur (p. 12)
- majores, *um,* m. (toujours au pluriel) : ancêtres
- malum, *i,* n. : mal, défaut
- malus, a, um : mauvais
- mancipia, *orum,* n. : esclaves
- mane : le matin
- maneo, es, ere, mansi, mansum : rester, demeurer
- Manes, *ium,* m. pl. : Mânes (p. 174)
- manus, *us,* m. : main
- mappa, *ae,* f. : serviette
- mare, *is,* n. : mer
- mater, *tris,* f. : mère
- matrimonium, *ii,* n. : mariage
- matrona, *ae,* f. : matrone
- maturus, a, um : mûr
- maximus, a, um : le plus grand
- meatus, *us,* m. : passage
- medicus, *i,* m. : médecin
- melius... quam : mieux... que
- memoria, *ae,* f. : mémoire, souvenir
- mendax, acis : menteur
- mens, *mentis,* f. : pensée, esprit
- mensa, *ae,* f. : table
- mensis, *is,* m. : mois
- mercator, *oris,* m. : marchand
- meridies, *ei,* m. : midi, sud, milieu, moitié
- merx, *mercis,* f. : marchandise
- meta, *ae,* f. : borne
- metus, *us,* m. : peur
- meus, a, um : mon, ma, mes
- miles, *itis,* m. : soldat
- ministro, as, are, avi, atum : faire le service, manœuvrer
- mirmillo, *onis,* m. : mirmillon
- mirus, a, um : étonnant
- miser, era, erum : malheureux
- mitto, is, ere, misi, missum : envoyer, affranchir un esclave, faire partir
- modus, *i,* m. : mesure, manière
- moenia, *ium,* n. pl. : muraille, rempart
- moneo, es, ere, ui, itum : avertir
- mons, *montis,* m. : montagne
- monstrum, *i,* n. : phénomène hors norme, monstre (p. 148)
- monumentum, *i,* n. : monument
- morbus, *i,* m. : maladie
- mors, *mortis,* f. : mort
- mortalis, *e,* m. : être humain, mortel
- mos, *moris,* m. : coutume
- mos majorum : traditions et principes hérités des ancêtres (p. 114)
- motus, *us,* m. : mouvement
- moveo, es, ere, movi, motum : mouvoir, agiter, toucher, émouvoir
- mox : bientôt
- mulier, *eris,* f. : femme
- multi, ae, a : nombreux
- multo : beaucoup [plus ...]
- multum : beaucoup, souvent (adverbe)
- mundus, *i,* m. : monde
- munio, is, ire, ivi, itum : fortifier
- munus, *eris,* n. : obligation, charge, don, combat de gladiateurs (p. 84)
- murus, *i,* m. : mur, paroi
- muto, as, are, avi, atum : changer

N

- nam : car, en effet
- narro, as, are, avi, atum : raconter
- natio, *onis,* f. : race, peuple, nation
- natura, *ae,* f. : nature
- natus, a, um : né
- navalis, e : naval
- nectar, *aris,* n. : nectar (boisson des dieux)
- negligo, is, ere, egi, ectum : négliger
- nego, as, are, avi, atum : refuser
- negotium, *ii,* n. : travail, affaire
- neque... neque : ne pas... et ne pas
- nescio, is, ire, ivi, itum : ne pas savoir, ignorer
- neve : et que... ne... pas
- niger, gra, grum : noir
- nihil : rien
- nitidus, a, um : brillant
- nobilis, e : connu
- nobilitas, *atis,* f. : noblesse
- nolo, non vis, nolle, nolui : ne pas vouloir
- nomen, *inis,* n. : nom
- nomino, as, are, avi, atum : nommer, appeler
- non modo... sed etiam : non seulement... mais encore
- non procul a, ab : non loin de (+ Abl.)
- non : ne... pas
- nonne : est-ce que... ne... pas
- nonnulli, ae, a : quelques
- nosco, is, ere, novi, notum : apprendre à connaître
- noster, tra, trum : notre, nos
- noto, as, are, avi, atum : marquer, frapper de
- novem : neuf
- novus, a, um : nouveau
- nox, *noctis,* f. : nuit
- nullus, a, um : aucun, nul
- num : est-ce que (par hasard) ?
- numen, *inis,* n. : volonté divine (p. 136)
- numero, as, are : compter, calculer
- numerus, *i,* m. : nombre
- nummus, *i,* m. : sesterce
- numquam : ne ... jamais, pas du tout
- nunc : maintenant
- nuntio, as, are, avi, atum : annoncer
- nutrio, is, ire, ivi, itum : alimenter
- nuper : récemment, naguère
- nuptiae, *arum,* f. : mariage, noces
- nympha, *ae,* f. : nymphe

O

- obeo, is, ire, ii ou ivi, itum : s'en aller, mourir
- objicio, is, ere, jeci, jectum : exposer à (+ D.), jeter
- observo, as, are, avi, atum : respecter
- obses, *idis,* m. : otage
- obsideo, es, ere, sedi, sessum : être assis, se tenir auprès
- obsisto, is, ere, stiti : se placer devant, résister
- obsum, obes, obesse, obfui : s'opposer, faire obstacle, nuire à (+ D.)
- obtineo, es, ere, tinui, tentum : tenir solidement, occuper, maintenir
- occido, is, ere, cīdi, cīsum : tuer
- occupo as, are, avi, atum : envahir, occuper, occuper la 1re place à la course
- oculus, *i,* m. : œil
- offendo, is, ere, fendi, fensum : se heurter, échouer
- officium, *ii,* n. : devoir (p. 60)
- offula, *ae,* f. : petit gâteau
- olim : autrefois, un jour
- omen, *inis,* n. : présage (p. 136)
- omnis, e : tout, chaque
- onus, *eris,* n. : poids, fardeau
- opacus, a, um : touffu
- oppidum, *i,* n. : ville fortifiée, place forte
- opprimo, is, ere, pressi, pressum : accabler
- optimus, a, um : le meilleur
- opto, as, are, avi, atum : souhaiter que

- opulentus, a, um : opulent, riche
- opus, *eris,* n. : œuvre
- oraculum, *i,* n. : oracle
- orator, *oris,* m. : orateur
- orbis terrarum : cercle des terres
- orchestra, *ae,* f. : orchestre, partie du théâtre réservée aux personnalités (p. 80)
- ornamentum, *i,* n. : costume, parure, ornement
- orno, as, are, avi, atum : orner
- oro, as, are, avi, atum : parler, prier que
- os, *oris,* n. : bouche
- os, *ossis,* n. : os
- ostendo, is, ere, tendi, tentum : faire voir, montrer, étaler devant les yeux
- otium, *ii,* n. : loisir, repos (p. 94)

P

- pallium, *ii,* n. : manteau
- palma, *ae,* f. : palme (de la victoire)
- palus, *udis,* f. : marais
- panis, *is,* m. : pain
- parentes, um : parents
- pareo, es, ere, ui, itum : obéir
- paries, *etis,* m. : mur
- paro, as, are, avi, atum : préparer
- pars, *partis,* f. : partie
- partes, *partium,* f. pl. : rôle (d'un acteur)
- parvus, a, um : petit
- pasco, is, ere, pavi, pascum : manger, nourrir
- pastor, *oris,* m. : berger
- pateo, es, ere, ui : être ouvert, s'étendre
- pater, *tris,* m. : père
- pater familias : père de famille
- paternus, a, um : paternel, du père
- patres, *um,* m. pl. : pères, sénateurs, patriciens (p. 26)
- patria, *ae,* f. : patrie
- patricius, a, um : patricien
- patronus, *i,* m. : patron (p. 60)
- patruus, *i,* m. : oncle (paternel)
- pauci, ae, a : peu nombreux, quelques
- paulo post : peu après
- paupertas, *atis,* f. : pauvreté
- paveo, es, ere, pavui : avoir peur, être effrayé
- pavo, *onis,* m. : paon
- pax, *pacis,* f. : paix
- pectus, *oris,* n. : poitrine
- pecunia, *ae,* f. : richesse, argent
- pecus, *oris,* n. : troupeau
- pello, is, ere, pepuli, pulsum : repousser
- Penates, *tium,* m. : Pénates
- pendeo, es, ere, pependi : être suspendu, pendre
- penna, *ae,* f. : plume
- per : à travers, par, pendant (+ Acc.)
- perditus, a, um : qui n'a pas de limites, excessif
- peregrinus, a, um : étranger (p. 106)
- pereo, is, ire, ii ou ivi, itum : disparaître
- perficio, is, ere, feci, fectum : terminer, achever, mener à bien
- perfusus, a, um : percé
- pergo, is, ere, perrexi, perrectum : rejoindre, se diriger vers (ad + Acc.)
- periculum, *i,* n. : danger
- peritus, a, um : habile
- persona, *ae,* f. : masque, personnage, caractère (p. 76)
- persuadeo, es, ere, suasi, suasum : persuader quelqu'un (+ D.)
- perturbo, as, are, avi, atum : perturber
- pervenio, is, ire, veni, ventum : arriver à
- pes, *pedes,* m. : pied
- pestilens, entis : insalubre, funeste
- peto, is, ere, petivi ou petii, itum : chercher à atteindre, demander
- phalerae, *arum,* f. pl. : collier donné comme récompense au militaire
- pictor, *oris,* m. : peintre
- pietas, *atis,* f. : piété (p. 158)
- pilum, *i,* n. : javelot
- pingo, is, ere, pinxi, pictum : peindre
- piscator, *oris,* m. : poissonnier
- piscina, *ae,* f. : bassin, vivier
- piscis, *is,* m. : poisson
- pius, a, um : pieux
- placo, as, are, avi, atum : rendre quelqu'un (+ Acc.) favorable à (+ D.)
- plaudo, is, ere, plausi, plausum : applaudir
- plebeius, a, um : plébéien
- plebs, *bis,* f. : plèbe (p. 26)
- plenus, a, um : plein
- plerique, aeque, aque : la plupart
- poena, *ae,* f. : punition
- poeta, *ae,* m. : poète
- pomoerium, *ii,* n. : emplacement des remparts de Rome
- pomum, *i,* n. : fruit
- pono, is, ere, posui, positum : placer, établir, servir à table
- pons, *pontis,* m. : pont
- pontifex, *icis,* m. : prêtre, pontife (p. 140)
- populus, *i,* m. : peuple
- porrigo, is, ere, rexi, rectum : tendre, étendre, allonger
- porta, *ae,* f. : porte
- portitor, *oris,* m. : celui qui assure le passage, passeur, batelier
- posco, is, ere, poposci : demander, réclamer
- possideo, es, ere, sedi, sessum : posséder
- possum, potes, posse, potui : pouvoir
- post : après, derrière (+ Acc.)
- posterus, a, um : suivant
- postquam : après que
- potestas, *atis,* f. : pouvoir d'agir au nom de l'État (p. 30)
- potestas consularis : pouvoir consulaire (qui donne droit aux faisceaux)
- prae : avant
- praebeo, es, ere, bui, bitum : offrir, fournir, présenter (se présenter, se montrer)
- praecipio, is, ere, cepi, ceptum : recommander, prescrire que
- praeclarus, a, um : remarquable, supérieur
- praeda, *ae,* f. : butin
- praedam facere ex : piller, faire du butin sur (+ Abl.)
- praedo, *onis,* m. : pillard
- praesto, as, are, stiti, statum : l'emporter sur (+ D.), se distinguer
- praesum, es, esse, fui : présider à (+ D.)
- praetor, *oris,* m. : préteur
- prasinatus, a, um : vêtu de vert
- prasinus, a, um : vert
- precor, aris, ari : prier
- premo, is, ere, pressi, pressum : serrer de près, presser
- pretium, *ii,* n. : prix
- primum : en premier lieu, d'abord
- primus, a, um : premier
- princeps, *ipis,* m. : prince, empereur
- principium, *ii,* n. : commencement
- priscus, a, um : ancien
- privatus, a, um : particulier, privé
- privo, as, are, avi, atum : priver de (+ Abl.)
- pro : devant (+ Abl.)
- probus, a, um : de bonne qualité
- procedo, is, ere, cessi, cessum : avancer
- procerus, a, um : grand, long
- procul : loin de (+ Abl.), en avant, au loin
- prodigium, *ii,* n. : phénomène surnaturel, prodige (p. 148)
- proelium, *ii,* n. : combat
- profugio, is, ere, fugi : s'enfuir
- prohibeo, es, ere, hibui, hibitum : tenir éloigné, écarter, empêcher, interdire
- projicio, is, ere, jeci, jectum : jeter en avant, loin de soi
- propalam : ouvertement
- propono, is, ere, posui, positum : exposer, poser sur
- proprius, a, um : qui appartient en propre
- propter : à côté, tout près
- proserpo, is, ere : ramper
- prosum, prodes, prodesse, profui : servir, être utile à (+ D.)
- protinus : aussitôt
- providens, entis : prévoyant
- provolo, as, are, avi, atum : s'élancer
- prudens, tis : prudent
- publicus, a, um : public
- puer, *eri,* m. : enfant
- pueritia, *ae,* f. : enfance
- pugillares, *ium,* m. pl. : tablettes
- pugna, *ae,* f. : combat
- pugno, as, are, avi, atum : combattre
- pulcher, chra, chrum : beau

- pulli, *orum,* m. : poulets sacrés servant à la divination
- pusillus, a, um : très petit, mesquin
- puto, as, are, avi, atum : penser, juger

Q

- quadriga, *ae,* m. : quadrige
- quaero, is, ere, quaesivi, quaesitum : demander, rechercher
- quanti : combien
- quasi : presque, comme
- quatio, is, ere, quassum : agiter
- quidem : à la vérité, qui plus est
- quondam : une fois, autrefois, jadis, parfois
- quoque : aussi
- quotidie : chaque jour

R

- rabies, *ei,* f. : rage
- ramus, *i,* m. : branche, rameau
- rapio, is, ere, rapui, raptum : enlever, saisir
- ratis, *is,* f. : barque
- raucus, a, um : au son rauque
- recedo, is, ere, cessi, cessum : reculer
- recipio, is, ere, recepi, receptum : retirer, recueillir (se recipere : se retirer)
- recreo, as, are, avi, atum : faire revivre (au passif : se remettre)
- recresco, is, ere, crevi, cretum : repousser
- rectus, a, um : droit
- reddo, is, ere, didi, ditum : rendre
- redeo, is, ire, ii ou ivi, itum : revenir
- reditus, *us,* m. : retour
- reduco, is, ere, duxi, ductum : ramener, reconduire
- regio, *onis,* f. : région (territoire délimité par une ligne)
- regno, as, are, avi, atum : régner
- regnum, *i,* n. : règne, royaume
- rego, is, ere, rexi, rectum : diriger
- regredior, eris, gredi : revenir (verbe de forme passive à sens actif)
- regula, *ae,* f. : règle
- religio, *onis,* f. : sentiment religieux (p. 136)
- relinquo, is, ere, liqui, lictum : laisser, abandonner
- reliquus, a, um : qui reste, restant
- repello, is, ere, puli, pulsum : repousser
- repente : soudain
- repleo, es, ere, plevi, pletum : remplir
- reporto, as, are, avi, atum : rapporter ramener (victoriam a, ab + Abl : remporter la victoire sur)
- reposco, is, ere : exiger, réclamer
- res publica : chose publique (p. 8)
- rescio, is, ire, ivi, itum : découvrir
- respicio, is, ere, spexi, spectu : regarder derrière soi
- respondeo, es, ere, spondi, sponsum : répondre
- restituo, is, ere, ui, utum : restituer, rendre
- retiarius, *ii,* m. : rétiaire
- revertor, eris, ti : revenir (verbe de forme passive à sens actif)
- revoco, as, are, avi, atum : rappeler, faire revenir (revocare gradum : revenir sur ses pas)
- rex, *regis,* m. : roi (p. 8)
- rhetor, *oris,* m. : professeur de rhétorique (éloquence)
- rideo, es, ere, risi, risum : rire
- robor, *oris,* n. : la partie la plus solide d'une chose, l'élite
- rogo, as, are, avi, atum : demander
- rota, *ae,* f. : roue
- rufus, a, um : roux
- rus, *ruris,* n. : campagne
- russatus, a, um : rouge

S

- sacer, sacra, sacrum : sacré, consacré (p. 136)
- sacerdos, *dotis,* m. et f. : prêtre
- sacra, *orum,* n. pl. : cérémonies religieuses
- sacramentum, *i,* n. : serment d'obéissance (p. 34)
- sacrificium, *ii,* n. : sacrifice
- saecula, *orum,* n. : siècles
- saepe : souvent
- saevus, a, um : cruel
- sagitta, *ae,* f. : flèche
- salve : salut, bonjour
- salvus, a, um : sain et sauf, bien portant, en bon état
- sanctus, a, um : sacré
- sapiens, tis : sage
- scaena, *ae,* f. : scène de théâtre, plate-forme où jouent les acteurs (p. 80)
- scaevus, a, um : gauche, qui se sert de sa main gauche, maladroit
- scelus, *eris,* n. : crime
- schoenobates, *ae,* m. : funambule
- scio, is, ire, scivi, scitum : savoir
- scribo, is, ere, scripsi, scriptum : écrire
- scutum, *i,* n. : bouclier
- secedo, is, ere, cessi, cessum : se retirer
- secundus, a, um : favorable, heureux
- sed : mais
- sedeo, es, ere, sedi, sessum : s'asseoir, être assis
- sedes, *is,* f. : siège, domicile
- sedile, *is,* n : siège
- semel : une seule fois
- semper : toujours
- senator, *oris,* m. : sénateur
- senatus, *us,* m. : sénat
- senex, *senis,* m. : vieillard
- sententia, *ae,* f. : phrase, sentence
- separatim : un par un
- sepelio, is, ire, ivi (ii), ultum : ensevelir, enterrer
- sepulcrum, *i,* n. : tombe, tombeau
- sermo, *onis,* f. : conversation, propos
- serpens, *entis,* m. : serpent
- servio, is, ire, ivi, itum : être esclave
- servitus, *utis,* f. : servitude, condition d'esclave
- servo, as, are, avi, atum : garder, protéger, conserver, entretenir, surveiller
- servus, *i,* m. : esclave (pp. 66, 70)
- sic : ainsi, de la sorte
- signum, *i,* n. : statue, enseigne
- silentium, *i,* n. : silence
- similis, e : semblable
- simul : en même temps
- simulacrum, *i,* n. : statue, fantôme
- simulo, as, are, avi, atum : imiter, simuler
- sine : sans (+ Abl.)
- sitio, is, ire, ivi, itum : avoir soif
- socius, *ii,* m. : allié
- soleo, es, ere : avoir l'habitude de
- solitudo, *inis,* f. : solitude, isolement, abandon
- sollicitus, a, um : qui se préoccupe de (ad), inquiet, attentif
- solus, a, um : seul, unique
- somnium, *ii,* n. : rêve
- sopio, is, ire, ivi, itum : endormir, apaiser
- sordidus, a, um : sale, crasseux
- soror, *oris,* f. : sœur
- spargo, is, ere, sparsi, sparsum : répandre
- spatiosus, a, um : étendu, vaste
- spatium, *ii,* n. : espace
- species, *ei,* f. : aspect, apparence
- spectaculum, *i,* n. : spectacle
- spectantes, *tium,* m. pl. : spectateurs
- specto, as, are, avi, atum : regarder, voir
- spectrum, *ii,* n. : apparition, spectre (p. 174)
- spes, *ei,* f. : espoir
- spina, *ae,* f. : mur central
- spiro, as, are : souffler, respirer
- spolia, *orum,* n. pl. : dépouilles, butin
- spolio, as, are, avi, atum : dépouiller
- squalor, *oris,* m. : saleté, tristesse
- statim : aussitôt
- statua, *ae,* f. : statue
- statuo, is, ere, statui, statutum : placer, poser
- stilus, *i,* m. : poinçon pour écrire
- stips, *stipis,* f. : obole
- sto, as, are, steti, statum : se tenir debout
- studeo, es, ere, dui, - : s'appliquer à (+ D.)
- studiose : avec ardeur
- studium, *ii,* n. : passion
- suadeo, es, ere, suasi, suasum : conseiller
- sub : sous
- subigo, is, ere, egi, actum : pousser pour faire avancer
- subinde : de temps en temps

- subito : soudain
- subvecto, as, are, avi, atum : transporter
- sumo, is, ere, sumpsi, sumptum : prendre en charge
- summus, a, um : le plus haut, le plus élevé
- sumptus, *us,* m. : dépense, luxe
- superbia, *ae,* f. : orgueil
- superbus, a, um : orgueilleux
- supero, as, are, avi, atum : surpasser, l'emporter, triompher
- superstitio, *onis,* f. : superstition (p. 158)
- supersum, es, esse, fui : survivre, subsister
- supplicatio, *onis,* f. : supplication (p. 154)
- supplicium, *ii,* n. : supplice
- supplico, as, are, avi, atum : prier, supplier
- suspecto, as, are : suspecter, soupçonner
- suspendo, is, ere, pendi, pensum : suspendre
- suus, a, um : son, sa, ses

T

- taberna, *ae,* f. : boutique
- tabula, *ae,* f. : tablette
- taceo, es, ere, ui, itum : se taire
- tacitus, a, um : silencieux
- tam : autant
- tamen : pourtant
- tamquam : comme
- tandem : enfin
- tango, is, ere, tetigi, tactum : toucher
- tantum : seulement
- Tartarus, *i,* m. : Tartare (pp. 166, 186-187)
- telum, *i,* n. : javelot
- tempestas, *atis,* f. : tempête
- templum, *i,* n. : temple (pp. 140, 160-161)
- tempto, as, are, avi, atum : essayer de
- tempus, *oris,* n. : temps
- tendo, is, ere, tetendi, tensum : tendre, se diriger
- tenebrosus, a, um : ténébreux, sombre
- teneo, es, ere, tenui, tentum : tenir
- terra, *ae,* f. : terre
- terreo, es, ere, ui, itum : effrayer
- territus, a, um : effrayé
- tertius, a, um : troisième
- thermae, *arum,* f. pl. : thermes
- thronus, *i,* m. : trône
- timeo, es, ere, ui, - : craindre
- timor, *oris,* m. : cainte, peur
- tiro, *onis,* m. : jeune recrue, « bleu »
- titulus, *i,* m. : écriteau
- toga, *ae,* f. : toge
- tollo, is, ere, sustuli, sublatum : enlever, soulever, pousser
- tot : tant de
- totidem : autant de
- totus, a, um : tout entier, tout
- trado, is, ere, tradidi, traditum : rapporter que
- traduco, is, ere, duxi, ductum : faire passer, conduire, transporter, traduire
- tragicus, a, um : tragique
- tragoedia, *ae,* f. : tragédie
- traho, is, ere, traxi, tractum : tirer
- trajicio, is, ere, jeci, jectum : traverser
- tranquillus, a, um : tranquille
- transeo, is, ire, ivi, itum : aller par-delà, traverser
- transmitto, is, ere, misi, missum : traverser, passer de l'autre côté
- tres, tria : trois
- tribunus, *i,* m. : tribun
- tribunus militaris : tribun militaire
- tribuo, es, ere, bui, butum : attribuer
- tributum, *i,* n. : impôt réparti entre les tribus
- trigeminus, a, um : trois jumeaux
- triplex, icis : triple
- tum : alors
- tumultus, *us,* m. : trouble, tumulte, vacarme
- tunc : alors
- tunica, *ae,* f. : tunique
- turba, *ae,* f. : cohue
- turpis, e : laid, vilain, honteux, infâme
- tutela, *ae,* f. : protection
- tuus, a, um : ton, ta, tes

U

- ubi : où
- ulmus, *i,* f. : orme
- ultimus, a, um : dernier
- umbra, *ae,* f. : ombre, fantôme (p. 174)
- una : ensemble
- unde : d'où, de l'endroit où
- unquam : un jour, quelquefois
- unus, a, um : un
- urbanus, a, um : urbain (p. 46)
- urbs, *urbis,* f. : ville
- ursus, *i,* m. : ours
- usus, *us,* m. : usage
- utinam : que, pourvu que (+ subj.)
- uva, *ae,* f. : raisin
- uxor, *oris,* f. : épouse

V

- vacuus, a, um : vide
- valeo, es, ere, ui, itum : être en bonne santé, puissant, avoir de la valeur, bien se porter
- vallum, *i,* n. : palissade
- varius, a, um : varié
- vasto, as, are, avi, atum : ravager
- vastus, a, um : vaste
- vates, *is,* m. : devin, prophète, poète (p. 144)
- velox, ocis : prompt, rapide
- velum, *i,* n. : voile
- vendito, as, are, avi, atum : vendre
- vendo, is, ere, didi, ditum : vendre (ne s'emploie pas au passif)
- veneo, is, ire, ii : être vendu (sert de passif à vendo)
- venetus, a, um : bleu
- venio, is, ire, veni, ventum : venir
- venter, *tris,* m. : ventre
- ventum, *i,* n. : vent
- venustus, a, um : plein de charme
- ver, *veris,* n. : printemps
- verbero, as, are, avi, atum : battre, frapper
- verbum, *i,* n. : mot
- vero : vraiment
- versus, *us,* m. : vers
- vertex, *icis,* m. : sommet
- verto, is, ere, ti, sum : faire tourner, transformer
- vester, tra, trum : votre, vos
- vestis, *is,* f. : vêtement
- veteres, *um,* m. pl. (vetus, eris) : les anciens
- veto, as, are, vetui, vetitum : interdire
- vexillum, *i,* n. : étendard, enseigne
- via, *ae,* f. : voie, chemin
- vicinus, a, um : voisin
- victoria, *ae,* f. : victoire
- victus, *us,* m. : genre de vie
- video, es, ere, vidi, visum : voir
- vigilia, *ae,* f. : veille, garde de nuit
- viginti : vingt
- vilitas, *atis,* f. : bon marché, mépris de soi
- villa, *ae,* f. : villa, maison de campagne
- vinco, is, ere, vici, victum : vaincre
- vinculum, *i,* n. : le lien, la chaîne
- vinum, *i,* m. : vin
- vir, *i,* m. : homme, mari, héros, soldat
- vires, *virium,* f. pl. : les forces (*vis* f. sg.)
- virgines (um) Vestales, *ium,* f. pl. : Vestales
- virgo, *inis,* f. : jeune fille
- virtus, *utis,* f. : courage, mérite, vertu (pp. 16, 20)
- vis, f. : force, violence, puissance ; pl. : forces militaires troupes
- vita, *ae,* f. : vie
- vitam ago, is, ere, egi, actum : vivre
- vitium, *ii,* n. : défaut, vice, travers
- vivo, is, ere, vixi, victum : vivre
- vix : avec peine
- voco, as, are, avi, atum : appeler, inviter
- volo, vis, velle, volui : vouloir
- voluntarius, a, um : volontaire
- votum, *ii,* n. : vœu (pp. 21, 154)
- vox, *vocis,* f. : voix
- vulneratus, a, um : blessé
- vulnus, *eris,* n. : blessure
- vultus, *us,* m. : visage

Les noms

Les cas et les déclinaisons (p. 10)

Cas	Nominatif (N.)	Vocatif (V.)	Accusatif (Acc.)	Génitif (G.)	Datif (D.)	Ablatif (Abl.)
Fonctions	Sujet du verbe, attribut du sujet	Apostrophe	COD Complément circonstanciel (lieu, temps)	Complément du nom	COI, COS	Complément circonstanciel (cause, manière, moyen, lieu, temps)

La terminaison du génitif singulier permet de reconnaître la déclinaison.

1re déclinaison	2e déclinaison	3e déclinaison	4e déclinaison	5e déclinaison
-ae	-i	-is	-us	-ei

La première déclinaison (p. 10)

Cas	Singulier	Pluriel
Nominatif	fama	famae
Vocatif	fama	famae
Accusatif	famam	famas
Génitif	famae	famarum
Datif	famae	famis
Ablatif	fama	famis

• La plupart des noms de la 1re déclinaison sont du genre féminin,
mais sont du genre masculin :
– plusieurs noms de métiers comme nauta, *ae* (le marin), agricola, *ae* (le paysan);
– des noms de fleuves et certains noms de nationalité comme Belga, *ae* (le Belge).

• Le **locatif** indique l'endroit où l'on est : c'est un ancien cas en **-ae** que l'on emploie pour les noms de ville de la 1re déclinaison au singulier. Exemple > Romae : à Rome.

La deuxième déclinaison (p. 10)

	Masculin						Neutre	
Cas	**Singulier**	**Pluriel**	**Singulier**	**Pluriel**	**Singulier**	**Pluriel**	**Singulier**	**Pluriel**
Nominatif	populus	populi	puer	pueri	ager	agri	bellum	bella
Vocatif	popule	populi	puer	pueri	ager	agri	bellum	bella
Accusatif	populum	populos	puerum	pueros	agrum	agros	bellum	bella
Génitif	populi	populorum	pueri	puerorum	agri	agrorum	belli	bellorum
Datif	populo	populis	puero	pueris	agro	agris	bello	bellis
Ablatif	populo	populis	puero	pueris	agro	agris	bello	bellis

• La plupart des noms en **-us** de la 2e déclinaison sont du genre masculin, mais sont du genre féminin :
– les noms d'arbres comme ficus, *i* (le figuier) ;
– certains noms de pays et de villes comme Aegyptus, *i* (l'Égypte).

• vir, *viri*, m. (l'homme) se décline comme puer, *eri*, m. (l'enfant).

• Le **locatif** indique l'endroit où l'on est : c'est un ancien cas en **-i** que l'on emploie pour les noms de ville de la 2e déclinaison au singulier (Lugduni : à Lyon) et avec les noms humus, *i*, m. (la terre) et bellum, *i*, n. (la guerre).
Exemples > humi : à terre – belli : en guerre.

DÉCLINAISONS

La troisième déclinaison (p. 18)

	Masculin et féminin				Neutre			
Cas	**Singulier**	**Pluriel**	**Singulier**	**Pluriel**	**Singulier**	**Pluriel**	**Singulier**	**Pluriel**
Nominatif	ignis	ignes	lux	luces	corpus	corpora	mare	maria
Vocatif	ignis	ignes	lux	luces	corpus	corpora	mare	maria
Accusatif	ignem	ignes	lucem	luces	corpus	corpora	mare	maria
Génitif	ignis	ignium	lucis	lucum	corporis	corporum	maris	marium
Datif	igni	ignibus	luci	lucibus	corpori	corporibus	mari	maribus
Ablatif	igne	ignibus	luce	lucibus	corpore	corporibus	mari	maribus
			pater, mater, frater, senex, juvenis, canis, parentes				animal, *alis*	

• La 3e déclinaison comprend des noms des trois genres.

• Le génitif pluriel se termine par **-ium** pour les noms :
– dont le **nominatif** et le **génitif singuliers** sont **semblables** (ignis, *is*, m.),
– dont le **radical se termine par deux consonnes** : urbs, ***urb****-is*, f. : la ville (G. pl. urb**ium**) – mens, ***ment****-is*, f. : la pensée (G. pl. ment**ium**).

• Le génitif pluriel se termine par **-um** pour les noms :
– dont le **nominatif** et le **génitif singuliers** sont **différents** (lux, *lucis*, f.),
– pater, *tris*, m. : père – mater, *tris*, f. : mère – frater, *tris*, m. : frère – juvenis, *is*, m. : jeune homme – senex, *senis*, m. : vieillard – canis, *is*, m. : chien.

• Les noms neutres au nominatif en **-e** (mare, *is*, n.) et en **-al** (animal, *alis*, n.) ont l'ablatif singulier en **-i**, le nominatif, vocatif, accusatif pluriel en **-ia** et le génitif pluriel en **-ium**.

• Le **locatif** en **-i** est employé avec le nom rus, *ruris*, n. (la campagne) > ruri : à la campagne.

La quatrième déclinaison (p. 86)

	Masculin et féminin		Neutre		**domus, *us*, f. : la maison**	
Cas	**Singulier**	**Pluriel**	**Singulier**	**Pluriel**	**Singulier**	**Pluriel**
Nominatif	manus	manus	genu	genua	domus	domus
Vocatif	manus	manus	genu	genua	domus	domus
Accusatif	manum	manus	genu	genua	domum	domos / domus
Génitif	manus	manuum	genus	genuum	domus	domorum / domuum
Datif	manui	manibus	genui	genibus	domui	domibus
Ablatif	manu	manibus	genu	genibus	domo	domibus

• Les noms de la 4e déclinaison sont du **masculin** sauf manus, *us*, f. (la main), domus, *us*, f. (la maison) et quelques noms neutres.
• Le **locatif** en **-i** est employé avec le nom domus, *us*, f. (la maison) > domi : à la maison – domi militiaeque ou domi bellique : en paix et en guerre.

La cinquième déclinaison (p. 156)

	res, *ei*, f. : la chose		**respublica, f. : le gouvernement, l'État**	
Cas	**Singulier**	**Pluriel**	**Singulier**	**Pluriel**
Nominatif	res	res	respublica	respublicae
Vocatif	res	res	respublica	respublicae
Accusatif	rem	res	rempublicam	respublicas
Génitif	rei	rerum	reipublicae	rerumpublicarum
Datif	rei	rebus	reipublicae	rebuspublicis
Ablatif	re	rebus	republica	rebuspublicis

• Tous les noms de la 5e déclinaison sont du genre féminin sauf dies, *ei*, m. : le jour (féminin quand il a le sens de « la date ») et meridies, *ei*, m. : midi.

Les adjectifs

Les adjectifs qualificatifs en -us, -a, -um, dits de la 1re classe (p. 10), les adjectifs en -er

	Masculin		Féminin		Neutre	
Cas	Singulier	Pluriel	Singulier	Pluriel	Singulier	Pluriel
Nominatif	magnus	magni	magna	magnae	magnum	magna
Vocatif	magne	magni	magna	magnae	magnum	magna
Accusatif	magnum	magnos	magnam	magnas	magnum	magna
Génitif	magni	magnorum	magnae	magnarum	magni	magnorum
Datif	magno	magnis	magnae	magnis	magno	magnis
Ablatif	magno	magnis	magna	magnis	magno	magnis
Nominatif	miser	miseri	misera	miserae	miserum	misera
Vocatif	miser	miseri	misera	miserae	miserum	misera
Accusatif	miserum	miseros	miseram	miseras	miserum	misera
Génitif	miseri	miserorum	miserae	miserarum	miseri	miserorum
Datif	misero	miseris	miserae	miseris	misero	miseris
Ablatif	misero	miseris	misera	miseris	misero	miseris

Les adjectifs qualificatifs en -is, -e et -ens, -tis, dits de la 2e classe (p. 36)

	Masculin et féminin				Neutre			
Cas	Singulier	Pluriel	Singulier	Pluriel	Singulier	Pluriel	Singulier	Pluriel
Nominatif	fortis	fortes	ingens	ingentes	forte	fortia	ingens	ingentia
Vocatif	fortis	fortes	ingens	ingentes	forte	fortia	ingens	ingentia
Accusatif	fortem	fortes	ingentem	ingentes	forte	fortia	ingens	ingentia
Génitif	fortis	fortium	ingentis	ingentium	fortis	fortium	ingentis	ingentium
Datif	forti	fortibus	ingenti	ingentibus	forti	fortibus	ingenti	ingentibus
Ablatif	forti	fortibus	ingenti/e	ingentibus	forti	fortibus	ingenti	ingentibus

Les pronoms

Les pronoms personnels

	Singulier		Pluriel	
Cas	1re pers.	2e pers.	1re pers.	2e pers.
Nominatif	ego	tu	nos	vos
Vocatif	-	tu	-	vos
Accusatif	me	te	nos	vos
Génitif	mei	tui	nostri	vestri
Datif	mihi	tibi	nobis	vobis
Ablatif	me	te	nobis	vobis

Le pronom is, ea, id (p. 126)

	Singulier			Pluriel		
Cas	Masculin	Féminin	Neutre	Masculin	Féminin	Neutre
Nominatif	is	ea	id	ei (*ou* ii)	eae	ea
Accusatif	eum	eam	id	eos	eas	ea
Génitif	ejus	ejus	ejus	eorum	earum	eorum
Datif	ei	ei	ei	eis (*ou* iis)	eis (*ou* iis)	eis (*ou* iis)
Ablatif	eo	ea	eo	eis (*ou* iis)	eis (*ou* iis)	eis (*ou* iis)

Les pronoms adjectifs démonstratifs hic, iste, ille (p. 126)

	hic, haec, hoc			iste, ista, istud			ille, illa, illud		
	Singulier								
	Masculin	Féminin	Neutre	Masculin	Féminin	Neutre	Masculin	Féminin	Neutre
Nominatif	hic	haec	hoc	iste	ista	istud	ille	illa	illud
Accusatif	hunc	hanc	hoc	istum	istam	istud	illum	illam	illud
Génitif	hujus			istius			illius		
Datif	huic			isti			illi		
Ablatif	hoc	hac	hoc	isto	ista	isto	illo	illa	illo
	Pluriel								
Nominatif	hi	hae	haec	isti	istae	ista	illi	illae	illa
Accusatif	hos	has	haec	istos	istas	ista	illos	illas	illa
Génitif	horum	harum	horum	istorum	istarum	istorum	illorum	illarum	illorum
Datif	his			istis			illis		
Ablatif	his			istis			illis		

Les pronoms relatifs (p. 108)

	Singulier				Pluriel			
	Masculin	Féminin	Neutre		Masculin	Féminin	Neutre	
Nominatif	qui	quae	quod	qui	qui	quae	quae	qui
Accusatif	quem	quam	quod	que	quos	quas	quae	que
Génitif	cujus			dont, de qui, duquel, de laquelle	quorum	quarum	quorum	dont, de qui, desquels, desquelles
Datif	cui			à qui, auquel à laquelle	quibus			à qui, auxquels, auxquelles
Ablatif	quo	qua	quo	(par) qui, (par) lequel, laquelle	quibus			(par) qui, (par) lesquels, lesquelles

Les pronoms-adjectifs interrogatifs (p. 96)

	Pronom interrogatif *(qui, lequel, laquelle, que, quoi, qu'est-ce que ?)*			**Adjectif interrogatif** *(quel, quelle ?)*			**Pronom-adjectif interrogatif** *(qui, lesquels, lesquelles / quels, quelles ?)*		
	Singulier						**Pluriel**		
	Masculin	Féminin	Neutre	Masculin	Féminin	Neutre	Masculin	Féminin	Neutre
Nominatif	quis	quae	quid	qui	quae	quod	qui	quae	quae
Accusatif	quem	quam	quid	quem	quam	quod	quos	quas	quae
Génitif	cujus			cujus			quorum	quarum	quorum
Datif	cui			cui			quibus		
Ablatif	quo	qua	quo	quo	qua	quo	quibus		

CONJUGAISONS

Les cinq modèles de conjugaison à l'actif (radical du présent), sum et possum

	1re conjugaison	2e conjugaison	3e conjugaison	3e conjugaison mixte	4e conjugaison	sum	possum
Indicatif Présent	amo amas amat amamus amatis amant	video vides videt videmus videtis vident	lego legis legit legimus legitis legunt	capio capis capit capimus capitis capiunt	audio audis audit audimus auditis audiunt	sum es est sumus estis sunt	possum potes potest possumus potestis possunt
Indicatif Imparfait	amabam amabas amabat amabamus amabatis amabant	videbam videbas videbat videbamus videbatis videbant	legebam legebas legebat legebamus legebatis legebant	capiebam capiebas capiebat capiebamus capiebatis capiebant	audiebam audiebas audiebat audiebamus audiebatis audiebant	eram eras erat eramus eratis erant	poteram poteras poterat poteramus poteratis poterant
Indicatif Futur	amabo amabis amabit amabimus amabitis amabunt	videbo videbis videbit videbimus videbitis videbunt	legam leges leget legemus legetis legent	capiam capies capiet capiemus capietis capient	audiam audies audiet audiemus audietis audient	ero eris erit erimus eritis erunt	potero poteris poterit poterimus poteritis poterunt
Impératif Présent	ama amate	vide videte	lege legite	cape capite	audi audite	es este	–
Infinitif Présent	amare	videre	legere	capere	audire	esse	posse
Participe Présent	amans, amantis	videns, videntis	legens, legentis	capiens, capientis	audiens, audientis	–	–
Subjonctif Présent	amem ames amet amemus ametis ament	videam videas videat videamus videatis videant	legam legas legat legamus legatis legant	capiam capias capiat capiamus capiatis capiant	audiam audias audiat audiamus audiatis audiant	sim sis sit simus sitis sint	possim possis possit possimus possitis possint
Subjonctif Imparfait	amarem amares amaret amaremus amaretis amarent	viderem videres videret videremus videretis viderent	legerem legeres legeret legeremus legeretis legerent	caperem caperes caperet caperemus caperetis caperent	audirem audires audiret audiremus audiretis audirent	essem esses esset essemus essetis essent	possem posses posset possemus possetis possent

Les cinq modèles de conjugaison, sum et possum au parfait

	1re conjugaison	2e conjugaison	3e conjugaison	3e conjugaison mixte	4e conjugaison	sum	possum
Indicatif Parfait actif	amavi amavisti amavit amavimus amavistis amaverunt	vidi vidisti vidit vidimus vidistis viderunt	legi legisti legit legimus legistis legerunt	cepi cepisti cepit cepimus cepistis ceperunt	audivi audivisti audivit audivimus audivistis audiverunt	fui fuisti fuit fuimus fuistis fuerunt	potui potuisti potuit potuimus potuistis potuerunt
Infinitif Parfait actif	amavisse	vidisse	legisse	cepisse	audivisse	fuisse	potuisse
Participe Parfait passif	amatus, a, um	visus, a, um	lectus, a, um	captus, a, um	auditus, a, um	–	–
Indicatif Parfait passif	amatus, a, um sum… amati, ae, a sumus…	visus, a, um sum… visi, ae, a sumus…	lectus, a, um sum… lecti, ae, a sumus…	captus, a, um sum… capti, ae, a sumus…	auditus, a, um sum… auditi, ae, a sumus…		

Les cinq modèles de conjugaison au passif (radical du présent)

	1re conjugaison	2e conjugaison	3e conjugaison	3e conjugaison mixte	4e conjugaison
Indicatif Présent	amor amaris amatur amamur amamini amantur	videor videris videtur videmur videmini videntur	legor legeris legitur legimur legimini leguntur	capior caperis capitur capimur capimini capiuntur	audior audiris auditur audimur audimini audiuntur
Indicatif Imparfait	amabar amabaris amabatur amabamur amabamini amabantur	videbar videbaris videbatur videbamur videbamini videbantur	legebar legebaris legebatur legebamur legebamini legebantur	capiebar capiebaris capiebatur capiebamur capiebamini capiebantur	audiebar audiebaris audiebatur audiebamur audiebamini audiebantur
Indicatif Futur	amabor amaberis amabitur amabimur amabimini amabuntur	videbor videberis videbitur videbimur videbimini videbuntur	legar legeris legetur legemur legemini legentur	capiar capieris capietur capiemur capiemini capientur	audiar audieris audietur audiemur audiemini audientur
Infinitif Présent	amari	videri	legi	capi	audiri
Subjonctif Présent	amer ameris ametur amemur amemini amentur	videar videaris videatur videamur videamini videantur	legar legaris legatur legamur legamini legantur	capiar capiaris capiatur capiamur capiamini capiantur	audiar audiaris audiatur audiamur audiamini audiantur
Subjonctif Imparfait	amarer amareris amaretur amaremur amaremini amarentur	viderer videreris videretur videremur videremini viderentur	legerer legereris legeretur legeremur legeremini legerentur	caperer capereris caperetur caperemur caperemini caperentur	audirer audireris audiretur audiremur audiremini audirentur

Eo et ses composés (p. 78)

Indicatif			**Impératif**	**Infinitif**	**Participe**	**Subjonctif**	
Présent	Imparfait	Futur	Présent	Présent	Présent	Présent	Imparfait
eo is it imus itis eunt	ibam ibas ibat ibamus ibatis ibant	ibo ibis ibit ibimus ibitis ibunt	 i ite	ire	iens, euntis	eam eas eat eamus eatis eant	irem ires iret iremus iretis irent
Parfait				Parfait			
ivi *ou* ii ivisti *ou* iisti ivit *ou* iit ivimus *ou* iimus ivistis *ou* iistis iverunt *ou* ierunt				ivisse *ou* iisse			

CRÉDITS ICONOGRAPHIQUES

Couverture : Colisée : © Glenn Allison / Getty images; Vénus : RMN / Hervé Lewandowski (p. 114); masque : © 2010. Scala (p. 80); adolescents : © Shutterstock; gladiateur : © Alinari Bridgeman Giraudon (p. 90); Romains : © Bridgeman (p. 119); jeunes filles : © RMN / René-Gabriel Ojéda (p. 17); cheval : © 2010. Scala (p. 98).

Garde avant : © Virtual 3D images by Altair4 multimedia Rome Italy - www.altair4.com
Garde arrière : stèle : © Bridgeman (p. 46); acteur : © Lessing / AKG Paris (p. 75); Caius Marius : © Ancient Art and Architecture Collection / Bridgeman (p. 39).

Intérieur de l'ouvrage : p. 6 : © Araldo de Luca/CORBIS – **p. 7 :** © The Yorck Project/DIRECTMEDIA PUBLISHING – **p. 8 :** © Centre Historique des Archives Nationales, Paris/ Giraudon/ Bridgeman – **p. 12 :** (h) © RMN / Hervé Lewandowski; (b g) © RMN / Daniel Arnaudet; (b d) © Université Toulouse Le Mirail – **p. 13 :** (g) © RMN / The Trustees of the British Museum; (d) © Sunrgia / Collection ChristopheL. – **p. 14 :** © Collection Dagli Orti / Museo della Civilta Romana Rome – **p. 15 :** © 2010. Scala/Museum of Fine Arts Budapest– **p. 16 :** © Andreas Pangerl, www.romancoins.info – **p. 17 :** © RMN / René-Gabriel Ojéda – **p. 20 :** (h) © RMN/DR; (b) © Roger Smith / Cincinnatus Association – **p. 21 :** © akg-images / Erich Lessing – **p. 22 :** (1) © Mucius Scaevola in the presence of Lars Porsenna / Art Gallery of New South Wales; (2) © RMN / Gérard Blot / Christian Jean – **p. 23 :** (3) © akg-images / Nimatallah; (4) © Bridgeman/Giraudon – **p. 24 :** © Avec la courtoisie de Jean ELSEN & ses Fils s.a. - Numismates - Bruxelles – **p. 25 :** © G. Dagli Orti – **p. 26 :** (g) © akg-images / Gerard Degeorge; (d) © Lars Baron/Bongarts/Getty Images – **p. 27 :** © DR / Susan Sanders – **p. 30 :** © RMN / Hervé Lewandowski – **p. 31 :** © RMN/Lewandovski – **p. 32 :** © Andreas Pangerl, www.romancoins.info – **p. 34 :** © Sunrgia/Collection ChristopheL – **p. 35 :** © Université Toulouse Le Mirail – **p. 38 :** © Leicester Arts & Museums/ Bridgeman – **p. 39 :** (h) © Ancient Art and Architecture Collection / Bridgeman; (b) Alfredo / G. Dagli Orti – **p. 40 :** © Giorgio Albertini/Leemage – **p. 44 :** © RMN / Hervé Lewandowski – **p. 46 :** © Bridgeman – **p. 47 :** © RMN / Thierry Ollivier – **p. 51 :** © E. N. S. B. A. – **p. 53 :** © Peter Connoly / akg – **p. 54 :** © 2010. Scala -courtesy of the Ministero Beni e Att. Culturali – **p. 55 :** © 2010. Scala-courtesy of Ministero Beni e att. Culturali – **p. 56 :** (h) © The Art Archive / Museo della Civilta Romana Rome / Dagli Orti – (b) © Archives du 7e Art/DR-Photo12.com – **p. 57 :** © akg-images / Erich Lessing – **p. 60 :** (h) © Leemage; (b) © Gilles Mermet/AKG Paris – **p. 61 :** © Skira – **p. 62 :** (1) © akg-images / Erich Lessing; (2) © 2010. Scala-courtesy of the Ministero Beni e Att. Culturali – **p. 63 :** (3) © Collection Dagli Orti / Museo della Civilta Romana Rome; (4) © The Art Archive / Museo della Civilta Romana Rome / Dagli Orti – **p. 64 :** © RMN / Chuzeville – **p. 65 :** © The Granger Collection NYC/Rue des Archives – **p. 66 :** (h) © G. Dagli Orti (b) © – P. Herreneck - Fotolia.com – **p. 67 :** © Josse/Leemage – **p. 70 :** © 2010. Scala - courtesy of the Ministero Beni e Att. Culturali – **p. 71 :** © Scala – **p. 74 :** © 2010 Scala/Photo CM Dixon/Heritage Images– **p. 75 :** (h) © G. Dagli Orti; (b) © akg-images / Erich Lessing – **p. 76 :** © akg-images / Erich Lessing – **p. 77 :** © B.N.F Paris – **p. 80 :** (h) © 2010 Scala; (b) © André Caron – www.maquettes-historiques.net – **p. 82 :** © Alinari/ Bridgeman – **p. 83 :** © Phoenix Art Museum, / Bridgeman – **p. 84 :** © 2010. Scala – **p. 88 :** (h) © Alinari/ Bridgeman; (b) © Musée départemental Arles antique – **p. 89 :** © akg-images / IAM /World History Archive – **p. 90 :** (1) © akg-images / Nimatallah; (2) © RMN (musée Guimet, Paris) / Ravaux – (3 g) © The Bridgeman Art Library; (3 m) Alinari/Bridgeman (m) – **p. 91 :** (3 d) © The Bridgeman Art Library; (4) © Collection Christophe L. - Lessing AKG Paris – **p. 92 :** © Atlantide Phototravel/CORBIS – **p. 93 :** © The Art Archive – **p. 94 :** © André Caron – www.maquettes-historiques.net – **p. 95 :** © 2010. Scala – **p. 98 :** (h) © 2010. Scala; (b) © Collection Christophe L. – **p. 99 :** © Costa/Leemage – **p. 100 :** © Giorgio Albertini / Leemage – **p. 101 :** (g) © Imagestate/Leemage; (d) © Imagestate/Leemage – **p. 103 :** (1) © 2010. Scala - courtesy of the Ministero Beni e Att. Culturali; (2) © Phoenix Art Museum, / Bridgeman; (b) © DR – **p. 105 :** (g) akg-images © ; (d) © akg-images / Erich Lessing – **p. 106 :** © akg-images / Erich Lessing – **p. 111 :** © akg-images / Erich Lessing – **p. 113 :** (g) © akg-images; (d) © Electa/akg-images – **p. 114 :** © RMN / Hervé Lewandowski – **p. 115 :** © PrismaArchivo / Leemage – **p. 118 :** © Salmakis/Leemage – **p. 119 :** (h) © Bridgeman; (b) © 2007 François Place / Musée du Louvre – **p. 120 :** (1) © Raffael/Leemage – **p. 121 :** (2) © Musée du Vatican; (3) © 2010.Scala – **p. 123 :** (g) © Look and Learn / Bridgeman; (d) © 2010 Scala/courtesy of Ministero Beni e att. Culturali – **p. 124 :** © akg-images /North Wind Picture – **p. 125 :** © Costa/Leemage – **p. 128 :** © La Collection / Jean-Louis Nou – **p. 129 :** © Agnew's/Bridgeman – **p. 130 :** (h) © DeAgostini/Leemage; (b) © Getty images – **p. 131 :** © Giraudon/Bridgeman – **p. 134 :** © B.N.F Paris – **p. 135 :** © Origlia Franco/Corbis-Sygma– **p. 136 :** © Ancient Art and Architecture Coll/ Bridgeman – **p. 137 :** © 2011. Scala - courtesy of the Ministero Beni e Att. Culturali – **p. 140 :** © RMN / Hervé Lewandowski – **p. 141 :** © Giraudon/Bridgeman – **p. 142 :** © RMN / René-Gabriel Ojéda – **p. 143 :** © Archives Alinari, Florence, Dist. RMN / Fratelli Alinari – **p. 144 :** © RMN / Gérard Blot – **p. 145 :** © akg-images – **p. 148 :** (h) © Getty images DEA / G.Nimatallah; (b) © 2011. Scala – **p. 149 :** © 2010.Scala – **pp. 150-151 :** © RMN / Hervé Lewandowski – **p. 152 :** © Gerard Degeorge / Bridgeman – **p. 153 :** © RMN / Thierry Ollivier – **p. 154 :** © Marie-Lan Nguyen/Wikimedia Commons – **p. 155 :** © - 2011.Scala – **p. 158 :** (h) © Giraudon/Bridgeman; (b) © B.N.F Paris – **p. 159 :** © akg-images / Erich Lessing – **p. 160 :** (1) © Luisa Ricciarini / Leemage; (2) © Collection Christophe L. – **p. 161 :** (3) © Université de Caen Basse-Normandie, Plan de Rome (France) : www.unicaen.fr/rome; (4) © akg-images / Hervé Champollion – **p. 163 :** (g) © Gerard Degeorge/ The Bridgeman; (m) © akg-images / Rabatti - Domingie; (d) © ORIGLIA FRANCO/CORBIS SYGMA – **p. 164 :** © akg-images / Erich Lessing – **p. 165 :** © 2011.Scala – **p. 166 :** © 2011. Scala, / Fotografica Foglia - courtesy of the Ministero Beni e Att. Culturali – **p. 167 :** © akg images /Erich Lessing – **p. 170 :** (h) © 2011 Scala; (b) © Sopr.Etruria /Getty Images – **p. 171 :** © Private Collection/ Roy Miles Fine Paintings/ Bridgeman – **p. 172 :** © 2011. Scala, - courtesy of the Ministero Beni e Att. Culturali – **p. 173 :** © Johnny van Haeften Gallery/ Bridgeman – **p. 174 :** © RMN / Jean-Gilles Berizzi – **p. 175 :** © 2011. Scala - courtesy of the Ministero Beni e Att. Culturali – **p. 178 :** (h) © Dreamwork/Coll ChristopheL; (b g) © akg-images / Erich Lessing – (b d) © RMN / Hervé Lewandowski – **p. 179 :** © RMN / Hervé Lewandowski – **p. 180 :** © 2011. Scala - courtesy of the Ministero Beni e Att. Culturali – **p. 181 :** (2) © Bridgeman; (3) © akg-images / Erich Lessing – **p. 183 :** © Richard Prudhomme – **p. 186 :** (1) © 2011. Scala, / Fotografica Foglia - courtesy of the Ministero Beni e Att. Culturali; (3) © 2011. Scala - courtesy of the Ministero Beni e Att. Culturali; (4) © AKG-images; (5) © akg-images / Erich Lessing; (6) © RMN / Hervé Lewandowski; (8) © Université Toulouse Le Mirail; (9) © akg images /Erich Lessing; (10) © akg-images / Erich Lessing – **p. 188 :** (1) © 2011. Scala; (2) © Luisa Ricciarini/Leemage – **p. 189 :** (3) © La Collection / Imagno; (4) © RMN (Domaine de Chantilly) / René-Gabriel Ojéda – **p. 191 :** © akg-images / Erich Lessing – **p. 193 :** (h) © RMN / Gérard Blot; (b) © RMN / René-Gabriel Ojéda.

Maquette de couverture : d'Inguimbert, Goussot et Oxygène
Maquette intérieure : Delphine d'Inguimbert et Valérie Goussot
Iconographie : Cécile Depot
Cartographie : Valérie Goncalves et Christel Parolini, Carl Voyer
Illustration : Philippe Biard (p. 45)
Relecture typographique : François Fièvre
Édition : Sarah Zylberberg, assistée de Sophie Gelin

Tous les textes cités ont été traduits par les auteurs de ce manuel.

ISBN : 978-2-210-47523-6

Cet ouvrage est imprimé sur des papiers certifiés provenant de forêts durablement gérées par un imprimeur certifié Imprim'Vert.

Achevé d'imprimer par Loire Offset Titoulet en août 2012
Dépôt légal : avril 2011 - N° éditeur : 2012-0799

INDEX DES NOTIONS DE LANGUE

INDEX DES THÈMES ET DES TECHNIQUES D'HISTOIRE DES ARTS

Imperium Romanum : Rome et son empire au IIe siècle après J.-C.

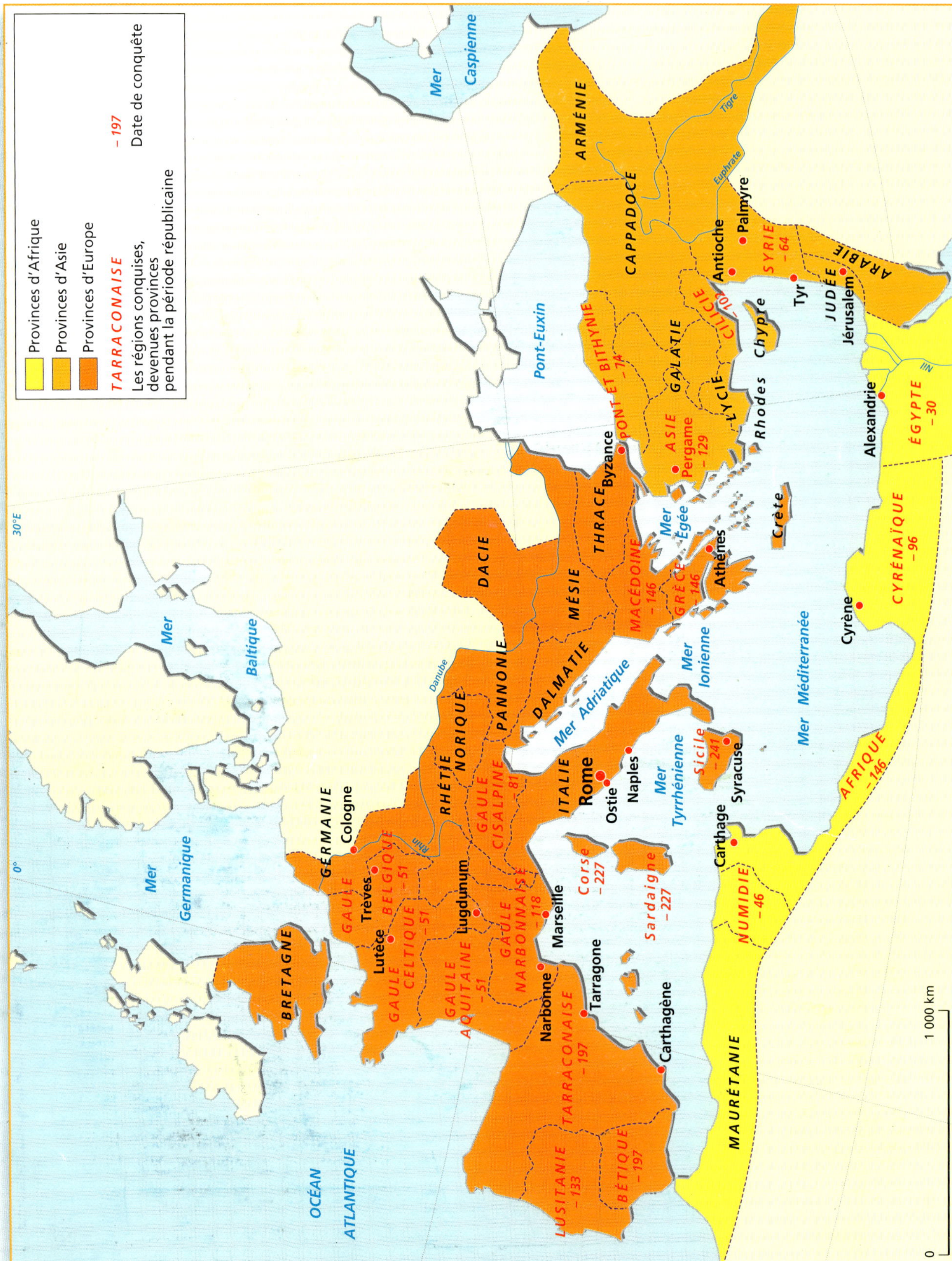